品成

阅读经典 品味成长

打造个人

IP ↑

粥左罗　著

运营 故事 平台 个人IP 运营 爆款 创新
内容 爆款 知识付费
知识付费 人设 关注 涨粉 知识付费
涨粉 定位 爆款 关注 公开 营销 自媒体
故事 故事 案例 酷 坚持 平台 受众 用户 个人IP 酷
自媒体 变现 案例 酷 定位 策划 创新 坚持 酷

人民邮电出版社
北京

图书在版编目（CIP）数据

打造个人IP / 粥左罗著. -- 北京 ：人民邮电出版社，2024.1（2024.6重印）
ISBN 978-7-115-63470-2

Ⅰ. ①打… Ⅱ. ①粥… Ⅲ. ①网络营销 Ⅳ.
①F713.365.2

中国国家版本馆CIP数据核字(2023)第233617号

◆ 著 粥左罗
 责任编辑 袁 璐
 责任印制 陈 犇
◆ 人民邮电出版社出版发行 北京市丰台区成寿寺路 11 号
 邮编 100164 电子邮件 315@ptpress.com.cn
 网址 https://www.ptpress.com.cn
 北京联兴盛业印刷股份有限公司印刷
◆ 开本：880×1230 1/32
 印张：11.75 2024 年 1 月第 1 版
 字数：229 千字 2024 年 6 月北京第 9 次印刷

定价：79.80 元

读者服务热线：（010）81055671 印装质量热线：（010）81055316
反盗版热线：（010）81055315
广告经营许可证：京东市监广登字 20170147 号

个人 IP 的打造与经营，是一生的美好修行

大家好，我是粥左罗。凭借在互联网上经营个人 IP，我拥有了今天的一切——事业、影响力、财富、朋友和美好的生活。

如今，我也在努力向更多人普及打造与经营个人 IP 的方法和经验。为此，我创立了一个社群。今年已经是做这个社群的第三年了，每年都有数千人一起学习，我准备把这件事一直坚持下去。因为个人 IP 的打造与经营，是一生的美好修行，我希望更多人能够参与进来。打造个人 IP 绝不仅是创业者、网红、自媒体人的专属，它是这个时代每个人都应该做的事情。

打造个人 IP，究其本质是什么？就是把自己产品化之后再品牌化。

每个人都是一个产品，你的"产品使用者"是你的领导、你的员工、你的合作伙伴、你的家人、你的朋友……成为一个更好的产品、更有价值的产品，是我们每个人的追求。产品化后，我们可以

更进一步——品牌化。每个人也都是一个品牌。

"粥左罗"如今已经品牌化，是一个教人写作的品牌，教个人成长的品牌，教人做自媒体的品牌。十年后，如果我不教写作，不教个人成长，不教大家做自媒体了，我依然可以很好地生存，因为"粥左罗"本身依然是个品牌，被人知道、信任、喜欢的品牌。

把自己品牌化，究其本质是什么？是让更多人知道你、让更多人喜欢你、让更多人信任你，最终，让更多人愿意跟你合作，与你同行。不管你是投资人、创业者，还是高管、职场员工，品牌化都具有重要的商业价值。因为这意味着你的机会更多，资源更多，成功的可能性更大。

因此，打造个人 IP，把自己品牌化之后，我们就可以提高自己的商业价值，具有更强的市场竞争力。当获客越来越难、成本越来越高时，你可以低成本甚至零成本获客；当转化成交越来越难时，你可以借 IP 势能和品牌声誉保持高转化率；当守住事业比创业更难时，你因为已经品牌化所以能持续经营。

打造个人 IP，把自己品牌化，有一个巨大优势：你的一切都是可持续积累的，包括你的客户、你的影响力、你的声誉、你的信任、你的成绩等。今年我接受采访的时候，对方问："现在挣钱似乎越来越难了。过去六年，哪一年您的业务最好，收入最高呢？"我的回答是今年。虽然外部环境不乐观，但我每一年依靠的不仅是当年的产品，还在享受过去产品和效益的累加。这种累加，即便每年的增速在下降，但总体依然在增加。只要我不破坏这个信任，这个积累就会一直持续下去。

这是一个不断累加的"无限游戏"。在充满不确定性的时代，将自己产品化和品牌化，将自身行为转化为可积累用户信任、影响力和声誉的行动，是对抗不确定性、穿越周期的一种非常好的方式。

其实我想说的是，打造个人 IP 不仅商业价值极高，更重要的是这是一生的美好修行。因为当你决定要把自己品牌化时，即要让更多人知道你、喜欢你、信任你，你自然就会在各个方面以更高的标准要求自己，你会不断地学习和成长，不断地完善自己，迭代自己，重塑自己。在时间的长河里，你注定会越来越好。打造个人 IP，不是某一个阶段的事情，是一生的美好修行。

最后，我想再简单说一下这本书。

打造个人 IP 是一门专门的学问，不用心学的话，你可能会无从下手，这也是我出这本书的意义所在。我把这几年最核心的一些方法和经验整理出来，系统地呈现给你，希望帮助你更好地打造个人 IP。

这本书干货满满，诚意十足，是我从八年个人 IP 打造与经营的实践中提取出来的有效经验。希望你不要快速翻一遍就把它扔在一边了；希望这本书能常伴你左右，切实地帮助你解决问题。

但是这本书肯定不是万能的，也不是完美的。个人 IP 的打造与经营是一门新的学问，逐步诞生于过去十年移动互联网和内容产业的发展过程中。我也是一个摸着石头过河的人，一边做，一边总结，一边输出，只要这本书能引领你走上这条路，并对你产生一点点作用，我写这本书的目的就达到了。同时也希望你通过这本书链接到我，加入我的社群大家庭，我们一起探索，长期同行。我的公众号和视频号的名字均为"粥左罗"，欢迎搜索关注，让我们共同成长。

粥左罗

2023 年 11 月 9 日

目 录

第一章

个人 IP 底层逻辑和认知

第一节

定义：彻底理解个人 IP 本质

一、何谓个人 IP

学习任何方法，首先要精准地定义概念，因为行动需要理论进行指导。如果对定义不清楚，就会不知道怎么做。所以，我们首先要精准定义"个人 IP"这个名词。

互联网上可以查到的对"个人 IP"的解释是，个人 IP，网络流行语，是指个人对某种成果的占有权。在互联网时代，它可以指一个符号、一种价值观、一个共同特征的群体、一个自带流量的内容产品。

看到这个解释，你是不是觉得很模糊，不知道自己应该做什么？

我们常常说知行合一，用理论来指导行动，但是如果我们得到的是很学术化、很空泛的信息或认知，那么这些信息或认知就无法指导我们的行动。

所以，我用更通俗的话来为大家解释一下"个人IP"。我对"个人IP"的定义是一种"理想人"的代表。每一个个人IP，都是某一类人心中的理想人，他活成了这类人想活成的样子，至少是部分活成了这类人想活成的样子。

举个例子，李子柒就是一种理想人的代表，她把田园生活打造得像艺术品一样；罗永浩也是一种理想人的代表，他作为一个理想主义者，身上拥有可靠、诚信等很多美好品质；董宇辉也是一类理想人代表，他饱读诗书，散发出巨大的个人魅力，在做直播带货的时候，通过一种独特的方式让人相信知识的力量。

除了我举的这些例子，大家也可以代入其他例子去理解个人IP的定义。我们可以去看看目前喜欢的个人IP，他们是哪个方面的理想人。

在个人IP领域，有一个词叫"人设崩塌"，意思就是这个IP做了不符合理想人身份的事情。

举个例子，疯狂英语的李阳，在大众眼中是顾家的、爱老婆的、爱护孩子的理想人，结果被曝出家暴丑闻，这对很多人来说，就是心中的"理想人"人设崩塌了。即便他的英语水平很高、他的课程很好、他的家事也不影响学员学习，但很多人就是不再愿意购买他的课程，因为大家已经不喜欢他、不信任他了。

从这个角度讲，个人IP的本质其实是通过打造一个理想人的形象，让更多的人喜欢你、信任你。

二、成为理想人的五种方式

如何打造理想人，让更多人喜欢你、信任你呢？我总结了五种方式。大家可以把这五个点和自己喜欢的 IP 联系起来，看看他做到了哪些方面；也可以与自己联系起来，从自己身上找到做个人 IP 的一些可能性。

（一）成为行动理想人

1. 什么是行动理想人

成为行动理想人的核心是做大家想做但没做的事情。

每个人都会有很多想做但是没做的事，可能是不敢去做，或者迫于个人形象不能去做，或者暂时没有条件去做，或者迫于长期目标不能马上去做，或者是迫于对家庭负责不能去做。

在这种情况下，如果有一个人做了我们想做但是没做的事情，我们就能从这个人的身上找到情感投射、心理安慰，那么他就成了我们心里的行动理想人。

举个例子，李子柒就是一个非常典型的行动理想人，她做出了很多人想做但不敢做的决定——从城市回到农村。在城市化进程中，大家都向往城市生活，结果到了城市里却发现，虽然收入相对较高，却离自己理想中的生活越来越远。我也是从山东泰安的一个小山村出来，一步一步走到了北京，在北京过上了相对富足的生活。但我发现，虽然我在大城市里有了更高的收入，但是离理想的生活越来越远。理想的生活不应该是每天加班到凌晨，连周六、周日也要继续工作。

当我们发现，自己在钢筋水泥的环境中奋斗却不够幸福的时候，就会想回到农村去过田园生活，但我们自己却做不到。这时就需要一个代表人物帮我们去做，李子柒这样的人就诞生了，她帮我们完成了想做但没做的事情。

很多人上班疲倦了、被领导批评了、觉得同事很烦或者受不了办公室的勾心斗角，想留下一个字条就裸辞走人，但大多数人都只是想一下，想完还是会继续工作。所以，当我们看到李子柒的时候，就是看到了一种行动上的理想人，她是我们内心的映射。

2. 如何成为行动理想人

要想打造个人 IP，可以想想自己有没有在某一个方面，做了很多人都想做但没做的事。如果你有这样的经历，或者你能做到这样的事情，那么你在那件事上就可以成为一个行动理想人，就可以基于这件事打造自己的个人 IP。

比如你鼓起勇气辞去了高薪工作，变成了一个自由职业者，收入很高又不用每天朝九晚五地上班，这也算做到了大家想做但没做的事，你就可以基于这种形象打造自己的个人 IP。

我们社群的一位老师，以前是写作训练营的学员，在两年多的学习时间里成长了很多。2021 年底，她辞职成为一个自由职业者，在线上出自己的课程，开办自己的训练营，去不同的城市和自己的学员见面。她把自己的故事写成文章、拍成短视频，变成了很多人心中的理想人，因为很多人也想过这样的生活。

可能也有很多人经常有辞职做自媒体的想法，但是没有行动，就会更加羡慕那些做了的人，就会愿意关注她。

也有很多人既有主业保障收入稳定，又有副业保证发展的可能性。如果你拥有这种生活方式，就可以把它传递出来。你可以告诉大家你的本职工作是什么、副业每年做出什么成绩，这是一种生活方式、一种人生选择，也是一种做事业的方式，很多人听完也会收获振奋人心的力量。

我上大学的时候就有意地宣传自己，也算是我们年级里的一个小 IP。我当时去穷游，只带了很少的钱，从北京的门头沟出发，一路上通过招手搭车加徒步，花了大概 17 天的时间到达拉萨。在这个过程中，我一路拍照、发微博，把自己穷游的过程分享出来，有很多人像追剧一样，关注着我的经历。回到学校后，我把自己的经历讲给同学听，其中一个舍友说要采访我，他是我们学院主办的杂志的编辑，之后他就把我的故事刊登在了学院的杂志上。从那时起我就知道：既然要干，就要把它宣传出来、包装出来。

我们一定要学会宣传自己。很多人有 IP 的内核，但不做宣传，其实只要做了就能享受到红利。比如有很多人像顾少强那样裸辞，但不宣传自己，那么他就享受不到 IP 的红利。

我现在对明年有一个设想，就是流浪式办公；我想在环游中国的过程中，边旅行边工作，通过拍短视频、直播的方式呈现这个过程。这是很多人想过的生活，但是大部分人没做；如果我做了，通过直播的方式分享我现在在哪里、有什么好玩的经历，我相信很多人会关注我，看我在哪里、做了什么事情。

你要随时想着去做一些很多人想做但 90% 的人不会做的事情。同时，你在做的过程中，把这些事情宣传出来，基于此打造自己的形象，打造自己的个人 IP。这是一个特别重要的做事思路。

很多事情不一定需要钱，不一定需要你长得好看。举个例子，抖音有个博主"湖远行"，他每次开场都会介绍说："大家好，我是湖，我现在在 ×××，这是我骑行环游世界的第 ×× 个国家。"

2022 年 2 月，他抖音账号的粉丝量不到 400 万，到 2022 年 12 月已经接近 800 万，10 个月涨了 400 万粉丝。他做这样的事情一定需要很多钱吗？不是。他一开始去的国家是巴基斯坦、伊朗，这些地方花销比较小。他现在去了瑞士，为什么？因为赚到了钱。有钱有有钱的做法，没钱有没钱的做法，只要你经常琢磨这件事情，刻意去设计行动，怎么样都能做；不要给自己找太多理由，有时候只需要你的勇气，只取决于你敢不敢去做。

看完这些案例，我们脑子里应该有一个思路：我得去做一件事，这件事很多人都想做，但大家都没有做，我去做；我做到了，就是一个行动理想人。

（二）成为成绩理想人

1. 什么是成绩理想人

成绩理想人，就是在某一个领域做出了别人想做但做不出的成绩的人。这也是一种比较主流的做法。

最开始的时候，我的个人 IP 起点就是一个成绩理想人。2015 年，我进入新媒体行业做编辑的时候，每天不用做其他事情，就只追热点、写"爆款"文章，接连写出很多篇阅读量超过 10 万的文章后，就有人邀请我去他的微信群里分享怎么追热点、怎么写阅读量超过 10 万的"爆款"文章。

我分享完之后，群里陆续又有其他人邀请我去分享，后来被邀请到插座学院做分享。插座学院的人听了我的分享之后，觉得我既做出了成绩，分享的内容也很好，就提出与我合作一门课程。后来我出的课程内容和销量也不错，他们又开始让我去做线下课、去企业讲课。

成绩理想人也是很多人的可选方向。你可以选定一个领域，找到一个具体的切入点，在那个点上咬牙努力、长期坚持，直到做出一个可以拿得上台面的成绩。

如果你是编辑，你可以从流量切入，写出很多阅读量超过 10 万的"爆款"文章；也可以从影响力切入，写出很多高水准的文章，发布在一些有公信力的平台上。

如果你是运营，你加入一家公司、一个团队，成为其中很厉害的社群运营官或账号运营者，做出了成绩，在这个过程中又积累了一些经验，有一天就可以以此为根基去打造你的个人 IP。

2. 如何成为成绩理想人

可能有些同学会觉得，自己在当前的领域里没有明显突出的成绩，那也不要焦虑。成绩不是从天上掉下来的，是我们通过努力和行动得来的。你需要先对个人 IP 有一定的认知，之后就可以用这些理论去指导自己的行动，做出成绩。

举个例子，我的健身教练想更好地招生，就得把自己打造成一个有说服力的案例，让自己成为作品。他得在减肥和增肌上都做出成绩，这样他招生的时候才会更有说服力。如果他自己没有减肥或者增肌成功的经历，招生的时候就不容易令人信服。所以，他需要刻意在这方面做出成绩，并且留下记录和证据。

他是怎么做的呢？他在自己最胖的时候拍了很多照片和视频；然后开始疯狂减肥，这个过程中又拍很多照片和视频；最后剪辑这些视频和图片，展示给大家看。他做这些事情，并且展示这个过程和结果，就会让自己具有信服力。

有了这些思路后，你就可以思考和设计自己能走哪条路，找到可行的方式刻意行动；在某一段时间或某一个周期内集中力量攻克一件事，"大力出奇迹"，做出成绩；然后你就可以基于这个成绩去打造自己的个人 IP。

比如我现在不擅长发朋友圈，我可以在接下来一年的时间里，认真地做好发朋友圈这件事情。我计划好一天发几条朋友圈，朋友圈的构成应该是什么样，图片怎么拍，文字怎么编辑，有哪些维度，实物产品、虚拟产品分别怎么推广，等等。这样 100 天、200 天、300 天之后，就会有很多人把我看作一个很会发朋友圈的人，也许就会有人找我咨询怎么发朋友圈。

我们通过持续地去做一件事，做出一些成绩，获得一些经验和方法，就可以依靠这个去做自己的个人 IP。这才是我们应该有的思路，而不是一直说自己不擅长。每个人的擅长都不是找到的，而是自己努力去做到的。

刚开始的时候，我们并不需要在每个方面都做得很好，只要找到一个点，在那个点上做到极致，然后用这一个点去打造个人 IP，广泛宣传，这样就可以变成一个成绩理想人。

这种理想人，不是让人佩服其综合能力，而是佩服其在某一点上取得的成绩。单单是这一个点，就足够想让别人关注你、追随你、向你学习。当你逐渐把个人 IP 做大、被更多人喜欢之后，要慢慢地让自己全面发展。

（三）成为人格理想人

1. 什么是人格理想人

这里的"人格"泛指人的性格、特质、品质等。人格理想人是指在性格、特质、品质的某些方面特别有魅力，深受大家喜爱的人。有很多人都是凭借自己的某一种特质、某一种性格特点、某一种不一样的人格吸引受众，如果其中有人能够放大自己的某个特质，就可以以此打造个人 IP。

互联网很容易把一个东西放大到极致，所以要先找到自己在某个点上的吸引力，然后把这种吸引力放大 10 倍。

为什么要做到极致？因为大家都是普通人，没有理由在网络上也去关注一个普通人。想要打造好自己的个人 IP，就要学会不做平常之人，不做平常之事。

我们提到的五种理想人，其实也是一种极致。成为人格理想人，指的就是找到自己人格上的某一个点，把它发挥到极致。

比如罗永浩，这几年靠"真还传"受到广泛关注，他展现了极度靠谱的特质。虽说自古以来，欠债还钱天经地义，但现在很多人都做不到，罗永浩不但做到了，而且是还了 6 亿元的巨额债。这种做法就很极致化，加上同行的衬托，罗永浩就更加显得极致诚信、极致靠谱；在这个特点上，他做到了 10 倍、100 倍放大自己的靠谱特质。张桂梅也是人格理想人的典型，她把自己身上利他、奉献的精神发挥到极致，不是一般人能做到的。

2. 如何成为人格理想人

要想走人格理想人这条路，我们一定要学会挖掘、利用和放大自己人格上的某个点，并将其放大化、极致化。

有的东西，你放对了地方、认识到了价值，它就是财富；如果你不会利用，它就不是财富。这里有一句话很重要：人无我有，人有我优，人优我异。

还是那句话，人格包含了一个人的性格、特质、品质等。要去找到自己身上的某个特点，然后把它放大，让大家喜欢。

（四）成为知识理想人

"知识"不只是狭义上的知识，还包含方法、经验、指导等。"知识理想人"是指具备某个领域的知识、方法、经验等代表成果的人。

你要成为某一个细分领域的知识专家、经验专家、方法专家，然后把这些知识、经验、方法分享出来、传播出去。比如在新媒体写作领域，很多人写过阅读量超过 10 万的文章，但没有提炼、总结出自己写文章的知识、方法、经验；而我做了这件事，那么我就与那些没有总结的人不一样。

假设你在职场中升职加薪的速度比较快，或者你在知名企业工作，那么你就可以分享面试经验、求职经验、晋升经验……你会有很多受众，因为很多人都想进优秀的企业，都想升职加薪。

一个人如果能够在某一个领域持续地输出、分享知识经验和方法，就一定会被这个领域的普通人关注和追随，成为一个知识 IP，并且最终会输出课程、训练营、付费社群等产品。所以必须持续输出，才能让自己成为这个领域的知识理想人。

（五）成为三观理想人

"三观"是指世界观、人生观、价值观。很多人不一定是靠三观火起来，但三观是很大的助力。

罗翔老师就是一个很典型的例子，很多人都是被罗翔老师的三观吸引。当然，罗翔老师首先是法律方面的知识理想人，但如果他只是法律方面的知识理想人，那么他可能无法成为今天这么大的 IP，是他的三观把他的 IP 吸引力放大了。像任正非、埃隆·马斯克这种顶级的个人 IP，他们都是因为这个原因。

顶级的个人 IP 要有宏大的情怀、伟大的使命。马斯克想要实现火星移民，打造人类真正的太空文明，就是一个典型的展现自己伟大使命的例子，他展示自己关注整个人类命运的一面，提高了自己的个人 IP 层次。

成为三观理想人不容易，它不只是一种选择，也是一种能力。

最后还想提醒大家两点。一是区分短期和长期。我们最开始的目的是让第一批人关注我们，这可能只需要一个很小的点，足够小、足够垂直，但是有穿透力。当 IP 慢慢做起来，你会想要做得更大、更好。比如你既要有行动力又要有知识，还要有正确的三观，甚至要附加一些出彩的人格特质。同时满足的要点越多，或者单个点达到的程度越深，把 IP 做大的概率就越高。但是，在起步阶段先不要想太多。二是要敢于打破常规。我们一定要发散思路，不要限制自己、说自己不行，要去寻找、去行动。

个人 IP 的打造，其实就是一个打开思路的过程，只要思路打开了，我们就会发现很多事情都可以去做。当然，任何一个领域，我们都需要经过很多的探索与尝试，才能找到正确的方向；再经过努力，才会慢慢做出成绩。

第二节

打造：成为一个持续有影响力的 IP

本节最关键的一个词是"持续"。

为什么要强调"持续"？你会发现，大部分 IP，包括我们熟知的演员、明星，都呈现一个特点——新旧更替很快。

长江后浪推前浪，新人一茬一茬地涌现，很多人会迅速过气。2015 年，我刚入行时喜欢的很多 IP，现在都已经不在一线了。他们有的是自己功成身退，有的是被迫出局。演员也是一样，有的演员会在一些场合公开声明，希望导演多给他机会，他还年轻、还能拍很多戏、片酬低还不挑剔等。之所以会这样，是因为他们需要持续完成作品，才能保证自己在这个行业里持续产生影响力。

所以，"持续"这个词非常重要。如何避免自己的个人 IP 是昙花一现，甚至有长期的竞争力，让自己持续具有商业价值和生命力，就显得格外重要。

写到这里，我想到了一句话：最好的人生就是找到一件事做一辈子，找到一个人爱一辈子。

如果我们能在一件事上得到机会，能在一个领域做出成绩，能让自己的 IP 立起来，就一定要想办法让它的生命力更持久。

我打造自己的个人 IP 始于 2015 年，到现在八年了，也就是说我个人 IP 的生命力已经持续了八年。前三年属于爆发成长期，后五年属于稳定发展期。

我对此还是比较满意的，因为我并不是只做了两三年，就在这个行业里销声匿迹了。当然，我在这个过程中也一直非常努力，短视频推出之后，我会更新短视频；直播爆火之后，我又坚持直播；形式单一的线上课衰落了，我就开办训练营和社群。我也是一直在自我迭代，一直随着时代的发展去变化，所以才能保持自己的 IP 一直有生命力。

一、持续输出内容、作品和事件

之前，我对打造 IP 的看法是持续输出一个领域的专业内容。但是在网络内容升级迭代时，我自己的认知也在成长，"持续输出一个领域的专业内容"这种认知是比较狭隘的。因为如果不做知识 IP，就没有必要持续输出那个领域的专业内容；你可以持续输出作品，也可以持续输出事件。

比如你是一个作家，每隔几年要有一部重磅的作品；你是拍纪录片的导演，隔一两年要有一部比较精彩的纪录片；你是一个专业的演讲者，那么你每年要有几场重要的演讲……这些都是你的作品。

除了输出内容和作品，还可以输出事件。

什么叫输出事件？就是你做了一件事，这个事件会让大众传播、会让媒体报道、会让这个行业的人讨论你。输出事件后，你的影响力也就能够继续维持。

举几个例子。罗永浩砸冰箱既不是输出内容，也不是输出作品，而是输出事件。他做了这么一件令人新奇、惊讶的事，一定会有网友讨论，会被媒体报道，他就会进入大众视野。

还有 2021 年，在新东方自身运营都很困难的时候，俞敏洪宣布把新东方大部分校区的桌椅捐给那些贫困地区的学校，这也是输出事件。

简单来说，就是我们要学会不停地"搞事情"，包括罗振宇的跨年演讲、刘德华抖音演唱会等，其实都可以归到这一类。只要持续"搞事情"，一个 IP 就可以一直有影响力、有话题度。

这种"搞事情"，有些是主动的，有些可能是被动的。比如董宇辉去山东被泼水了，这是一个被动事件，可是这个被动事件让他的热度维持了很长时间。有时候我们自己也会遇到一些被动事件，当遇到这样的事件时，我们自己要有意识地利用它。

前段时间，我们在深圳办了一个线下见面会。这个线下见面会，我和很多参会人员持续发了几天的相关朋友圈，并制作了见面会的短视频发布到我的视频号上，那条短视频传播到十万量级，受众涵盖了许多业界人士，这样也算我们"搞了一个事情"，这在本质上也维持了我的影响力和话题度。

可能有人会觉得，"搞事情"的前提是自己必须具有一定的知名度，其实不然。名气只是一个比较级概念，IP 所做的一切事情只是用于提升其知名度。举个例子，罗永浩的砸冰箱事件和《一个理想主义者的创业故事》都大大提高了他的知名度。不停地"搞事情"的目的就是提高知名度，而不是必须先有知名度才能搞事情。

虽然我的公众号一直小有名气，但是视频号在刚起步的时候无人问津。后来，我在视频号上开始有热度，是因为发布了《一个普通男孩的十年》这条视频。这条视频甚至已经不能单纯地被当作一个内容了，它成了一个事件。

这条视频在当时的话题范围内刷屏了好几天。在视频号流量还没有那么大的情况下，那条视频取得了 1700 万次播放、30 万点赞、涨粉 8 万的成绩。我的视频号数据本来普普通通，但是那条视频变成一个事件之后，"粥左罗"这个 IP 的影响力，就成功地从公众号延伸到了视频号。

后来我又搞了一个连续直播 100 天的事件，这 100 天里我从来没有间断过直播，连自己的婚礼当天都在直播，去参加朋友的婚礼也在直播。很多人都像追剧一样，追完了那 100 场直播。业界的很多人也就知道，粥左罗转型成功了。这也相当于我的一个小事件。

总之，一定要持续输出内容、作品和事件，这里的核心是"持续输出"。如果你很长一段时间里，既没有输出好内容，又没有做出好作品，也没有搞什么事件，那么随着时间的推移，人们就会忘记你，慢慢地你就被新人替代了。

二、持续代表某些人性的光辉面

这里我想先给大家分享一句诗，出自诗人吴桂君的《喜欢一个人》："喜欢一个人，始于颜值，陷于才华，忠于人品。"把它放在个人 IP 的长期打造上，其实也符合。

（一）"始于颜值，陷于才华"不够，还要"忠于人品"

所谓"始于颜值"，从个人 IP 的角度理解，"颜值"即一个抓人眼球的点。比如你很帅、很漂亮、很搞怪，或者你做了一件很特别的事，如登上珠穆朗玛峰、环球旅行等。这些都能吸引人们的注意力，能让大家一下子就注意到你。

"始于颜值"之后是"陷于才华"。你通过一些抓人眼球的东西吸引到用户之后，对方发现你是一个"宝藏男孩"或者"宝藏女孩"，发现你竟然会那么多技能，这是陷于才华。

比如成为我粉丝的路径可能是，先看了我的一篇高阅读量的文章，知道了粥左罗是一个写文章的人，后来又发现不完全是，我还会做短视频和直播，认真看了以后，发现我直播讲得很好，短视频做得也很有意思，等等。真正让人们愿意长期喜欢你、追随你的，是你的才华、你的技能。

最后的"忠于人品",其实是更长期的维度。

假设你最近没有"搞事情",用户也很长一段时间没有关注你,但是有一天你"重出江湖",用户心里依然为你保留了一个位置,因为大家认可你的人品。

所有的大 IP,像俞敏洪、董宇辉、曹德旺、董明珠,这些顶级 IP 在人品上都是可圈可点的。这里要强调一点,所谓的"人品"好,不是简单地判断他是个好人或者坏人,更多的是说一个人的品质和人性。

一个好的 IP,一定要能够代表某种人性光辉或者美好品质。像董宇辉、俞敏洪、曹德旺、董明珠,他们都是代表了正直、善良等一些人类的美好品质。

"忠于人品",其实就是对一个 IP 的长期喜欢和认可,是从骨子里认可。

如果你只能满足第一点——持续输出内容、作品和事件,也许对用户来说,他可以找到很多替代品。比如,对于一个知识 IP 的用户而言,他可以买几本这个领域的工具书,或者多看几篇这个领域的干货文章等,有其他各种各样的方式可以解决他的问题,不一定要关注你或者喜欢你;他可能会喜欢你的内容,但不一定要喜欢你这个人。就好像大家可以喜欢我的课程,也可以喜欢我的《学会写作》这本书,但是不一定会喜欢我本人。

然而,用户如果不喜欢你这个人,他就不会关注你,不会认可你，更不会想要长期追随你；你的人格魅力没有吸引他，那么你的 IP 就不是特别成立。换句话说，如果你只能提供知识或者感官刺激，那么你就缺乏作为一个 IP 最重要的东西——人格魅力。

所以，很多人能够持续输出专业的内容，但是没有办法把自己做成一个很好的个人 IP。一个 IP 想要成立，他的输出里也要有人格魅力的部分。

面对那些企业家和精英，单纯地给他们讲怎么做管理、怎么做绩效、怎么做考核、怎么招人、怎么用人，他们比我们更懂。这时候，你要散发一点人格魅力，才能被他们喜欢；否则讲纯干货，他们自己都懂，何谈吸引他们的关注呢？

很多企业家特别喜欢和一些作家、哲学家或艺术家打交道，就是因为他们生命中缺少了这些。企业家的每天都是在谨慎和规划中度过的，他的内心需要接收一些更美好自由的东西。所以，我在分享的时候，讲了很多创业初心相关的内容，就是希望唤醒每个人身上的那些美好品质。

我的那条"爆款"短视频——《一个普通男孩的十年》也是以这样的初衷创作的。很多人看完这个视频，会发现：当你不再相信爱情的时候，看那样一条视频，可以让你重新相信"相爱可抵万难"；当你不再相信努力有用的时候，看那样一条视频，可以让你相信"一分耕耘，一分收获"；当你不再相信这个社会普通人还有机会实现梦想的时候，看那样一条视频，可以让你"相信柳暗花明又一村"。

那样一条视频会特别圈粉，它不是单纯地传递知识、干货或者制造事件和噱头，而是真正让大家对我这个人产生了兴趣，不单单是对我的内容、课程、书和社群。

打造一个 IP，一定要代表某些人性的光辉，或者某些人类的美好品质，才能真正吸引很多人。

（二）代表某些人性的光辉面，要做到知行合一

有人问过我一个问题："你把自己打造成一个看起来这么美好的个人 IP，你代表着这么多美好的品质，如勤奋、对爱情专一、对家庭负责等，要维持这个人设你会不会活得很累？"

很多人都会有这种想法，觉得维持一个人设很累。那可能是因为他已经不相信爱情了，但是他要装作相信爱情，就会觉得很累；或者他不想在家庭上投入很多时间，但为了展示自己是一个顾家的人要刻意去表演，就会很累。

但对我来说，其实很轻松，也不会觉得累。我的公开象限非常大，甚至可以说我的生活是透明的。很多人都知道我老家是哪里的，甚至具体到哪个村；也知道我老婆是谁、我的喜好是什么、我现在住在哪里、以前读哪所大学等，我在大众面前几乎没有秘密。

所以很多人说，这样我就不能犯错，不能说错话，不能做错事。但是我并不累，因为我的 IP 呈现出来的就是我本来的样子，我在打造个人 IP 这件事上能够做到知行合一，而且是长期主义的知行合一。

比如，在推广课程时，很多老师在推荐自己的课程时，会夸大自己课程的效果，以求提高成交量。虽然成交量提高了，但他会活得很累，因为他要装作相信这门课有很大的价值，而且他要说服别人也相信这一点。但是我不会，我会非常坦诚地去说这门课哪里好、哪里不好，适合什么人、不适合什么人，我没有骗过人。我活得轻松就是因为我只展示事物本来的样子，工作的时候就认真工作，想玩的时候就认真玩，心里没有那么多负担。

又如感情，我从认知上、内心里非常坚信：一个家庭美满、感情幸福的人，他的事业一定会更成功。我从很多成功的人那里都学到了这一点，如巴菲特、查理·芒格、段永平、瑞·达利欧等。正因为有这样的认知，所以才按照这样的认知从行动上去经营家庭和爱情，自然不会觉得累。如果你从认知上、内心里不相信这一点，又非得装模作样，你就会很累。

我的妻子是 2021 年怀孕、2022 年 4 月生产，在这期间我经常工作到晚上十点多。但我觉得孕妇经常散步会比较好，所以即使有时候工作之后特别累，我还是会陪她下楼去散步；或者周末的时候我会抽出下午的时间，陪她出去逛一逛，呼吸呼吸新鲜空气。因为我觉得在这上面花费时间和精力非常值得，我就不会感到劳累。

在代表人类美好品质以及某些人性的光辉这件事上，我们必须完全地知行合一。只有这样，我们呈现出来的状态才是浑然一体的。

这方面，我觉得罗永浩是我学习的榜样，他一直做得特别好。

我从 2010 年开始关注他，那时候我刚上大一，他做了一场名为《一个理想主义的创业故事》的演讲，讲了很多让人敬佩的美好品质。他当时说的一句话令我记忆犹新："干干净净地赚钱是可以做到的。"所以他创业之后，都是干干净净地赚钱，做营销、做推广，从不坑蒙拐骗；做直播也是给大家很好的服务，如果直播的产品出了问题，就自己掏钱给大家赔付。

这么多年过去了，他的个人 IP 在互联网上屹立不倒，正是因为他身上有很多美好的品质，而且做到了长期地知行合一。

三、持续刻意制造一系列好故事

除了"持续"，还有一个词特别重要——刻意。

（一）个人 IP 的内核，是一系列好故事

一个 IP 的内核是他有丰富的好故事，而且可以源源不断地输出。

举个例子，董明珠就有很多绝佳的好故事。1995 年格力空调全国货源紧张，一个经销商找到董明珠的哥哥，希望通过他的关系拿到价值 3000 多万元的格力空调，并按 2% 提成给他。董明珠的哥哥经不起诱惑，从南京赶到珠海，却被董明珠拒之门外。

再比如，格力的一位供应商因为产品质量不符合标准被退回，供应商就殴打了格力的一位员工。格力的副总知道后，他教育员工："以后晚上别一个人出门了！"董明珠得知此事后，直接把这位副总

解雇了，和该供应商也解除了合作关系，还报了警。除此之外，她有一系列故事可以作为 IP 的内核进行输出。

每个要打造个人 IP 的人，都应该有讲故事的意识。每次发生一些重要经历的时候，我们都应该把它记录下来，而且要主动讲出来。

我记得那条《一个普通男孩的十年》视频爆火之后，很多人问我："你是从哪里翻出来那么多素材的？你怎么有那么多的照片保留下来？"我当时也在想，为什么我能有那么多素材？很多人高中和大学时期的照片早都没了，但是在我自己的故事里，我的每一次入职、每一次离职、我的住所，都有照片。因为我有这种意识，我觉得将来可能会用到；即便不会功利性地用到，这些回忆也是我的一笔宝贵财富。

网上有个段子，用来描述我的那种状态很合适：出了问题先别慌，拿出手机拍个照。

举个例子，2015 年，我住在北京五环外的一个地下室里，有一次赶上拆迁，房东让我们在截止日期之前都要搬走。其他人接到通知后都是尽早收拾完尽早搬，但是恰恰那时候我刚找到新工作，还没有来得及找房子，所以我搬家就晚了一些。

大部分人很快就搬走了，所以施工队就提前来施工，把这些地下室的隔断都拆掉了。有一天我下班回家，一走进那个地下室，整个人都懵了，眼前竟是一片废墟。我从一片废墟上走到我那间出租屋的门口，发现左右邻居的门、墙都拆了，就剩我那孤零零的一户，那样的潦倒简陋，感觉一脚就能把那间屋子的墙踹倒似的。

那一刻我就觉得挺搞笑的，这么悲催的事竟然被我遇上了。我当时就说："来，给我拍张照吧。"然后我就站在那片废墟上，拍下了这张照片。后来那张照片，我在文章中用过、在短视频中用过，说不定将来我出自己个人经历的书时，还会用到。

还有一次，2020 年，我骑摩托车受伤了，当时伤得很严重，住院治疗了一段时间。那段时间都是我爱人照顾我，所以我把这段经历也用很多照片和视频记录了下来。

每当人生中遇到特别的故事，我都会把它记录下来。当你遇到这样一个可以构成故事的经历时，也要学会记录和使用。

（二）做个人 IP，要学会讲自己的故事

想做个人 IP，一定不能缺少个人化的经历故事。在这一点上，我其实还想给大家讲一个重点：在你的内容里，不管是拍短视频还是写文章，自己越是成为核心，流量的价值就越高。

有些人回到农村拍短视频，他可能更多的是在记录那些场景，那些有趣的人和事，但自己在其中参与的程度很低。大家看这些视频很有意思，但都与他这个人没什么关系。

就像一些人写文章，会不断地使用别人的事例。他会说苏东坡，也会讲曾国藩，还会讲他有一个同学，就是没有把自己放置到内容中。在打造 IP 的过程中，没能让自己成为核心的元素。

我平时写文章时经常会把自己的经历放进去，让这篇文章与自

己建立更强的相关性。一个 IP 能够很好地成立，其根本在于大家不仅喜欢你呈现的内容，更喜欢你这个人。

你去旅行，不能只拍风景和人文，还要让自己在其中扮演很重要的角色。比如，你可以出镜给大家介绍当地的风土人情，或者你可以为自己的视频配音，或者记录你在当地做了一件什么事等。

你在其中越重要，你个人越是核心，你的流量价值就越高。这也就能解释，为什么抖音上的一些文案账号，虽然流量很大，但是没有商业价值。

（三）没有稀缺好故事，就主动去创造

可能有人会问："我没有那些稀缺好故事怎么办？"我的答案是："从现在开始去创造。"

也就是说，好故事有时候不是自然发生的，有可能是刻意制造出来的，或者是自然与刻意结合在一起，顺势而为，如此一来很多好故事就诞生了。

假设我想让大家认为我是一个很自律的人，我必须把"自律"这个特质凸显出来，那么我就可以刻意去创造一个好故事。

比如我可以做一个 21 天腹肌训练计划，用 21 天时间完整地公开记录我练出腹肌的经历，然后用这个故事去激励那些想健身、想减肥的人。

所以，打造个人 IP 要学会自己主动去创造故事。

像罗振宇这样的大 IP，他曾经主动创造了很多故事，比如"罗

胖 60 秒" 坚持了 10 年。能做到这件事的人凤毛麟角，他能做成就足够稀缺。在这种情况下，当他把这个经历设计成一个好故事讲出来的时候，就有很大可能变成一个大 IP。

包括我连续直播 100 天也是，做成了就是一个好故事，而且在这个过程中，这个行为本身也会诞生很多故事。

还有一点，我们要有一种意识：当在生活上、事业上，甚至人生路上，每一次遇到困难、每一次陷入困境，都是老天在给我们制造一个故事。

举个例子，罗永浩负债 6 亿元，这对任何人来说都是一个巨大的困难；但是如果我们的认知到位了，能够转换一下思维，就可以把它理解成，老天给他创造了一个可以成就一段佳话的契机，利用好了就能讲成一个好故事。

因为，负债 6 亿元本身是一件极少发生的事情，绝大多数人不会有机会负债 6 亿元。从这个角度讲，罗永浩抓住了这个机会，他勇敢地站出来向世人说明：我不会跑，我要一分一分地赚钱，把欠的所有钱都还上；为了还钱，我可以每天努力做直播、接广告，放下自己的骄傲去还债。

他把这个少见的大困难，变成了一个稀缺的传奇故事，这个传奇故事反过来又给他带来了巨大的影响力和关注度，引发了大量的网络讨论和媒体报道。这些都转化成了他这个 IP 的能量，他又因此有更大的机会缩短还清债务的时间。

从"故事"这个角度来说，有一些是你刻意去制造的故事，有一些是你顺势而为、由你的困难和困境转化而成的故事。

四、持续积累而非不断消耗

很多人做事时容易短视，有了一点流量之后，就恨不得榨干每一个流量；碰见一个付费用户，恨不得想方设法把这一个用户"薅"干净，从普通的音频课一直要卖到四五万的私董会，再到十几万的私教。

这其实就是目光短浅。打个比方，一支笔很细，可是一支笔如果放得离我们足够近，就足以遮蔽我们的双眼，让我们看不清更远的地方。也就是说，即便一个东西很小，但是我们把它无限拿近去看，它就会显得很大，会阻碍我们看见更远处的东西。

我一直有一个观点：能赚钱的时候，不要把百分百的时间都用来赚钱。我希望每个人都能把眼光稍微放长远一点，这样不至于遮蔽自己去看更远的地方。

举个例子，有一些人会私信问我：要不要现在报名 30 天高阶写作变现营？按照很多人的想法，我当然要鼓励他报。但是当很多人这样问我的时候，我可能会根据他的具体情况来判断，如果不合适就对他说不建议他现在报名，并且会向他说明原因。

我之所以愿意这样做、敢这样做，是因为个人 IP 这件事不是一时之事，而是终身之事，所以我必须从长远考虑，而不是只看到短期的得失。我的个人 IP 已经做了八年，我是否能再做八年，肯定比我眼下多赚一点钱更重要。

当我有这样的意识，我就不会每天在朋友圈发布 20 条广告做转化；不会让我的公众号上隔三差五全是广告，我会把广告的比例控制得非常低，正经的直投广告，我基本上一个星期就接一条，偶尔接两条；我也不会为了转化，每天在直播间里夸大各种课程、社群和训练营的价值。因为我希望我的 IP 能够一直做下去，而不是今年多赚一些钱。

要想让自己的 IP 生命力持续下去，而且是在持续中变强，就要持续积累而非不断消耗。

我写过一句话：信任而非诱惑，尊重而非奉承，佩服而非屈从，羡慕而非嫉妒，爱而非恨。

什么是信任而非诱惑？我希望作为一个知识 IP，用户是因为信任我才购买我的课程、训练营和社群，而不是因为我虚假承诺了很多，诱惑他们购买；我希望我是真实地呈现我的产品，而用户又需要这个产品，所以才产生了购买行为。这就是信任而非诱惑。

什么是尊重而非奉承？我希望用户是发自内心地尊重我的能力，认可我的人品，而不是阿谀奉承。

什么是佩服而非屈从？我希望是因为我做了一些事情，让粉丝从发自内心地佩服和认可我。

什么是羡慕而非嫉妒？从人与人之间的相处来说，我肯定不希望别人嫉妒我。我希望的是粉丝对我产生羡慕，羡慕我有美好的爱情，有美满的家庭，有自己的人生乐趣，找到了一辈子要做的事。我希望我们之间达成的是一种羡慕的状态，而非嫉妒的状态。如果粉丝对我产生的情感是嫉妒，就说明我没有在展示美好，而是在秀优越感。嫉妒最终会滋生恨，如果用户对我产生了恨意，那么我作为一个 IP 就失去了最重要的东西。

从长期发展的角度来看，一个 IP 的实力取决于他身上聚集了多少人的信任、尊重、佩服、羡慕和爱，聚集了多少正向的能量。聚集的正能量越多，这个 IP 就越有生命力；聚集的负能量越多，这个 IP 就会越来越沉寂，直到被完全淘汰。

第三节

目标：你要成为大 IP、中 IP 还是小 IP

一、IP 的四个量级和相应的根基

简单来说，IP 的量级就是粉丝量，粉丝的多少决定了 IP 的量级。你的能力、成绩、优势、特质等就是你的根基，是支撑你成为一个 IP 的内核。

我们要先从整体上了解一个 IP 发展的路径和遵循的规律。我自己将 IP 划分为四个量级，分别是超级 IP、大 IP、中 IP 和小 IP。

虽然大部分人都是从小 IP、中 IP 起步，但每个人都有机会做成大 IP 或超级 IP。做 IP 本身就是一件具有很强积累性质的事情，只要持续好好做，就有很大的可能成功。

这四个量级的 IP 对粉丝量都有什么样的要求呢？他们的根基又分别是什么？我们从高至低逐一讲解，其基本上符合十进制，也就是 10 倍粉丝量的差别。

（一）超级 IP

超级 IP 指的是 1000 万及以上粉丝量的 IP，如李子柒、董宇辉、俞敏洪等，这些都算超级 IP。

有些 IP 可能有过亿的粉丝，这种我们也暂时都归类到超级 IP 里，如梅西、这样的人，他们可以算是超神级 IP。但是这里我们不去做更多分类，最高的一个级别就叫超级 IP。

一般来讲，超级 IP 是指某一个行业中传奇大师级的人物，是这个行业里金字塔尖的存在。

举个例子，直播带货发展了这么多年，也没有几个像董宇辉这样的人出现，把销售做成了讲课，把直播间做成了课堂。有很多人即使没有购物需求，也愿意天天待在直播间。本来很多家长反对孩子看直播，但在董宇辉出现后，他们的态度发生了很大的转变，甚至和孩子一起看董宇辉的直播。如果成为这样的超级 IP，就是在这个行业里顶尖的存在。

再比如李子柒，在拍摄田园类短视频的领域，她就是一个顶级的存在；哪怕在她停更之后，也没有人能够替代她。

如果董宇辉将来不做直播了，基本上也不会有人能够替代他；又如足球领域中的罗纳尔多、梅西等，他们都是不可替代的。可能后辈里也会人才辈出，但是他们这样的存在，本身都是无法被替代的。这就是超级 IP 的量级以及它需要的根基。

也许你靠包装策划可以成为一个小 IP 或中 IP，但是想成为一个超级IP，没有这样的根基就不可能实现。

（二）大IP

大IP是指粉丝量级达到100万及以上，但是不超过1000万。

举个例子，抖音上"金枪大叔"有300多万粉丝，他就可以算是一个大IP，在知识或营销这样一个垂直领域里他会被广泛讨论，但是并不是像超级IP那种现象级的存在。

刘润也是，他在公众号上的核心粉丝应该不到300万，也算一个大IP。他是在知识圈、商业圈、咨询圈里较为活跃，并且常做相关内容的跨年演讲。

大IP一般都是在一个领域里被广泛熟悉，但是没有成为现象级或被全民讨论的程度。

那么成为一个大IP，需要什么样的根基呢？

它不需要你在一个领域里是金字塔尖的存在，但需要你成为该领域的专家。像金枪大叔、刘润，他们都是各自领域里的专家，他们不能被称为大师，更谈不上是传奇人物，但至少都可以被称为某个领域的专家。

金枪大叔是营销界的专家，他参与了很多特别有名的营销项目，如铂爵旅拍、BOSS直聘等。刘润作为知识付费界的代表，"5分钟商学院"这门课是知识付费界销量最高的课程之一；他的作品《底层逻辑》也是一本畅销书；他的年度演讲在圈子里也被广泛传播；同时他也给很多企业提供支持和服务，是该领域的专家。我自己算是一个在写作、个人成长和新媒体领域的专家。

如果你想成为一个大 IP，那么你在根基上就要做到一个行业的专家水平。如果你达不到专家的水平，就更难做到百万级别以上的超级 IP 了。

（三）中 IP

中 IP 就是在大 IP 的基础上再降 90% 的量级。也就是说，只要是粉丝量在 10 万至 100 万之间的 IP，暂且都归类到中 IP 的范围里。

中 IP 是整个 IP 界的中流砥柱，单个中 IP 的影响力不是最大的，但所有中 IP 加起来的影响力也许是最大的。因为很多人都拥有几十万粉丝，他们分布在各行各业。虽然好几个中 IP 的粉丝量可能也赶不上一个大 IP，但可能每个领域里都有上百个中 IP。

对很多人来说，成为中 IP 可以作为三年之内要实现的目标。

中 IP 是有机会成为大 IP 的，但是大 IP 发展成超级 IP 却非常艰难，很多时候需要运气。

从我自身的经历看，我从小 IP 成为中 IP 的过程比较轻松，但我从中 IP 成为大 IP 却花费了差不多四年的时间。目前我也不敢奢望成为一个超级 IP，因为我还不是一个行业金字塔尖般的存在。

那么成为中 IP 的根基是什么？与成为大 IP 相比，你至少应该是某个领域里的半个专家。

虽然你现在只是半个专家，还不够强大，关注你的人也没有那么多，影响力也没有那么大，但只要你足够自信，会写、会拍、会讲，那么也能号召你目前拥有的几十万粉丝，形成一定规模的影响力。

（四）小 IP

什么是小 IP？

这里就要用到大家都已经了解的一个概念——1000 个铁杆粉丝。你有 1000 个铁杆粉丝，就可以算是一个小 IP。这里并不是按照粉丝量减少 90% 这个标准进行划分，而是从商业角度进行划分。

小 IP 的核心就是拥有 1000 个铁杆粉丝。

二、关于量级和根基的两个重要认知

（一）根基不等于粉丝量

根基和粉丝量之间，是必要不充分的关系。

根基是粉丝量的必要不充分条件。如果没有对应的根基，就无法拥有对应量级的粉丝；反过来说，即使有了对应的根基，也未必一定能有对应的粉丝量。这其中的关键因素是内容能力。

举个例子，有的人在某一领域具备了专家级的水平，比如在写作领域，他的水平与我的一样；在商业领域，他的水平与刘润的一样；或者在营销领域，他的水平与金枪大叔的一样等，他在一个领域里与我们的水平是一样的，但是他却没有 10 万粉丝。这种情况就是他有成为大 IP 的根基，但是没有具备成为大 IP 需要的粉丝量，核心原因就是他没有内容能力。

这里我们讲的内容能力，主要是指在新媒体平台上做内容的能力。

举个例子，我非常喜欢蔡志忠，他绝对有成为超级 IP 的根基。他画了一辈子漫画，有广泛的群众基础。他的漫画作品累计畅销千万册，我们这些十万级畅销书的作者难以望其项背。但是他公众号的阅读量通常只有几千，这其实就是因为蔡志忠的团队在内容能力、包装能力上仍有欠缺，没有把这个有根基的 IP 的粉丝量做到该有的水平。

从个人 IP 的根基来说，蔡志忠绝对不会比董宇辉差；但是董宇辉在新媒体平台上的内容能力却无人能及，所以他的粉丝量能到千万量级。

（二）量级不等于变现能力

超级 IP 一定比大 IP 的变现能力强吗？答案是否定的。

大 IP 刘润的变现能力可能与新媒体平台上的一些超级 IP 不相上下，即使他的公众号粉丝量还不到 300 万。因为他深耕的领域就是商业，所以他的商业变现能力非常强。

同样是公众号，我的公众号是个人成长领域的，头条文章阅读量一般在 1 万 ~ 3 万；刘润的公众号内容是商业领域的，头条文章阅读量一般在 3 万 ~ 10 万。他的粉丝量和阅读量差不多都是我的 3 倍，但是他的商业价值却不止我的 3 倍。

大 IP、中 IP 和小 IP 也是一样的道理。

举个例子，江武墨老师就靠不到 3000 个私域粉丝，在一年的时间里转化了几十个年度咨询，做到 50 万～100 万元的收入。从粉丝量级来说，他肯定算小 IP，他的公众号、私域、视频号的粉丝量都没有达到 10 万；但是他一年的变现能达到 50 万～100 万元，超越了很多中 IP。

由此可见，量级不等于变现能力，其中拉开差距的是商业能力。IP 的商业能力强，才是真的强。商业能力是一种更强大、更缥缈的能力，它也许不是直接地给你一块糖，但是你真正拥有了它，会发现自己凭借它能够赚到无数块糖。

商业能力不是一朝一夕就能培养成的。不可能听了两三场直播课，就能掌握其中的诀窍；但是我可以保证的是，如果一个人可以坚持学习一年，一定会拥有巨大的改变。

我是 2015 年进入新媒体行业的，比较幸运的是，我进入的是创投行业，平时接触的内容都是与创业、投资、商业相关的。自那时起，我就开始看商业相关的内容，并逐渐发现人和人拉开差距的其实是商业能力，包括商业上的理解能力、分析能力、洞察能力等。

此处还是以刘润为例进行分析。比如同样都是有几百万粉丝的账号，没有几个人能像刘润那样有能力做年度演讲，还能获得众多赞助商的支持。说实话，即使我将来拥有两三百万粉丝，我也无法完成这种年度演讲，至少我现在的年龄和整体商业能力都达不到那个水平。

根基不等于粉丝量，要拼内容能力；量级不等于变现能力，要拼商业能力。

三、普通人的目标是什么

先说结论：普通人的目标就是从小 IP 做起，并持续地进行迭代。

（一）普通人应该从小 IP 做起

目标的合理性决定了是否有耐心、有信心地去完成目标。

很多人在开始做一件事时，都抱着极大的热情和极高的期待，结果做了没多久受挫了，就不愿意再坚持下去了。

你会发现有很多人想拍短视频，拍个 5 条、10 条就放弃了；做直播，播个几场后发现只有个位数的在线人数，就放弃了；写文章也是，没写几篇就不写了。很多人之所以这么容易放弃，很大程度上就是因为目标不正确。很多人的目标是想一夜成名或飞速涨粉，但这都不可能。

我们在定目标的时候，一定要脚踏实地、实事求是。

我们可以想一想，上学的时候连考到班级的前五名都很难，怎么可能能够短时间飞速涨粉，成为这个领域里的大 IP 呢？高考时，费了很大劲都没考上理想中的大学，怎么可能做 IP 的时候就会一路高歌猛进呢？

我们应该像当年考试一样，先定一个小目标，然后通过持续的努力不断实现并超越。比如，你先做到能考进班里前二十名，再慢慢进入前十名、前五名。运用到做个人 IP 这件事上就是，你应该先想着如何通过一年的努力在公众号和私域把粉丝量做到 3000 ~ 5000；或者如果你是做抖音、小红书、视频号，目标可以定得高一点，比如一年做到拥有 3 万 ~ 5 万粉丝。

我们一定要记住一件事：目标是用来实现的，不是用来吹牛的。我们制定的目标，不是为了让自己看着开心、显得自己多么厉害，而是为了实现它。假设你定了一个很大的目标——一年涨 100 万粉丝，你把它写到纸上，看着是很开心、显得很厉害，但是如果目标无法完成，就没有任何意义。

我们定目标是为了实现它，所以别嫌目标小。

（二）IP 可以积累叠加，上不封顶

为什么说定目标别嫌小？这里其实涉及一个做 IP 的认知：做 IP 有一个最大的好处是可积累、可叠加。

举个例子，假设你去搬砖，今天搬 100 块砖赚了一份钱，明天想再赚一份钱，就还要搬 100 块砖，以此类推，后天也一样；同时你今天搬了 100 块砖，明天再搬 100 块，花费的力气是一样的，不会变少。这种搬砖型的工作，就是无法积累和叠加的。

但是如果你做 IP，就不是这样了。以积累私域优质铁粉为例，你今年成功积累了 3000 ~ 5000 个铁粉，明年不会清零，而是在这个基础上继续慢慢积累，达到几万、几十万的粉丝量。像我自己成

为一个百万级别的 IP，就是这样一年一年积累的。

2018 年，我积累了不到 20 万粉丝，之后几乎每年都会平均新增 20 万粉丝；到 2020 年时，我的粉丝差不多是 70 万，2021 年又涨了 20 万，2022 年也涨了差不多 20 万，2023 年应该也是保持这个速度增长。我也是从一个中 IP 一点点叠加积累，才变成一个大 IP 的。

我们去做 IP，一定要有长期意识并打造良好的基础，找到做正确的运营模式，然后以长期发展为目标，持续不断地积累。

像梅西这样的人，他们可以为四年一次的世界杯去努力准备；像吕小军那些备战奥运会的运动员，也是四年如一日地准备着。他们可以以一年为周期，甚至以四年为周期去努力，为什么我们总是想着这个月努力下个月就能有收获？我们能不能也转变成以年为单位去努力、去准备，然后再考虑收获呢？

运动员的青春比大部分人更宝贵，我们做知识产品可以到五六十岁、六七十岁都没问题，但是很多运动员只能做到三十多岁。他们的青春这么宝贵，都能够以年为单位去努力，我们其实更应该需要足够的定力和耐心。

除此之外，还有一个认知：做个人 IP，当粉丝量积累叠加到一定基数后，积累的速度就会越来越快。粉丝增长的速度会根据基数不断变化。

四、成为超级 IP 和大 IP 的三种可能

一个人要成为一个大 IP 或者超级 IP，到底有哪几种可能呢？我总结了三种。

（一）横空出世

从新媒体的角度来讲，横空出世指的是"先成事，再出道"。

举个例子，导演饺子就是典型的先成事，再出道，换句话说，可能他最开始也不在乎自己是否出名，追求的只是把事情做成。

谷爱凌也属于这类，她成为世界冠军后，才变得家喻户晓。当然在这之前，她也不是一个完全的普通人，但也不是一个大 IP，至少在奥运会前，她在国内的知名度并不高。

这些 IP 都属于横空出世这一类。但是像导演饺子或者谷爱凌这类人，他们并不是以成为大 IP 为目标的。横空出世这条路，整体来说不太适合想做新媒体、成为大 IP 的普通人。我们只是需要理解有这种可能性存在即可。

（二）日积月累

日积月累这种方式比较适合普通人，也就是所谓的"养成系"。日积月累地做成一个大 IP，指的是一边做事，一边做 IP，二者互相促进。

我就是非常典型的日积月累型，我的 100 万粉丝是积累了五年才做到的。而且这五年还只是从我创业开始算，如果从入行开始算的话，那就是做了八年，是名副其实的日积月累，一边做事，一边

做 IP。

除此之外，普通人还得学会"脸皮厚"。我们要学会一边做事，一边宣传；一边做事，一边做 IP。我从创业邦离开之后，进入插座学院，成为一名新媒体讲师，也是一边到处讲课，一边通过平台宣传自己。创业之后，我会把自己的经历以视频或文字的形式进行宣传。如果你做的事有助于你去打造自己的 IP，那么你积累的每一点 IP 价值又能反过来帮助你把事做得更好。

（三）快速放大

快速放大的影响因素有两个，一是自身的内容能力，二是运营体量，也就是负责运营的是个体还是团队。要想快速放大，要么你有极强的内容能力，要么你的团队或公司能够提供强大的内容输出。

有些人既不是横空出世，也不是日积月累，但是一年就做到了几百万粉丝，甚至做到上千万粉丝，这种就是快速放大型的 IP。

举个例子，董宇辉就是典型的快速放大型，他是被内容能力快速放大的一个 IP。他的口才和能力肯定不是一天两天就有的，只是缺少契机。像他这样本身具有才华和能力的人也许会被埋没，但一定不会太久。

再比如在公众号崛起的卢克文、半佛仙人，他们都是自己有极强的内容能力，靠自己的内容能力把自己快速放大。

以上这些案例都属于被内容能力快速放大的 IP。除了个人的内容能力，公司和平台也很重要。

整体来说，我们一定要有一种认知：我们都要从小 IP 做起，坚持日积月累；同时，不放弃快速放大的可能性，从始至终提升自己的内容能力。如果没有内容能力，要么自己会变得很被动，要么很难成功。如果没有内容能力，即便你是一个很厉害的专家，大概率也只能做一个小 IP、中 IP。所以，从始至终我们都要提升自己的内容能力。

如果有机会放大自己的 IP，你一定要努力抓住机会，不要放弃。当你有机会被平台或运营公司放大个人影响力时，也一定要抓住时机，积累粉丝，提高影响力。

这里再补充一点：内容是捷径。为了让大家更好地理解，我分享一个概念，姑且把它称为"粥左罗悖论"。

我们思考一下，是因为我的认知水平高、思维能力强，所以赚到了 1000 万元？还是我赚到 1000 万元这件事让我认知水平提高、思维能力增强的呢？

还有很多人会纠结，我要不要先去把事情做到完美之后，再去做内容、写文章、拍视频呢？否则就好像没有说服力。

如果你也有这种担心，就想想"粥左罗悖论"。你一定要知道，我写出阅读量超过 10 万的"爆款"文章时就是一个普通的小编。

假设你现在想做一个读书博主，你可能会担心：自己读的书也不够多，也没取得什么成绩，那么讲书是不是没有说服力？这时，你应该反过来想：如果我拍出了很好的关于读书的短视频，写出了很好的关于读书的文章，自然就会变得很有说服力。

　　这就是内容的魔法，内容是捷径，你把内容做好了，人们就会相信你有实力和能力。

　　"内容是捷径"所对应的另外一点认知是"实力是根基"。如果你想做得更大，必须根基牢固。

　　如果你不是纯内容型的 IP，就要有实力托底。比如你是一个摄影师、插画师或赛车手，但如果你照片没拍好，插画没画好，车没玩好，那么即使你的内容做得再好也不行。

　　还是那句话，我们不能等着有了实力了以后再去打造个人 IP，一定要记住内容是捷径。

第四节

规划：如何设计一个产品

大家可以先思考一个问题，公开直播和私密直播在内容交付上有什么区别？这个问题类似于公众号免费文章和付费课程有什么区别？有的人认为很多免费的公众号文章也非常有价值，那么为什么还要去付费买课程呢？同理，有的人会说我公开直播的质量并不低于私密直播，那么为什么还要买课程听私密直播呢？

其实，除了内容的系统和全面，这里还有特别重要的一点：公众号文章更看重流量，重视高打开率、高分享率，以及粉丝量是否会增长，所以写公众号文章、在公众号上发布免费文章，核心诉求是通过免费的内容获得流量转化；而设计一门课程，不是为了获得流量，而是为了服务用户。所以，有些内容我永远不会发在公众号的文章里，因为很多人会觉得晦涩难懂、不好理解，它的打开率、转发率注定不会高。同理，我也不会在公开直播时花费两小时讲授如何规划一个产品，因为很多人根本无法坚持听下去。所以，文章和课程，一个是为了营销，另一个是为了服务。

做公开直播是为了积累影响力，所以要讲得更加通俗易懂、更具有普适性；而私密直播，专注于为用户解决具体问题，分享"干货"，这些是只有在私密直播间才能学到真正专业的知识，是一个非常大的区别。

"粥左罗"这个公众号能够做得相对不错，原因之一就是发布的内容符合大多数人的认知水平。而有的人在公众号上发布的文章内容特别像一门课程，结果阅读量很低，分享率低，涨粉也很慢，就是因为违背了这个规律。

即使本质上都是产品相关的知识，即使是交付给同样的用户对象，设计一个公众号产品和设计一个课程产品所交付的结果也完全不一样。

接下来我们一起来看看如何规划设计一个产品，主要是从账号、课程、社群、训练营这四个板块来举例说明。一方面是很多人都有这方面的知识需求，另一方面是我接触这些产品比较多，总结出了一些产品设计的理念，具有普适性，所以无论你是否做知识产品，都能从中有所收获。

一、规划设计一个产品的三大步骤

（一）确定要解决的需求

我们打造一个产品的初衷往往是满足某个需求。很多时候一个发明者创造出某个产品，是源于他自己的需求。

张小龙之所以要设计一款社交产品，是因为他是一个内向的人，不擅长社交。我之所以会出版《成事的时间管理》这本书，是因为我意识到我的时间管理有很多问题。我把这些问题列出来之后，发现这不只是我的问题，也是我身边很多人的问题，甚至是很多人普遍存在的问题。我发现了一个亟待解决的需求，所以写了一本书，这个产品最初就是源于自身的需求。

社会发展迅速，每一个行业的迭代速度也非常快。我觉得人一生中需要学习的东西太多了，比如我所在的新媒体领域，从我刚入行起是在公众号写文章，到现在拍短视频、做直播，还要做社群、做私域，越来越复杂。

我要学的东西越来越多，因为在未来的 3 年、5 年、10 年，我还会经历更多变化。我学拍短视频、做直播，经历了从新手到高手的过程，未来我还会继续学习新事物，所以，我就思考是否可以吸取这其中的经验，把一件事怎么从新手做到高手总结出一套方法论。于是，我总结出了一套方法论，做成了一个产品，教给更多人。

所以产品的开发，始于真实存在的需求。有一句话特别重要：我们不创造需求，只是在真实世界中发现需求、感受需求、总结需求。

我们创造的是产品，不是需求。也许有人会反驳我说："在马车时代有人发明汽车，这难道不是创造需求吗？"当然不是，这依然是创造产品。因为，人们对于提升出行效率的需求一直都存在。人们总是希望出行的效率更高，出行方式更便捷。从马车到汽车是必然，从汽车到飞机和高铁也是必然，越来越快、越来越便捷都是必然。

所以我们不创造需求，只是在真实世界中发现需求、感受需求、总结需求，并有足够大的动力来解决需求，或者好像背负着一种使命——"这么大的一个需求竟然没有人去解决，那么我就来解决它"，这是做产品的初心。

我教大家写作也是这个原因。因为我发现不会写作就等于在这个互联网时代失声。有太多的人只会做不会说，我要教会大家写作，通过写作对外发声，建立影响力。我自己也是一个性格内向的人，在职场中曾经也是一个会做不会说的人，所以我需要学写作，这就是我的初心。还有一个初心是，写作是这个时代普通人向上奋斗的一个有效工具，它既不需要人际关系资源，也不需要家庭背景等。

为此，我们必须有一个确定性的想要解决的需求，并且有很大的动力去解决，同时自己有能力去解决，这是做产品的第一步。

每个人都是不同的，每个人对同一个事物的感受和需求也不一样，所以每个人做的产品也就不一样。

就像我做了写作，但是一直没做阅读。其实，我认为阅读也很重要，阅读是我们改变认知、习得智慧的一种有效方法。但是我们早就不缺阅读的素材了，或者说即便你不会深度阅读，每天也仍要读很多东西。可是真正有逻辑、有条理、有深度地把它写出来，是大部分人不会去做的事，而我更有动力去解决这个问题。

这就是人和人不一样的地方，我更有动力去做写作，但有的人更有动力带着大家阅读。或者有的人可能特别有冲动去帮助大家解决原生家庭带来的问题，也许是因为原生家庭曾带给他太多的痛苦，他从原生家庭的伤痛中走出来耗费了大量的时间、精力和心力。他觉得这件事很重要，认为在这个世界上有太多和他一样的人等着被帮助，所以就有动力想要解决这个问题。

也有一些人被肥胖的问题困扰了很久，后来减肥成功了，所以特别想帮助更多的人减肥成功；还有些人通过学习改变了命运，所以特别想从事教育工作等。

每一个人想要做一款产品，都要找到自己的初心，找到自己出发的动力，找到自己特别想解决的具体需求，并且那个需求本身适合他来解决。

（二）搭建产品结构

做一款产品首先要设计产品方案，也就是搭建产品结构。其实打造产品的核心就是要搭建产品结构。

搭建产品结构，其实就是遵循一个框架去设计产品的核心构成，主要有两方面：功能结构和实现形式。

搭建产品结构，就要构思这个产品的功能结构是什么，实现形式是什么。对一个课程来说，功能结构就是课程的模块和小节。

比如我的"成为时间管理高手"这门课，一共有 7 个模块 31 节课，每个模块的标题和每节课的标题，就是这门课的功能结构。每个模块解决什么问题，这是大方向上的功能结构；每个小节解决什么问题，这是更细化的功能结构。

实现形式是指为了实现这个功能，具体采用什么形式。对于我的课程来说，使用微信平台就是实现形式之一；而课程的介质是音频和文稿，也是实现形式之一。

功能结构和实现形式都要具备自身特色。我们要不断地去想怎么才能更有竞争力地解决问题，比如别人的课程没有文稿，我有；或者别人的课程没有视频，我有……这些都是更有竞争力的表现。

再讲一个稍微复杂一点的例子。我们要做一个训练营，框架也是功能结构和实现形式。

首先，我们的"21 天写作训练营"有一套系统的课程和对应的作业，有助教老师一对一指导，还有同学之间的交流，这是这个产品的功能结构，是我们解决需求的功能结构。

其次，我通过什么形式实现这些功能结构呢？微信群、打卡机制、运营团队、助教团队等，这些都是实现形式。这里要记住一点，搭建产品结构的时候一定要简单，这样用户才能更容易接受这个产品。

构思好产品结构之后还要思考，每一个环节怎么做才能更有竞争力地解决问题。比如作业怎么布置，助教怎样进行指导，如何促进用户的交流，以及有没有更好的实现形式等，这些都需要不断构想。只要是你觉得能变得更有竞争力的地方或环节，就是产品的闪光点。搭建产品结构的时候，我们其实就已经确定了解决方案，其中包含了产品的卖点和核心竞争力。

做产品，我们要有自己的分析框架，训练营和社群都是如此，我们遵从一个相同的核心框架，设计出不同的产品。我的核心框架通常是内容学习、实战行动、交流链接这三方面。

在内容学习方面，有的社群是将创始人作为核心内容的输出源，有的社群是以嘉宾作为分享主力，有人采用用户生成内容（User Generated Content，UGC）的模式，还有人是通过外部采购课程的形式等。

在实战行动方面，不同的社群会有不同的选择。

在交流链接方面，有的社群以交流链接为重，有的社群以交流链接为辅；有的社群总会进行各种交流活动，有的社群则基本没有。

针对核心框架的这三个方面，不同的社群、不同的训练营有不同的侧重点，有的侧重其一，有的侧重两个，有的三个都做。

基于一个相同的分析框架，由于认知不同、资源不同、想要解决的核心问题不同，以及在市场上的竞争力不同，即便是同一个领域同一个主题，最终呈现的产品也是完全不同的，这就是差异化。

（三）推敲产品细节

搭建好了产品结构，接下来我们要做的就是推敲产品细节。这一环节的指导原则是体现特色，具备差异化竞争力，提升用户体验。

举个例子，我的训练营设计的作业就很有特色，我会对作业有非常详细的解释、提示和参考步骤，甚至包含作业的提交格式，用户可以直接按照提示一步步完成作业。这就是在推敲作业完成的细节上，我要让我的产品更有特色、具备差异化竞争力、用户体验更好。

在我们的训练营中，助教团队的特色是实战经验丰富，能够真正解决具体的专业问题。如果你不会设计标题，助教会协助你进行设计；如果你不会搭建文章框架，助教会协助你搭建；当你完成初稿，助教还会提出非常具体的修改建议。但是在有的训练营里，助教仅仅就是运营，他只是督促用户打卡，给用户提供情绪价值，并不能帮助用户解决实际问题。

所以，这就是我们训练营的特色，运营和助教分工明确，各司其职。当然，我们的运营也分为很多层次，有班长、连长、班主任、总运营官。我训练营的用户既能得到情绪价值，也能学到专业技能；既能得到督促和鼓励，也得到切实有效的帮助。

再举一个出书的例子。很多人认为，书就是一个很简单的产品，出版一本书没有什么可推敲的产品细节，功能结构就是这本书的核心方法论是什么，分为几个章节；实现形式就是一本纸质版的书，也很简单。

事实上，一本书可以推敲的产品细节非常多。比如，我们可以推敲目录，让目录更有特色、更有差异化。书的目录越详细，越方便检索，越能够提高读者的使用效率。

除此之外，还有书的装帧形式和尺寸。有些书的尺寸就不太合适，它放在书架上比其他书更宽、更高或者更小、更窄。如果你的书太大或太重了，读者出门携带就不方便。

越是传统的行业，创新越是比较少，迭代比较慢，很少有人愿意去创新和突破。这种情况下，如果我们能更好地设计产品结构和推敲细节，就能让自己更有竞争力。

二、产品设计的四个指导原则

（一）产品是规划加进化出来的

做产品一定要有规划，但是一个产品只有不断进化，才能越来越好。

刚刚问世的智能手机一定没有现在功能齐全，刚刚发布的微信和抖音也一定没有现在完善，所有的产品都需要不断迭代，才会越来越好。

任何产品都要先规划一个基础版本，验证成立后推向市场，然后根据用户的需求和市场的反馈不断地迭代，让这个产品进化。

我比较认同张小龙的一个观点：有 DNA 的产品才会持续进化。这里的 DNA 指的是产品的价值观和认知。张小龙认为一个产品要像一个人一样，人有价值观和认知，产品也应该有它的价值观和认知。一个产品一旦有了价值观和认知，就等于有了自己的定位，后面就会持续进化。

就像我有我的内容信仰，我致力于在个人成长方向上长期帮助用户丰富和迭代认知，于是我做了现在的公众号，它也包含和体现着我的初心、价值观和认知，所以我的公众号会一直进化。

我的课程也是这样，新的一期肯定会在上一期的基础上迭代进化。我们的"21 天写作训练营"目前已经做了四十多期，这几年也一直在不断迭代。

进化是事物的发展规律，无论是一种文明、一个社会、一个人，还是一个产品，都必须不断进化。进化不是我们的期待，而是事物发展的规律和要求，不进化就要被淘汰。恐龙之所以灭绝，就是因为它没有更快地进化；当年的诺基亚手机也一样，它没有更快、更好地迭代，也没有适应新的变化，最终被其他智能手机取而代之。

所以，我们的产品一定要不断地进化。做一个社群也好、训练营也好，每天都需要思考如何进一步升级和完善。产品只有进化得越来越好，才能立于不败之地。

（二）产品的各个模块之间是有机联系的

张小龙讲过，产品不应该是一堆功能的随意堆砌，各个功能模块应该是有机地联系在一起。

举个例子，微信是一个产品，微信里有很多功能模块，包括公众号、朋友圈、微信群等，这些模块不是简单地堆砌，而是互相之间有机联系。每次开发的新功能都不是随便增加的，开发人员都要思考新功能应该在整个产品中起什么作用，与其他功能如何联系。

读者转发一篇公众号文章到朋友圈，其他人通过朋友圈就能进入这个公众号，这是一种联系；我们也可以把朋友圈里看到的文章，转发到自己所在的微信群，这也是一种联系；每一个模块、每一个功能之间，都是有机联系的。

我们在"新媒体变现圈"里也是这样。我们每天早上发行业新闻，中午发干货荐读，每周有私密直播，还有实战营，这些模块功能也都是有机联系在一起的。每天早上读行业新闻，是让大家保持对这个行业的敏感；行业干货荐读是作为我们课程内容的一个补充和延伸；课程和实战营就是一个做到知行合一的过程。

"组合优势"就是这个道理，每一个功能都不是独立存在的，都要与其他功能放在一起形成组合优势，相互促进，共同发展。

（三）学会发散、收敛、抽象、分类

我们在做产品的过程中，要学会这四种技能——发散、收敛、抽象、分类。

什么叫发散？比如，时间管理是一个大问题，我发散到具体问题上，就涉及目标的问题、执行力的问题、浪费时间的问题、不自律的问题、拖延症的问题等。当我们要去解决或者满足一个需求，这个需求通常是相对比较大的、比较模糊的、不够细分的，那么我们就要在这个需求上去发散，找到具体有哪些问题需要解决。但是也不能一直发散下去，发散之后还要收敛，要学会把发散出来的多

个需求总结提炼成一个或少量需求。

用户的需求可能有 100 个，但是我们设计产品的时候不可能把这 100 个需求全都列出来，最多能列 10 个，所以要把这 100 个需求总结提炼成 10 个，做出对应的 10 个功能。用户在使用这个产品的时候，通过这 10 个功能最终也可以满足 100 个需求。也就是说，我们把用户的 100 个需求都解决了，但是不会直接全部呈现。

举个例子，微信作为一个产品，下方就只有四栏："微信""通讯录""发现"和"我"。这其实就是提炼的结果，他先发散收集了很多需求，然后分门归类，总结提炼成了这四栏。

"微信"这一功能栏有微信聊天、服务通知、订阅号消息、微信支付、文件传输助手等；在"通讯录"这栏有新朋友、仅聊天的朋友、群聊、标签、公众号等；在"发现"这栏还有朋友圈、视频号、直播、扫一扫、摇一摇、看一看、搜一搜、附近、购物、游戏小程序等；"我"的这栏有服务、收藏、卡包、设置等。

分类也是一种很重要的设计方法，很多产品做得不好，都是因为分类做得不好。只有分类分得好，产品结构清晰，用户才觉得好用。

张小龙在《微信背后的产品观》说：目前微信的界面下只有 4 个 tab（标签），我们保证两年之内还是只有 4 个 tab，为什么要保证这样的规则？缘起于 Tony（腾讯主要创始人之一），他经常向我们提一些需求要加东西，我说没地方放了，他就说没关系，你们只有 4 个 tab，还可以加 1 个。我说不能这样。过几天 Tony 又有 1 个需求，我说没地方放了，他又说，可以加 1 个 tab。

我想这样的需求反复几次，最后会没完没了。然后我就跟 Tony 说，我们定一个君子协议，两年之内，微信只有 4 个 tab，不允许再有第五个，因为 4 个最简单，一旦变成 5 个就变复杂了，对整个产品会有破坏性的打击。Tony 也认同了，最后我们形成了一个君子协议，确定了 tab 的数量。

这样就很好，我们在做朋友圈的时候，也没有把它放成第五个 tab。Tony 说这个朋友圈的入口是不是太深了？我们说，已经订过协议了，我们自己不能破坏这个协议，所以不能放出来。

当然"朋友圈"能不能放在第五个 tab 上，还有别的原因。它总是有好处有坏处的，至少我们现在要保证两年之内只有 4 个 tab，但一切也不是绝对的。如果有一个非常大的需求，说不定还是会加第五个 tab 的。

直到现在，微信依然是最优雅、最简洁、最克制的互联网产品之一。虽然它已经很复杂了，但是因为它做好了抽象和分类，只有 4 个 tab，我们还是觉得它很简单、很好用。

（四）极简克制，通过"舍"实现"得"

除了前面讲的微信是极简克制的典型，苹果也是一样。

2008 年，苹果公司创办了苹果大学，它创办的目的就是培养中级员工和经理，传达乔布斯和公司其他高管做出的各项决定。这其中有一个非常重要的方法叫"毕加索办法"，其核心就是教会你极简地设计产品。

毕加索有一组作品叫《公牛图》，开始创作于 1945 年末，它揭示了一位伟大的艺术家如何将一个想法变成杰作。这组作品共有 11 幅，从开始的生动复杂到一步一步抽象成为最后的简笔画。第一幅画是 1945 年 12 月 5 日完成的，最后一幅画是 1946 年 1 月 17 日完成的。在这两个月时间里，毕加索将一头公牛从高度具象化的表达，一步一步转化为一系列相互交织的抽象元素，最后变成了一个简单但是富有表现力的牛。

乔布斯在产品设计上遵循的就是这个原则。比如苹果的标志，几乎不可能有比现在更简单的设计了。

苹果大学的一位员工告诉《纽约时报》的记者："我们需要进行很多次的迭代，直到可以简单、简洁地传达一条信息，Apple 品牌和我们所做的一切都是如此。所以是苹果手机把手机变成今天这个样子——整个手机屏幕上一个按键都没有。在设计上，简单、简洁地去表达想表达的一切，这是最重要的一条。"

所有人都会做加法，但是极少人会做减法。其实不只是产品设计，在人生经营上也是这样的，极少有人能够很好地做减法，而乔布斯就是一个会做减法的人。但是他的极简并没有减少对需求的解决。苹果手机能够满足的需求越来越多，它解决的问题也越来越多，只是在设计产品上越来越简单，这就是厉害之处。

极简克制，就是通过"舍"实现"得"。其实从需求上来讲，作为一个产品经理，要知道很多需求是不能够被满足的；有一些需求是投资回报率为负的需求，并不需要我们去满足。

这也就解释了，为什么当你要做一款产品的时候，无法听从每一个用户的想法，因为每个人都会产生不同的需求。如果你想要满足所有人的需求，就会无限制地增加功能，但是有些需求是极少数人才有的，开发成本很高但是回报率很低，这种需求就不需要去满足。

第二章

高商业价值 IP 的定位

第一节

定位前要做哪些自我梳理

一、为什么要做自我梳理

核心就是一句话：一切都源于你是谁。

我们可以设想一下，如果让梅西去打拳，或者让泰森去踢足球，他们就都不太可能成为传奇了。

我们平时在抖音上看到的很多博主，或者知识付费圈的很多博主，他们每个人都有上百万甚至上千万的粉丝，可是你会发现每个人都是与众不同的。虽然大家都很成功，可是你找不到有哪两个人的成功是相似的，每个人成功的方式都不一样。一切都源于你是谁，不要去复制别人。

之前直播的时候有人问："粥老师，我直接复制你的路径可不可以成功？"我的答案是："大概率会失败。"

有太多人想成为别人，极少数人想做好自己，但恰恰是那些能够做好自己的人，最终成功了。在所有成功的人身上，我们基本上都能看到一个词叫"浑然天成"，你会觉得他们自然而然，顺理成章。

陆仙人走秀，你不觉得他很别扭，他看上去是浑然天成的；梅西去踢球，你会觉得他就是为足球而生的；谷爱凌滑雪，你也会觉得她就应该在滑雪场上飞驰。很多知识博主也是这样，你会觉得他就应该讲个人成长、刘润就应该讲商业、吴晓波就应该是位财经作家。

这就是浑然天成。一个人好像找到了他注定该做的事，他不用去羡慕或嫉妒别人，不去复制别人干的事，他想的是做好自己的事，所以他就会竭尽全力。

我们应该放弃成为别人，做好自己就行。如果你完全相信了这件事、接纳了这件事，其实就找到了自己的"使命"。那是一种什么感觉？你会觉得你突然活得更自由了，你的生命力更强了，你是在活一个原创的自己，而不是在成为其他人。

如果你总是在想着复制别人做的事，那么你就会不愿意思考，不愿意挖掘自己身上的能量，就会失去创造力、失去生命力。所以，我们在做定位前，一定要先进行自我梳理，认清自己，因为一切源于你是谁。

有三件事是我们要做到的：认识自己、接纳自己、放大自己。

（一）认识自己

大家千万不要以为"认识自己"是一件很容易的事，不要以为这是一件不用努力就能做到的事。很多人活了这么多年，都做不到认识自己。不知道自己该做什么、不该做什么，适合做什么、不适合做什么。

一个性格内向的人，可能花了很长时间去做一件适合性格外向的人做的事，四处碰壁之后才恍然大悟，原来自己根本不适合做这件事。

职场上也是如此，有些人根本不适合做管理，他的性格就是不适合去管理别人、驱动别人，他应该把所有的时间和精力用来驱动自己，让自己成为一个专业能力很强的超级个体。

但是你会发现，有些人走了很多年的弯路才认识到这一点，过去一直没有认清自己。因为很多人从来都没有认真地思考过自己到底是怎样的人。

其实，我们每个人都应该认真思考一下：我到底是谁？我的性格有哪些词可以描述？我身上的特质有哪些词可以描述？我属于哪一种人格？在职场发展方向上，我有可能成为什么样的人？等等。

除了这样正向地思考，我们还可以反过来考虑：因为我是什么样的性格、特质、人格，所以我不应该、不适合去做哪些事。

这是第一件事，认识自己。

（二）接纳自己

有的人是没有很好地认识自己，有的人是认识自己了，但是没有很好地接纳自己。所谓的接纳自己，就是不去羡慕别人的生命状态，承认每一种生命状态都有它存在的意义和价值，都有它开好花、结好果的可能性。

有的人总觉得别人那样更好，好像得不到的永远是最好的、自己不能成为的样子永远是最好的，总是不能很好地接纳自己。有的人一辈子都想从一个不擅长社交的人变成擅长社交的人，他总觉得擅长社交是一种更好的生命状态，但其实不一定。

段永平说过，孤独价值连城。你是一个安静的人，也许安静就是你的天赋。有的人就是安静不下来，他没有办法坐下来好好思考一件事或者规划一件事，他必须到处和人沟通。这种人可能就比较适合从事商务型、销售型的职业，他要到处找人说话、维系关系。

不同的人有不同的特质，我们要学会接纳自己。虽然大家都是新媒体人，但有些人靠自己写稿子、写课程、做分享；有些人靠邀请别人来做分享、做课程，自己只需要做好一个统筹者。虽然大家都是靠流量变现，但有的人能靠买流量、借流量、蹭流量、截流量实现价值，有的人却能靠自己一点点做内容积攒流量，不同的人有不同的做法。可以肯定的一点是，前者的变现是不可持续的。

每个人凭借什么方式赚钱，都是自己的选择，我们不需要去羡慕别人，重要的是接纳自己。你要相信每一种方式都有机会成功，不是只有别人的方式才是厉害的。

这是第二件事，接纳自己。

（三）放大自己

成功的秘诀之一就是发掘出自己的优势或潜在优势，然后勇敢地放大它。毕竟人这一辈子不会靠自己的劣势成功，只能靠自己的优势成功。

有些人分析自己有什么特长或成就时罗列了很多，结果到写自己想要做什么的时候，写的全是与特长和成就完全没关系的其他事。为什么要忽略自己过去做出的成绩呢？为什么放弃自己已经积累起来的优势和能力呢？

我看到很多人都是这样：有些人明明有 10 年的设计经验，但是思考自己要打造的 IP 方向时，却与设计没有任何关系；有些人教了10 年英语，也做出了很好的成绩，可是他规划自己 IP 的发展方向时，想做的却是阅读或摄影，与英语完全无关。

每个人可能都想象着另外一条路更好，实际上你会发现，众生平等，众事也平等。如果你站在旁观者的角度，就会发现每一个人都有做得很好的事，但还是想去做其他事；每一件事都已经有很多人做得很好，同时又有很多其他人想参与其中。如果每个人都享受自己擅长的事，所有人都可以各司其职，都可以更好地享受自己的生命，那就完美了。

除非你真的发现了自己在其他方面也有机会做出成绩，否则，人这一辈子都不应该到处去羡慕其他人、想做其他事。你如果能干好一件事，就应该用一生的时间将它做好。

比如梅西从很小的时候就开始踢球。他不会在踢到全国顶尖水平的时候，说自己已经厌倦了，也不会在他踢到美洲杯冠军时候说想转行，他想的是怎么继续踢到全世界顶尖，拿下世界杯冠军。

一个人找到了一件自己擅长的事，就应该竭尽所能，把这件事能做到最好，永不停歇。每个人都是如此。假设你擅长摄影，摄影这条路你还没走多远就已经厌倦了，那么可能将来有一天你做其他事，也会半途而废。

如果一直是这样，那你这辈子到底要做什么呢？

认识自己、接纳自己、放大自己，这是我们存在于这个社会上能够获取回报的有效方式。这是最重要的、最核心的道理，把它悟透了，也许可以离成功更近一点。

二、从哪些方面做自我梳理

定位，我们可以从以下四个方面进行自我梳理：

第一，我在职业上有哪些值得讲述的成就事件？

第二，我在哪些技能上有优势？

第三，我有哪些长期投入时间精力的兴趣爱好，是否有机会发展成事业？

第四，我自己身上有哪些先天优势（各种维度都可以）？

（一）梳理职业成就和能力优势

梳理职业成就是从"事件"的角度去罗列，梳理能力优势是从

"能力"的角度去罗列，二者最好是相辅相成的，所以此处我们一并讲述。

1. 职业成就和能力优势是我们安身立命的本事

为什么这两方面最重要？因为很多时候，你想做什么不是最重要的，重要的是你能做什么。作为一个个体，你如何在这个社会上安身立命，取决于你能给别人带来什么。

比如，你能教小朋友英语，这是你安身立命的本事，是你能存在的价值，是你能够活得更好的支撑。又如，我能教大家做新媒体、打造个人 IP、写作，这是我能给别人带来的价值。

我们想要什么东西，不是直接去拿，而是通过给别人提供价值，换取我们想要的东西。很多人在分析将来想做什么的时候，写的都是个人愿望。

举个例子，我有一个旅行的梦想，我上大学的时候就搭车去西藏、青海、云南旅行，也读过很多相关的书。旅行是我想要去做的一件事，是我的"愿望"，我做了这件事可以更好地享受生命。但是在这件事上我可能无法很好地给别人提供价值，所以我需要去做其他事来换取这件事的实现。

每个人都有自己将来想要做的事，可能有的人是写作，有的人是摄影，有的人是玩赛车，有的人是做手工……这些事情很可能是你需要一生的时间去完成的，它可能是你活着的意义，是能让你更开心的事情，但不一定是你安身立命的本事，你要通过做其他事实现它。

在罗列职业上的成就事件和能力技能上的优势这两方面时，我们要罗列的不是自己的期望或愿望，而是实事求是地列出来我们在职业上有哪些值得称赞的成就事件，有哪些能力技能上有优势。

列出来之后，这些就是我们最有机会做成的。也许你自己不以为意，也许你自己厌倦了，也许你想要转行，但那都是你的想法，不是现实。我们要关注的是"现实"，你最有可能通过什么为别人提供价值，最有机会在哪些事情上获得成功。

不要因为自己讨厌或厌倦正在做的事，就懒得去罗列自己的成就和优势。世界上其实没有太多人喜欢自己正在做的事情。

以上就是第一点，职业成就和能力优势是我们安身立命的本事。

2. 梳理职业成就和能力优势的四个要求

在梳理职业成就和能力优势的时候，我们要对自己有四个要求：具体、详细、准确、证据。

第一个，具体。举个例子，假设你在写自己的成就事件时写了一条：过去一年认真读了 50 本书。其实你写下这一条的时候，无法马上反映出来你到底爱读什么类型的书，你只知道自己读了 50 本书。你如果认认真真地把自己读过的书摆在桌面上，也许就能知道你喜欢的书的类型。如果不这样分析，你就只知道自己爱读书，却不知道自己到底爱读什么书。知道自己爱读什么书，这才叫具体。

再比如你过去一年看了 100 部电影，那么你有没有分析过自己到底爱看什么类型的电影？假设你分析完发现自己特别爱看科幻类电影，那么也许这里面就藏着你未来写作的方向。

当你把一件事梳理得很具体，然后发现了某一个值得注意的点，你就知道自己过去的积累到底在哪里了，也会明白以后应该如何利用自己的这些积累。

假设你发现自己特别爱看爱情类电影，就可以问问自己，为什么喜欢看爱情类电影呢？是不是自己向往爱情？是不是喜欢思考感情的事？是不是喜欢琢磨亲密关系的经营之道？当你找到了这一点，也许就适合从事这方面的工作、做这方面的事情。比如，你可能很适合做情感咨询，也可能很适合写情感类内容。

为此，你梳理出来的每一条成就事件或能力，都要尽可能写得更具体，甚至加上一点说明。

第二个，详细。怎么叫详细？有些人写自己的成就事件，就一句话：通过制作 PPT 实现副业变现，这就是不够详细。你靠做 PPT 变现，那么你制作的是什么类型的 PPT？单页的价格是多少？这个价格在市场上是什么水平？变现有没有可持续性，是偶尔哪个月还是基本每个月都能变现？这是你主动规划的事还是被动发生的事？等等。你要尽可能地把这件事写得更详细一点，并且越详细越好。

第三个，准确。准确是指能用数据呈现的时候，尽量用数据呈现。有的人说自己很爱看电影，怎么定义"很爱看"？这种说法就不够准确，你可以说：过去五年一共看了 1500 部电影。有的人说自己业余时间通过帮别人设计海报赚钱，这也比较模糊，应该写得准确一点，比如这件事你做了多久、一共接了多少单、累计变现金额是多少，等等。把准确数据罗列出来，它会给你更多的灵感，结果的呈现也会更清晰。

有的事情一分析，你会发现其实这也不算是你的成就事件，只是偶然事件，不具有代表性；有的事情你分析完发现，带来的额外收入少到可以忽略不计；有的事情是自己分析后发现，你竟然在这件事上坚持了那么多年、付出了那么多精力、有那么多收获，但是之前根本没有意识到。

当你更准确地描述一件事的时候，这个描述和分析的过程也会让自己更理性、客观地看待这件事。

第四个，证据。当你在说自己的一些能力和技能很强时，要有证据进行佐证。这些证据可以是一些具有代表性的事件。

举个例子，我说自己很有冒险精神，那能证明这一点的代表性事件是什么？我上大学时，曾经冬天一个人滑着滑板，从青海湖的湖边顺着冰面滑到海心山（俗称湖心岛），在那里和当地的僧人一起住了一晚上。除此之外，我还孤身一人爬过雪山，等等。这些就是证明我有冒险精神的例子。

所以，你去梳理自己在哪些能力技能上有优势时，也要给出证据，列举出代表性事件。另外，你必须在这方面比别人强一些，才能说明这是你的优势。

3. 梳理职业成就和能力优势的两个基本逻辑

第一个逻辑：直接罗列显而易见的事件和能力。

我写出了很多阅读量超过 10 万的"爆款"文章，积累了 100 万的公众号粉丝，这是我显而易见的成就事件。

我很擅长准备简历、面试，这是我显而易见的能力优势。我从摆地摊、做服务员，到成功进入新媒体行业，我很清楚应该怎么去准备简历、准备面试。

罗列出现而易见的事件和能力，这里面可能就藏着你最容易成功的事，藏着你可能要做一辈子的事，藏着哪怕你不喜欢但那确实是天赋的事。

第二个逻辑：按照期望去刻意挖掘。

假设我有一个做旅行博主的想法，那么我应该按照这个期望，去刻意挖掘我在旅行方面有什么成就事件、有什么能力优势。

比如，小时候我就是我们村里最爱爬山、最爱到处探险的一个小孩；上大学后，我自己搭车去西藏、青海、云南，培养了非常强的户外生存能力、环境适应能力和社交能力，回来后还写过不错的游记。

这就是按照期望去刻意挖掘的。也许梳理完后我发现，这件事其实我也有机会做成，这是我的潜在发展方向或者潜在优势，将来有机会变成真正的优势。这样梳理后的结果就比较全面了，既有那种显而易见你确实做到过的，又有你想做并且有机会做到的。

这里还要补充两点。首先，这两方面的梳理是为了发掘自己的优势，但并不是说要在一件事情上达到行业顶尖的水平才算优势。普通人在一件事上有优势指的是，你在 10 个人中成为前 5 名就算有优势，比如你们部门有 10 个人，你的业绩能做到前 5 名，这就是你的优势。只要在这件事上，你比一半的人强就可以，不要妄自菲薄。

只不过我们在发展一项能力时，可以有很多种发展方式。比如你以前从事销售类工作，以后可以教别人做销售，可以出销售相关的课程，写销售主题的图书。方式和形式虽然大有不同，但是归根结底没有脱离擅长的那件事本身。

其次，有一种情况是你目前还没有形成真正的优势，但你发现它是你的潜在优势。毕竟有些人比较年轻，本身还没有工作太长时间，自己的优势还没有真正形成，但是你通过这样的梳理就可以找到自己的潜在优势。

（二）梳理长期投入时间和精力的兴趣爱好

除了职业上的成就事件和能力技能上的优势，我们还要梳理一下自己有哪些长期投入时间和精力的兴趣爱好，有机会发展成事业。

1. 我们要梳理的不是希望和计划，而是事实

在梳理这方面的时候，要注意一点：我们要梳理的不是"希望"、不是"计划"，而是过去已经真实发生的事实。

很多人在梳理这一点的时候会写：我希望将来投入更多的时间去摄影。这样写是不对的，我们要罗列的是已经发生的、真实存在的，是你回顾过去这二十多年、三十多年或者最近这几年，你真实地在哪些事上投入了很多时间和精力。

什么是真实发生的？

举个例子，我一直很喜欢看电影，这件事和我的工作没什么关系，它也不是我的事业构成要素，但在过去的好多年里，我确确实实投入很多时间在看各种电影上。这就是一个真实发生的、我过去长期投入时间和精力的爱好。

我还特别喜欢看访谈节目。上大学的时候，我看柴静和鲁豫的采访，现在我天天看许知远的《十三邀》。

近两年，我还特别喜欢研究健身，我真实自然地在这方面投入了很多时间，没有人逼迫和要求我，甚至我都没有在这方面收到过正反馈，但依然继续坚持着。

看电影、看访谈节目、健身这些事，都是我在生活中很喜欢，并且投入时间去做的。你也可以好好思考一下，过去你在哪些事情上特别愿意去投入时间和精力。

2. 你不厌其烦去做的事，就是你的天分所在

为什么每个人都要梳理自己不厌其烦去做的事？因为很可能你的"使命"，你的优势，你用尽一生去追寻的事，就藏在这些事情里。

很多人在这方面没有认真挖掘过，或者有的人意识到自己在这方面投入了很多时间和精力，但是没有认真思考过其实这件事也可

以成为自己的事业或是变成与工作相关的事。

比如，我很喜欢健身，也许有一天我不做自媒体了，我很可能会成为一个优秀的健身教练。或者以我对电影的了解，有一天我在写作内容上可以转换方向，通过影评去写个人成长、人生感悟。对我来说，写作是一生的事业，但我不一定要一直写职场、写个人成长，也不一定一直用同一种方式。

也许有一天我会改变一下我的写作形式，我可以从过去看过的上千部电影中找到一个相关的电影作为切入点，去写个人成长的认知和观点；追踪任何热点都可以找相关的电影来辅助我表达这个观点；讲任何一条人生感悟、人生经验，都找一部相关的电影去论证，等等。

在一件事上没有人逼迫你去做这方面的规划，可你却一直自发在做，那么你一定会在这方面有很多积累。今天如果我想转换写作模式马上就可以，因为这个优势我已经积累了很多年，只是还暂时没用到。

我特别喜欢一句话：**你不厌其烦去做的事，就是你的天分所在。**

按这样来说，也许在电影方面我就是有天分的，也许在健身方面我就是有天分的。人的天分、隐藏的优势可能在很多方面，我也有很多隐藏的天分，只不过我目前发挥出来的是其中一个。

举个例子，有的人可能特别喜欢和小孩子玩，他就把这一点做成自己的 IP 特色。抖音上有个博主就是这样，他就喜欢当"孩子王"，每天拍自己和小区里的孩子一起玩，小区里的孩子都认识他，都把他当成好朋友，约他出去玩。他把小区里的孩子们一起骑自行车、一起做游戏的事情拍成视频，积累了很多粉丝。

还有的人就是喜欢和陌生人搭话。在去西藏旅行的路上，我就认识了好几个这样的人。他们见到陌生人就好奇：你是做什么工作的？你的薪水是多少？你结婚了没有？等等。有的人就是对于和陌生人聊天很着迷，这种人可能就很适合在短视频平台上做一个街头采访的账号。

在梳理这方面的时候，你要拓展思路，认真地去思考：你做什么事的时候最快乐？你做什么事的时候是与众不同的？你做什么事的时候发现自己特别有存在感？你做什么事的时候感觉活出了最好的自我？

（三）梳理各个维度的先天优势

除了前面三个方面，我们还要从各个维度认真挖掘一下自己身上有哪些先天优势。主要可以从以下两个大的方面去思考。

1. 显性的先天优势

你的相貌好，颜值高，这是你的先天优势；你气质好，身材好，这也是你的先天优势。如果你在这方面有优势，同时你又愿意出现在公众面前，那么把自己打造成一个 IP 应该不太困难。

举个例子，健身行业里有一个人叫平云龙，即使他不健身，拍其他领域的短视频，也会有不错的成绩。因为他有特点的外形就是他的先天优势。这是显性的先天优势。

2. 隐性的先天优势

有些人社交能力很强，这就是一种隐性的先天优势。

我有一个隐藏的先天优势是同理心较强，善于倾听。虽然我不爱社交，但是和我一对一聊过天的人基本上都觉得很舒服，因为我善于倾听，有很强的同理心，能够换位思考。那么，我的这个特质其实特别适合做一对一咨询。

每个人都可以认真思考一下自己在哪些方面具有先天优势，如果你真正尊重自己、认可自己、欣赏自己，一定能罗列出许多自己的先天优势。

每个人都有自己的先天优势，有的人只是自己认为自己没有，因为他不会欣赏自己；有的人明明有优势，但他不觉得那是优势。其实每个优势都可以放大，放大后都有它的价值。

总而言之，你要知道自己是怎样的人，你要成为自己，而不是去复制别人，要做到认识自己、接纳自己和放大自己。希望每个人都能认真梳理一下，梳理得越透彻，你就越能看清自己，越能知道自己将要去何方。

第二节

确定你的优势定位，确认你的市场和用户

一、定位的前提认知：清楚自己是个普通人

这一节将带领大家梳理一下个人对自己定位的认知，我将它称为"普通人定位"。

（一）不要追求找到长期目标、终身事业

之所以将普通人的定位认知作为开篇，是要打破另外一种说法。很多老师在教我们定位自己、寻找人生方向时，经常会说一句话：你要在自己有热情且擅长的领域，确定一个长期的远大目标或者将其作为终身事业。

对大多数人来说，这句话几乎毫无意义，能做到的人是极少数。有的人确实从很小就确定了一生的志向和一辈子要做的事业，但这种人的比例连千分之一都达不到。大多数人一辈子都一边摸索前进，一边寻找志向目标。

我们首先要清楚自己是个普通人，没有足够的能力。有四点让

人觉得很扎心的原因：第一点，现在的自己大概率是个无知的人；第二点，现在的自己大概率是个愚蠢的人；第三点，现在的自己大概率是个没见识的人；第四点，现在的自己大概率是个不富裕的人。这四点加起来，告诉我们一件事：我们都是普通人。

很多理论听起来非常美好，比如《人类群星闪耀时》里有一句话广为流传："一个人生命中最大的幸运，莫过于在他的人生中途，即在他年富力强的时候，发现了自己的使命。"这种描述只是一种向往，一种希望。

每个人都希望自己能够尽早确定可以为之奋斗一生的事业，但对大多数人来说，这几乎是一件不可能的事。如果你问我这辈子的使命是什么？我的答案是不知道，我也在探索。

很多人都是一边前行、一边探路。说得再直白一些，对很多人来说，当下最紧迫的事情应该是积累财富。他们每天想的是怎么才能凑够一套房子的首付，怎么才能升职加薪……

我们大多数人的现状也很普通，一天 24 小时的时间里，除了睡觉的时间，剩下的时间里大部分考虑的事情都是如何工作、如何赚钱。在这种情况下，我们没有太多的精力去思考更长远的事，也没有能力去确定一个长期又远大的人生目标。

（二）先定短期目标，然后持续迭代

进行自我定位时，首先要基于"我们都是普通人"这个认知。我们无须确定太长远的目标，而是要做好短期的定位和目标；不是去想

这一生要做什么或者接下来二三十年做什么，要想的是今年做什么、明年做什么；甚至都不要规划三年后的事情，就考虑好今年怎么能把一件具体的事做好，明年怎么继续提升。我们要打牢基础，再添新瓦，这是一个不断调整和迭代的过程。

回顾我过去几年的成长历程，如果我告诉大家，我在 2015 年就确定好将来要一直在个人成长领域持续输出方法论，或者一直深耕于新媒体领域，那么我就是在欺骗你们、美化自己。事实上，我当年也是每天算算目前的效益，考虑明年再怎么持续变现，根本没有心思去考虑未来几十年的事。

我们做定位就是决定今年做什么、明年做什么，一步一步地走。假设我们定了一个长远的目标或者一生的使命，但现实是你连下个季度的房租都拿不出来，这时候"使命"就变成了无稽之谈。大多数人并没有足够的物质条件和现实条件能让他真正做到长期主义。

长期主义是一种认知，更是一种能力。首先我们要审视自己是否有资格和实力来谈长期主义。

打个比方，如果还有更高的追求，我能依靠什么方式达到那个更高的追求呢？我自己也不知道。我知道的只是我需要更努力地做好当下的事，让个人能力、智慧和见识一点点地增长，让自己有机会做到更好。换句话说，如果我将来有机会做得更好，那么这件事不是凭借我想象和规划出来的，而是通过迭代式的发展，一步一个脚印实现的。

我不知道我 40 岁时会怎么样，但是我知道如果我在 32 岁的时候更努力地做好 32 岁的事，就有机会在 33 岁做得更好；我 33 岁的时候更努力地做好 33 岁的事，就有机会在 34 岁做得更好。我们遵循的是这样一种迭代式的发展路径，很多时候对我们来说，所谓的仰望星空，就是脚踏实地。

所以我们做的定位都是短期的。我们不遵循"常立志不如立长志"这个逻辑，而是要"常立志"。这里并非让大家频繁地更换不同的目标，只是站在每一个当下思考下一步，在一边前进、一边摸索、一边调整的过程中一点点走向成功。

二、定位的起步逻辑：确定优势，攻其一点

（一）基于长板，确定优势

首先，梳理定位时，优势比喜欢更重要。我们做定位的时候，最重要的是梳理出自己的优势，而不是完全依照自己的热情和喜欢。热情、喜欢也重要，但它是辅助的判断项。

很多人在规划自己的长期发展方向时，会参考自己所谓的热情、意愿和喜欢，会列出旅行博主、摄影师这些职业，鲜有人会说自己就想成为新媒体编辑或者社群运营，因为做一个新媒体编辑或者社群运营并不是一件人人都认为很美好的事情。

所以，很多人可能仅仅是列出了人类共同追求的那些美好，但它经不起推敲。优势才是最重要的，优势是一个确定性的东西，它

可以直接通过一个确定性的结果告诉你，你在这个方面更有竞争力。

其次，一个人不会不喜欢自己擅长的事。但凡你在一件事上有优势，能把这件事做得很好，就一定会从中找到成就感。

在我们完成一件事所获得的感受里，参与感和成就感是非常重要的。如果我们擅长做一件事，那么我们在这件事上的参与感和成就感一定会很强，自然就会很喜欢做这件事。

举个我自己的反面案例。我刚上大学的时候很自卑，在学校里逐渐变成了一个越来越边缘化的人。因为我的母校是北京体育大学，最常见的集体性运动就是踢足球和打篮球，但我既不会打篮球，也不会踢足球，所以每次到年级集体活动打比赛的时候，我就很落寞，没有任何参与感，也没有存在感。每次经过篮球场，我看到我们班和其他班级在打比赛，我也不会关心。同学们在篮球场里欢呼加油，而我独自滑着滑板路过，心里就会觉得自己并不属于这个群体。

通过这个例子，我想告诉大家：你在自己擅长的事情上，一定会有很强的参与感；很强的参与感，必定会给你带来很强的存在感；存在感越强，成就感也就越强。所以，我们不会不喜欢自己擅长的事。

做定位最需要关注的核心要素，就是自己的优势。这个优势要从两方面来理解：一方面是指我们在这件事上比别人有优势；另一方面是要确定，它是自己能够做的事情里最有优势的。确定优势的核心是去做自己能做的事情里最擅长的那件事。

最后，真正的优势不是找到的，而是做到的。这一点特别重要，希望大家能够永远记住：千万不要问没有优势怎么办，因为优势不是找到的，而是做到的。在分析自己优势的时候，如果你还没"做到"，那么其实是你的优势尚在待开发阶段。

当你不断尝试，然后发现自己在做某件事时不抗拒，还更容易取得成功，那么这可能就是你的潜在优势。虽然它目前还没有形成明显的优势，但以后有机会成为真正的优势。

在尝试的过程中，我们可以先对这件事形成一个大致的判断，然后拼命努力地去做，长期坚持，不断进步，最终把这件事做成自己的优势。

举个例子，2015 年以前，我没有接触过写作，也没有做过课程，更没有运营过公众号。我是从做小编开始的，努力研究怎么追热点、写金句、写开头、搭建框架、搜索素材等，不断地训练，最终把写作做成了我的优势。我也是这样研究公众号的运营，在这个过程中，慢慢地又把运营公众号做成了我的优势。

所以，如果你现在还没有优势，就不要想着找到一个现成的优势，而是要下定决心把哪件事做成优势，然后从今天开始，专注持续地做下去。

（二）攻其一点，不计其余

1. 专注定位

如果你不专注于自己的定位，那么别人就无法清晰地认识你。

只有围绕定位专注地做事情，才可以立住定位。

现在很多人对我的印象就是写作指导。因为我最开始打造个人 IP 的时候，一直把写作导师、写过 100 篇阅读量超过 10 万的文章作为一个核心宣传点。我教授的第一门课是写作课，我开办的第一个训练营是写作训练营，直到今天我最成功的产品还是写作训练营。

最开始打造个人品牌的时候，我非常专注于"写作高手"这一个定位。如果我不专注，一会儿说自己是读书博主，一会儿说是写作高手，一会儿说是新媒体导师，那么别人就没有办法对我形成一个清晰的认知。

我们在短期内要先学会放弃，有舍才有得。你要暂时放弃其他方向，就专注做一个方向。比如，你就是教大家做直播变现，那就瞄准这一个方向，通过不断地写文章、直播、拍短视频宣传，重复地告诉所有人，你是一个这样定位的 IP。

2. 持续定位

短期内你无法形成一个稳固的定位，所以必须坚持一定的周期。

假设你做写作训练营，如果只做一期，别人大概率不知道你是一个非常好的写作讲师；如果你做 10 期，可能大家知道你做得还不错；如果你能够持续做 30 期、50 期，就会在这个行业形成口碑和认知，大家都觉得你是这个行业里最好的写作老师。

3. 精品定位

只有在一个方向上，真正做出了有口碑的、让大家认可的精品，自己的定位才能真的立得住。只有真正做出了成绩、做出了精品、做出了有影响力的事情，大众才认可你。如果永远都是小打小闹、平平无奇，那么即便你一直在这个定位上专注地坚持了很久，依然立不出定位。所以，我们做定位，一定要专注做、持续做、做出精品。

三、定位的长期逻辑：遵从大方向，基于可行性不断迭代

我们做定位，要先确定优势，然后在优势的基础上专注、持续、做出精品。如果我们一直保持不变，还会成功吗？答案当然是否定的。

整个行业一直在变化和迭代，我们的人生也会一直发生变化和迭代，那么我们做定位的长期逻辑就应该是遵从大方向，基于可行性不断迭代。

以我为例，我最开始是教大家运营公众号，但现在已经几乎不讲公众号运营了。假如到今天我还在继续讲公众号运营，肯定早就被淘汰了。如何运营公众号已经不再是新鲜话题，也很少有人愿意继续为这件事付费学习了。我相当于已经"偏离"了最初的垂直具体的定位。这也是为什么我们前文说：做定位应该先做眼前的定位，做好今年、明年的计划就可以，不要想太长远的事。

2017 年，我做的都是公众号运营；2018 年自己创业后，我变成了教大家写作；到了 2021 年，我又开始教大家做新媒体，因为我自

己经过这么多年的发展，做过很多项目和课程，我可以再迭代一下，从整体上教大家做新媒体。

虽然我也是迭代变化，但是我在整体大方向上没有太大的变化，只做了微调。我的写作主题一直是个人成长，我做的课程也都围绕新媒体和个人成长。我们不能大刀阔斧地改变自己的定位，整体上要遵从一个大方向。包括我的写作方向，也不会有特别大的改变，不可能从写个人成长和认知的方向突然变成写时政、写财经，这也是不对的。

当然这并不代表着一成不变，一成不变的 IP 很快就会被淘汰。你会发现有些 2013 年、2014 年活跃的 IP 到今天已经销声匿迹或者日渐式微，因为他一成不变。在整个行业不断变化、不断发展的情况下，IP 要想长期做下去，就必须更新迭代。

要想一直好好发展下去，我们每年都要分析和感知市场的变化、用户的需求和同行的进步，自己的定位也要不断迭代和优化。

第三节

发散定位思路大量刷对标 IP

　　如果你在打造 IP 时还没有确定自己的定位，不清楚自己具体要做什么、用什么方式做，可以先找很多备选供自己参考。

　　这里的底层逻辑其实就是"筛选思维"。很多人做选择就是简单地做了一个决定，并没有什么备选。筛选的意思是，你先有很多备选，然后在多个备选中进行多个维度地比较、打分，最终经过综合考量确定了一个定位。这个深思熟虑之后做出的选择，才更有可能是对的结果。

　　如果你还没有特别确定自己的 IP 要做哪个领域、哪个方向、用什么方式做，那么在这个阶段找到备选的一个方式就是刷大量对标IP 的视频。

一、为什么要大量刷对标 IP

　　我们可以先思考一个问题：我们做成一件事的基本逻辑是什

么？我总结了四个词：见到、知道、想到、做到。

这里具体讲的是"见到"：一个人想做到一件事，要先"见到"。

（一）做成一件事的基本逻辑首先是"见到"

有一次，我的投资人问我："为什么你大学毕业之后要去摆地摊，做服务员呢？你应该有其他更好的赚钱机会啊。"

我回答："是啊，好的赚钱机会一直都很多，只是那时候我没见识，我不知道自己可以从事什么工作。即使有好机会摆在我眼前，我也看不见。"

人不会渴望在他的世界里不存在的东西，人也赚不到自己认知以外的钱。 我一直说，我们的社群有一个价值，就是"长见识"。这个社群里有很多优秀的人，有各行各业的 IP。如果大家能在这里互相认识，互相交流，就会在心里产生一种想法：我可不可以也这样去做？

举个例子，我最开始萌生做自媒体账号的想法，是因为一个叫"差评"的公众号。

2016 年前后，我当时的领导告诉我，"'差评'也是一个'90后'的小伙子做的。他是用比较幽默、口语化、人格化加一点吐槽的方式写科技点评文章，写科技大佬和互联网圈的事件等，写得越来越好，后来就拿到了投资。"我当时深受震撼，好像是看到了自己的未来一样。我当时作为"小编"，分析了他的写法后就产生了一种想法：他能做到，我也能做到。

后来我们公司安排我去采访"毒舌电影"的创始人何君，她介绍了主笔"毒舌君"的创作方式和工作生活状态等。对他们来说，看电影就是工作，他们每天固定的习惯就是上午先看两部电影，确定要写的电影素材，然后反复地观看，再搜索大量资料进行研究分析，最后构思写出一篇文章。同时她还告诉我"毒舌君"也是一个很年轻的人，做着自己喜欢的事的同时收获了大量的粉丝。

在我职业生涯的早期接触了很多类似的成功案例，加上我自己也有兴趣去研究这些，我内心就已经知道自己以后可能要做同样的事。

很多时候，做不到不是最可怕的，最可怕的是有一些事情你本可以做到，但是因为这件事从来没有呈现到你的面前过，你无法认识，自然也不可能做到。

如果你见到、知道、想到了，最后却没有做到，也许是因为能力不足；但是如果因为自己的见识不够，错过很多本来可以做到的事，这就非常遗憾。

人这辈子可以做各种各样的事，选择各种不同的领域、不同的发展方向，但是你必须要先见到、知道、想到，才有机会做到，定位这件事也是这个逻辑。

（二）见过越多可能，越容易找到自己的可能

你见过一万种可能、一千种可能、一百种可能与只见过自己身边的几种可能，眼界是完全不一样的。如果你见过一万种，或许

就能轻而易举地找到自己理想的方向，因为总有一些人和自己情况相似。

比如有一天你看到一个同龄人，你们出身相似，颜值相似，学历相同，甚至他最初的迷茫都与你很相似，如果有一天他做了什么事情改变了命运，你就可以考虑他可以，我也可以，有时候改变的契机也许就是找到了这样一个对标。

我上大学的时候做兼职，为什么会选择当保安？我毕业之后，又为什么要去做服务员卖衣服？因为我的见识太少了，我没见过人生的一万种可能。同样是上大学的时候找兼职，那些有见识的同学也许是找一家公司实习，可以参与很多项目。

在我的认知里，我所知道的长大之后能做的事就那么几件：第一件是当老师，因为我舅舅是老师；第二件是当公务员，因为我大伯是公务员；第三件是做生意，因为我叔叔是做生意的。我刚大学毕业的时候，"产品经理""社群运营"这些词从未在我的生命里出现过。

假设上学的时候，我能接触到很多可能性，比如图书编辑、新媒体编辑、记者等，如果我当时能认识一些亲戚朋友，他们是做这些工作的，就可以给我解释这些工作的内容和特点；同时我恰好还适合做，那么我可能从上大学时就开始天天练习写"爆款"文章了。事实上，没有人告诉我，我接触不到，所以也不知道。

同样的，你是设计师、英语培训讲师、有过多次创业经历或者实体店开了好多年等，也许你在做这些事上有很多经验，但是如何通过自媒体放大这件事的优势，你可能不太清楚。在了解后，那么你或许就有 10 条路、100 条路可以走。

举个例子，假设你教了 10 年英语，培养过成千上万名学生，积累了不错的口碑，但你从来没有研究过可以在互联网上做些什么来发挥这件事的优势。也许你找了 100 个对标 IP 之后发现，原来你可以做一门英语教学课程，可以根据过去多年的教学经验拍出很多教学短视频，或者还可以签约 MCN 机构成为主播，在网上做英语教学直播。

如果你没有见识过这些，可能就把自己教过 10 年英语这件事的价值看低了。你不觉得它有什么价值，更不觉得自己可以靠它赚钱。

我之前给大家推荐过一部电影——《茶馆》，茶馆的王掌柜一辈子都在尝试不同的茶馆经营方式。我们也应该这样，不断地尝试和优化。而要想不断迭代，首先必须知道诸多存在的可能性。

我们做 IP 定位的发散思路，其实就是大量刷对标 IP，让自己更多地见到、知道、想到，然后才有机会做到。

二、大量刷对标 IP 的三个价值

（一）给你展示一种可能性

展示可能性的意思是你本来不知道这件事还能这样做或者能做成这样。当你刷到某个 IP 的时候，他向你展示了一种可能性，告诉你还可以这样。大量刷对标，就是给你展示各种可能性。

假设你热爱骑行、热爱环球旅行，但你一直觉得自己做不了这件事。有一天，你刷到了抖音的一个博主"湖远行"，他就给你展示了一种可能性。你会发现你也可以像他一样，只靠一辆自行车就可以环游世界，不需要会讲英语，不需要有很多存款，也不需要导游。你可以一个人骑着自行车到处旅行，同时拍大量的视频、给大家做直播，最终还能实现变现。

没刷到他的视频之前，你可能觉得环游世界是有经济实力才能做的事，还需要具备流利的英语口语能力。结果有一天你刷到了他的视频，发现其实不需要那么多的前提条件，你也可以做到。

我以前有一个当旅行家的梦，但当年经济拮据，觉得自己一辈子也无法实现这个梦。后来我发现了一个经济条件也不好的人竟然成了旅行家。他去旅行时甚至都没有一台电脑可以写博客，只有一部手机，每次去到一个地方，就用自己的手机拍照和写博客，积累了很多粉丝。后来，他还接到出版社的约稿，出版了一本有关旅行的书。后来我就改变了认知，似乎良好的经济条件不是旅行家的必备要素。

这就是刷对标账号的一个很大的价值：展示一种可能性。这种可能性必须足够多才有意义。

假设你也想成为一个健身博主，就需要找到 50 ~ 100 个对标 IP，认真地把它们全部分析研究一遍。如果可能性不够多，就很容易觉得自己做不了。因为所见即世界，如果看到的可能性少，当我们把自己代入时，发现自己没有人家那么有天赋，没有那么高的颜值，没有那么好的家庭条件等，就会觉得自己做不到。所以，我们要找到更多的可能性，要刷足够多的对标 IP。

（二）向你证明，让你确信

当你刷了足够多的对标 IP，找到了足够多的可能性，在研究分析的过程中，它们就会帮助你打消一个个疑虑。比如你想做一个旅行博主，可是你没有很多资金，但当你刷到一些穷游博主时，他们的故事可能就会打消你的这个疑虑，让你确信自己也能做到。

举个例子，我之前刷到过很多房车旅行博主，其中有一个博主说他花了 3000 元买了一辆破面包车，又花了不到 10000 元把它改装成了房车，然后就踏上了旅途。当看到这种案例的时候，我就会打消一些疑虑，我会发现原来不是非得攒钱买一辆特别好的房车才能出发，也可以像他一样花很少的钱就能开启旅程。

或者我想做一个旅行博主，但总觉得做旅行博主要么是单身，要么是孩子已经上大学或者工作了，自己比较自由，像我这样孩子还不到一岁的人做不了。直到我刷到一个账号，夫妻二人带着不到一岁的宝宝环球旅行，一直旅行到小孩三四岁。这件事向我证明了：有家庭、有孩子，即使孩子还小，也依然可以做旅行博主。有些人觉得自己年龄大了，做不了旅行博主，当我们看到一个 50 岁的阿姨自驾游时，就会发现年龄不是问题，人家可以，你也可以。

我们找那么多对标 IP 的第二点价值就是向自己证明、让自己确信、让自己更加坚定地选择那条想走的路。因为你所担心的那些问题都是有解决方案的，你认为会遇到的那些困难也都有克服的方法。

（三）提供一些具体思路

举个例子，我刷到过一个健身博主，是一个做引体向上特别强的女生，她就靠这一个动作让自己慢慢火起来了。

假设我想成为一个健身博主，当我看到这样一个案例的时候，我就会想，我能不能也用一个动作持续发表作品、让别人记住我？我能不能像她一样，找到一项技能天天苦练，然后把这一件事做到极致？这个博主可以一次做四五十个引体向上，这种拍出来的效果就很震撼，这一个动作就足够让你记住她。

假设在刷到她之后，我决定要做倒立俯卧撑，专门花一年练这个技能，然后将其融入不同的剧情和创意，把这些拍成短视频发出来。也许这一个动作就能做一个"爆款"，完成最初的 5 万粉丝的积累。

假设你要写文章，刷了很多公众号。也许六神磊磊就可以给你一种启发：在一个领域里专注研究，再在这个领域里挖掘各种各样的主题，就可以做起一个账号。六神磊磊是围绕金庸的作品来写的，你也可以找到一个领域里的锚点去写，比如你可以围绕《三国演义》来写。《三国演义》也呈现了一个大千世界，你把它研究透彻后写什么都用三国来解读或许也是一种方式。

当你通过一个对标 IP 想到一种具体思路时，就可以再找类似的对标 IP 去深入研究。

三、分析对标 IP 的三个核心点

当你找到足够数量的对标 IP 之后，需要去分析这些对标 IP 的哪些核心要素呢？我认为，最基本的要素包含粉丝量、阅读量、点赞量、评论量等。我们肯定要先对这个 IP 有一个基本感知，体量太小的不太具有参考价值。除此之外，还有三个核心要素值得分析：形象、内容和商业价值。

（一）IP 形象分析

我们要去分析，一个 IP 在人设上的核心吸引点是什么。

假设你在公众号里找到了"粥左罗"作为对标账号，那要去分析粥左罗这个人设最吸引人的特点是什么；假设你刷到了何加盐，要看看何加盐最吸引人的特点是什么，其他 IP 也是以此类推。

怎么找到他们最吸引人的特点呢？其实只要多看他创作的短视频或文章，自然就能感受到他的特点是什么；也可以观察一下评论区的内容，这样自然就能找到他最吸引受众的点。

多去分析一些 IP 形象，还可以让你学会看人。你可以把自己想象成一个 MCN 机构的老板，看到一个人这样做自媒体、这样表达自己，你愿不愿意和他签约呢？

每一个想自己做 IP 的人，都应该有这种识人的能力和本事，能在茫茫人海里筛选出最有可能成功的人。如果把这些研究透彻，就理顺了一个人是怎么运营、怎么成名的，也会越来越清楚打造一个 IP 的内在逻辑。

一个人之所以能成为 IP，一定是因为他有特别之处。你要能感知到他的特别之处是什么，正是因为他放大了那一点，所以能够被大家喜欢。在自己打造 IP 的过程中，也要不停地问自己：如果站在旁观者的视角，我这个 IP 最有魅力的地方是什么？最吸引人的特点是什么？

一个人如果完全接纳了自己，学会欣赏自己，不可能没有魅力。每个人都要学会站在旁观者的视角看自己，捕捉到自己的特别之处和魅力所在。

（二）内容分析

内容分析主要有哪些维度？我们以公众号为例进行分析。

公众号的研究维度主要是它的内容类型、选题技巧、写作形式等。我们浏览一个公众号，首先看到的就是它的内容类型。它是写人生感悟的，还是写成长方法的，或者是写心理治愈方向的，等等。

它的选题有什么技巧吗？有的公众号的选题永远都与社会热点挂钩，有的公众号的选题一直都是纯话题。比如"洞见"基本上都是纯话题式选题，而"拾遗"往往会与社会热点挂钩。除此之外，每个公众号在选题角度上有什么特点也要去分析，有的公众号每次追热点都必须找一个独特又冷静的角度，有的公众号则总是能从大众普遍认同的角度写得很精彩。

它的写作形式是什么呢？有的公众号习惯用讲故事的方式去写；有的公众号是用讲干货的方式去写；有的公众号则是旁征博引、借名家名作等。

这就是分析公众号内容的一个基本框架。短视频账号也一样，主要也是分析内容类型、选题技巧、呈现形式这几个大的方面。

比如，同样都是知识博主，有的人是坐在办公室正襟危坐、侃侃而谈，有的人是一边走路一边拍摄；有的人是很随意地拍摄剪辑，有的人会比较用心地选择场景和服装等。

（三）商业价值分析

每个 IP 的商业价值不同，所以变现方式都不太一样。有的人是靠广告变现，有的人是靠直播带货变现，有的人是招代理加盟，有的人是做知识付费……不同的人有不同的变现模式，我们也要进行针对性地分析。

同样是做知识付费，不同的人变现的方式也不一样。有的人是做训练营，有的人是做私董会，我们要去分析不同方式背后的逻辑。同样是直播带货，不同的博主也不一样。为什么要选这些商品？一场直播的销售额是多少？除了带货，有没有广告收入？这些我们都要观察和分析，也可以通过第三方机构去查询。

举个更加具体的例子。假设你要做一个读书博主，已经找到了很多读书博主作为对标。首先，你要分析他们的内容形式，有的博主是整体解析图书内容；有的博主是从书中提取知识、观点进行讲解；有的博主是讲读书方法，等等。

其次，你要去看他们的变现模式。有的博主只讲书的内容，那么他可能是靠销售图书来变现；有的博主讲读书方法，那么他可能是靠做读书训练营来变现；有的博主会解析内容，那么他可能是靠做读书社群、带领大家一起读书来变现，等等。

经过这样垂直分析后，你很容易就能知道自己应该怎么做。你如果想做读书博主，就这样垂直分析 50 个读书博主，一定能找到一种适合自己的模式。

四、找对标 IP 的三种方式

找对标其实很简单，就是不停地看，不停地积累，就会知道得越来越多。如果一定要总结方法，我这里总结出了三种。

（一）关键词搜索

以抖音为例。假设你想做健身博主，可以直接去抖音搜关键词"健身"，就能找到很多健身博主。这个关键词的搜索页面里还会有一些系统推荐的相关搜索，比如"健身博主排名"，这里可以看到一些健身博主的盘点，我们可以从中梳理出来健身领域一些做得比较成功的博主。

（二）"顺藤摸瓜"

我们常常在打开一个视频时，看到这个博主提到了其他博主，那个被他提到的博主大概率也是相同领域的。我们也可以"顺藤摸瓜",了解另一名博主。同理,我们也可以在评论区里寻找,这也是一种方式。

还有一种方法,在抖音上你点开一个对标博主的主页,在"关注"或"私信"的按钮旁边有一个小三角形状,点击后就会出现一些"你可能感兴趣"的账号,也与该博主相似。这也是一种方法。

公众号也一样。比如你打开"粥左罗"公众号,点开一篇文章,就能看到这篇文章转载自哪个公众号,你就可以追溯到这个公众号。通过这个方法,你可以找到很多相似领域的公众号。

(三)日常积累

假设你想做公众号,那么在朋友私信、朋友圈、微信群以及社群中看到好文章时,你都可以去关注一下那个公众号。这种方式可能无法让你在短时间内积累很多对标,但是时间一久,积累的对标账号会越来越多,而且这种方式积累出来的账号往往质量都很高,因为你是真正喜欢这个公众号的文章才去关注的。

寻找抖音对标账号也是同样的方法。你平常比较关注哪个领域,就多看些该领域博主的视频,平台就会根据算法进行推送。当然这件事也有一定的偶然性,你能够找到什么样的账号,其实是不一定的。这就像读书这件事,不同的人会遇见不一样的书。你和一个人聊天,了解到一本书;或者你看直播,被博主推荐了一本书;或者你去逛书店,无意中遇到了一本喜欢的书。

　　从这个角度讲，寻找对标有很大的偶然性，但是只要平时有意识地做这件事，很快就可以积累到一大批对标账号，这件事本身并不难。

第四节

到底该如何确定自己的定位

大家可以先思考一个问题：做个人 IP，是不是必须选择一个平台做账号，做到几万、十几万粉丝？

答案是否定的。

举个例子，高瓴资本的创始人张磊是投资领域一个非常大的 IP，他既没有注册抖音账号，也没有运营公众号，但是他在投资行业里做出了顶尖的成绩，被很多媒体报道；他还是行业畅销书《价值》的作者。他虽然没有流量账号，但是已经被大众熟知，他的个人 IP 塑造得非常成功。

再举个例子，我的合伙人文文，算不算已经成功地打造了自己的个人 IP 呢？我觉得也算。文文的小红书和视频号都没有积累太多粉丝，但这并不妨碍她已经成为知识付费领域里的一个 IP。这个行业里很多从业者都知道文文，都认为她很擅长做训练营和社群运营，这说明她已经打造好了自己的 IP。

通过这几个例子，我们可以看出：打造个人 IP，不一定非得找一个平台做账号，积累粉丝。那么个人 IP 都有哪些类型？不同类型的 IP 又该如何做定位？

一、个人 IP 的三种形式

1. 新媒体创业者

像我这样自己做了一个自媒体账号，并基于此去开发自己的产品和变现项目的人，就是纯新媒体创业者。这一类人就需要选定一个平台及领域去积累自己的流量，开发自己的产品，设计变现的路径。

2. 放大主业 IP 的人

以我的合伙人文文为例，她打造个人 IP 的核心就是放大自己的主业。她的主业是知识付费领域的社群运营负责人，她打造 IP 的一系列动作是让自己把主业做得更好。如果她让"社群运营专家"这个 IP 标签变得更成功，在业内的名气越来越大，那么她就有更多更好的机会。

3. 副业新媒体变现者

副业新媒体变现者其实也可以分为两种：一种是以副业兼职的方式做个人 IP，另一种是以副业创业的方式做个人 IP。

先说第一种。我们训练营的助教鱼鱼老师，她本身有自己的一份主业，再找一份与新媒体相关的工作作为副业去变现。对这种副

业新媒体变现者而言，打造个人 IP 的逻辑和前面第二种"放大主业
IP 的人"一样，大家不关心你主业做得怎么样，只关心你副业做得
怎么样。

从这个角度讲，鱼鱼老师自己做一个公众号的目的和意义是什
么？一方面是让自己作为写作训练营的助教，显得更加权威，更加
有说服力；另一方面她自己运营公众号，也可以积累更多的经验，
总结更多的方法去教别人。也就是说，她做一个自己的公众号是为
了让自己作为助教可以教得更好，让自己有更多的机会。

再说第二种，我们第一期"新媒体变现圈"邀请牧心老师来给
大家做过分享，她本身有一份稳定的主业工作，同时副业去做个人
IP、做新媒体、做自己的成长社群等。她与鱼鱼老师的不同之处在
于：鱼鱼老师是通过兼职的方式实现副业变现，牧心老师是像创业
一样去操盘自己的项目实现副业变现。牧心老师就类似于前面讲的
纯新媒体创业者。她有自己的公众号、小红书账号，也做自己的课
程、社群，通过直播、微信群发售她的产品。这种形式的 IP 就需要
自己做账号、做流量、做产品，形成一个闭环的商业模式。

二、不同 IP 在定位时的核心方向

不同的人在选择定位时，需要考虑的东西也不同。

如果是纯新媒体创业者，那么你在选择定位时需要考虑领域、
变现模式等。

如果是放大主业 IP 的人，基本上不用重新做定位，因为他的目标就是放大自己在行业内的影响力，助力自己的职业发展。定位就是职业发展规划。比如文文，她给自己的 IP 做定位的时候，要梳理的其实是自己的职业规划，要不要把自己的影响力做得更大、要不要去更大的平台、要不要换个领域或行业继续做社群运营等。

如果是副业新媒体变现者考虑定位，也要看具体是哪一种副业变现。假设是通过兼职的方式做新媒体变现，那么做定位的时候，要先确定在哪个行业、哪种岗位上找兼职；如果是像纯新媒体创业一样做副业新媒体变现，在梳理定位的时候就需要给自己选领域、选项目、选商业模式。

我们去做定位梳理的时候，要想清楚自己的主要目的，不同的目的有不同的做法。不是每个 IP 都要选定一个平台去做账号、拥有很多粉丝才可以。

三、如何从多个备选中确定自己的定位

当你拥有很多选择，非常纠结选哪个时，很大程度上是因为你没有做足够多的分析论证。只要你的分析足够多，答案自然会呈现。

举个例子，你想买房子，有 A、B、C、D 四套房子作为备选，如果你很纠结到底应该买哪一套，就说明你对这几套房子没有进行足够详细、深入的分析研究。你没有认真研究每一套房子的地理位置、升值空间、自住的舒适性、商业配套、学区情况等。但凡详细

深入地分析过每一套房子，就一定能够给这几套房子做一个排序，哪个最好、哪个最差一目了然。

同样，如果你在有很多定位备选的时候纠结，原因也可能是你没有足够深入地对每一个选项进行分析。否则，很可能在分析的过程中，就已经将多个选择的优劣顺序确定下来了。

那么，在分析多个定位备选的时候，我们主要分析哪几个方面？我总结了五个维度：

第一，最有可能短期内做成；

第二，现有资源可直接使用；

第三，行业领域的熟悉程度；

第四，符合自己的形象特质；

第五，未来商业回报的潜力。

具体分析时，我们可以列一个表格，纵向是这五个维度，横向是你的若干个备选，然后给几个备选在每个维度上打分。在打分之前，要有一个相对复杂的分析思考过程，思考完再用最简单的分数呈现你的思考结果，这是整体的决策逻辑。接下来我们对这五个维度分别进行阐述。

（一）最有可能短期内做成

1. 为什么要分析"最有可能短期内做成"

打造个人 IP 是一个持续迭代、持续成长的过程，我们给自己做定位，只是先定一个方向，让自己更有机会在短期内得到正反馈。

有人问我："粥老师，做一个新媒体编辑的上限是什么？"我说"无限"；也有人问我："粥老师，做一个社群运营的上限是什么？"我的答案也是"无限"。

很多人在做选择时会担心自己选择了一个发展上限不高的领域，怕自己做了这个选择后将来就只能这样。像樊登、罗振宇，他们之前都是主持人，难道他们一定要做一辈子主持人吗？不一定。他们在成为成功的主持人后，可以转行做其他事情。你做任何一个选择，慢慢做成了之后，都有机会转型和升级。

很多时候，我们做选择、做定位，都只是一个阶段性目标。人必须从一个阶段性胜利走向下一个阶段性胜利。从这个角度来讲，我们只管做好当下，只管考虑哪个选项短期内能做成，至于做成之后的事其实是没办法计划的。但是你必须先做成，后面才能不断在已有的基础上，获得新的机会、做新的事情。

我以前写过很多企业家、创业精英的人物稿。在写这些人物稿的时候，我发现：每个人的发展都不是完全符合一环扣一环的逻辑的。当你把一件事做到很强之后，你的资源会跃升到一个新高度，到时候就会吸引更多的资源、更多的机会，自己也能选择更多的成功之路。

所以，我们做定位时第一点要确定的是最有可能在短期内做成什么。

2. 如何确定自己短期内可以做成什么

在每一个备选上确定阶段性目标之后，还要去拆分这个阶段性目标的实现路径。

举个例子，我想做个人成长领域的公众号，我的阶段性目标是希望用一年的时间让公众号的粉丝量涨到 10 万。我要针对这个阶段目标去规划实现路径——通过写高品质的、适合被其他公众号转载的"爆款"文章，吸引更多公众号来转载；转载时需要在文末附上我的二维码，实现粉丝量增长的目的。然后，我需要考虑自己一个月大概能写几篇这样的文章？每篇文章大概能有多少公众号转载？这些公众号的转载可能给我带来多少粉丝？等等。

如何确定自己的实现路径呢？我们可以去找一些对标案例进行分析，或者根据过去的已有经验和真实情况去推演。

举个例子，你想在小红书上成为一个教别人打造个人 IP 的博主，你可以给自己定一个阶段性目标，比如粉丝量一年涨到 2 万，私域引流 3000 个精准粉丝等。

接下来我们要去分析，这个阶段性目标怎么实现。比如如何策划选题？每个月要拍多少条短视频？视频的时长多少合适？视频的形式是口播还是别人采访，或者通过剪辑素材配文案录音？这样的短视频在小红书上反馈如何？点赞是几百、几千还是上万？这样一条视频能带来多少新增粉丝？等等。

我们先给自己定一个目标，分析之后形成一个相对简单的实现路径。因为你在规划怎么实现这个阶段性目标的过程中，其实就是在感知：这几个定位中，哪一个做成的可能性更大。

在这个过程中，你也可以去感受自己对这方面的认知能力、理解能力、驾驭能力，可能就会排除某些备选。比如，你可能排除了健身博主这个定位，因为自己没有信心可以在一年之内掌握这份职业所需要的技能。

（二）现有资源可直接使用

在这个维度上，我们有四个因素可以考虑。

1. 种子流量

假设有 A、B、C 三个备选，我们需要评估自己在哪一个定位方向上已经积累了一些种子流量。

如果你在很多写作训练营做过助教，可能你的微信上已经积累了 2000 多个关注写作的精准用户。假设以后你想做一个关于写作的自媒体账号，这些流量就是你可以直接使用的种子流量。

2. 资源积累

假设有 A、B、C 三个备选，我们需要评估在每一个方向上有哪些资源可以用。如果你想做读书社群，就需要思考：以前参加过哪些读书会？认识哪些比较擅长读书分享的老师？可以邀请到哪些历害的人来做助教？可以跟哪些行业精英一起合作办读书会？等等。

3. 合作机会

假设有 A、B、C 三个备选，我们需要考虑选择哪一个方向，一开始就能有合作的机会。

如果你想做一个读书会项目，有没有某个社群的 IP 能在他的社群内部扶持你？如果你想做小红书培训，有没有可能直接去哪个社群做分享？此外，还可以梳理一下自己有哪些变现机会，是否可以直接与某个平台合作一门课程，或者直接和某个平台合作运营一个项目等。

4. 个人品牌

假设有 A、B、C 三个备选，我们需要考虑选择哪一个方向，过去形成的个人品牌可以直接加持？

举个例子，2018 年，我的个人品牌标签是新媒体讲师，如果我想做一个旅游博主或健身博主，就需要从零开始积累，因为我在旅游和健身这两个领域是没有个人品牌基础的。但是如果我想做企业新媒体培训，很快就能起步，因为我在这个领域是有个人品牌积累的，我可以直接用我的个人品牌去加持。

除了这些，你也可以继续罗列其他可用资源。有的备选已经拥有很好的资源了，比如有种子流量，有可以帮到你的人，还有一些合作机会，那么这个方向可能就是目前这个阶段最适合你做的定位，这个方向在短期内也更容易做成。

（三）行业领域的熟悉程度

这个维度需要分析三个层面。

1. 知识储备和方法经验

假设有 A、B、C 三个定位备选，我们要去分析：对这三个备选，我们所拥有的知识储备分别是什么样的？某件事的成功方法、经验积累是怎么样的？比如做 A 和 B，我们有丰富的方法经验可以直接使用，但是做 C 我们是零经验，需要从头开始重新研究，那么就要排除 C 备选。

2. 信息获取的优势

假设有 A、B、C 三个定位备选，我们要去分析：在这三个备选中，在信息获取方面哪个最有优势？比如我刚创业的时候，要做科技互联网方面的内容，因为之前的工作需要，我关注了很多相关的账号和博主，对这个领域的一些 App 也很熟悉，那么在这个领域的信息获取方面，我就有更大的优势。

3. 设计商业模式的能力

假设有 A、B、C 三个定位备选，我们要去分析：在这三个备选中，自己对哪个方向的商业模式更熟悉，有设计商业变现的能力？

假设现在让我设计一个健身博主或旅行博主的商业模式，我很难成功；但如果让我设计一个新媒体培训师 IP、知识 IP 的商业模式，我可能更得心应手一些。

在这个维度上，你要考虑的是自己对哪个行业最熟悉，在哪个领域的知识储备、方法经验积累、信息获取能力、商业模式的设计能力更强。选择一个更熟悉的行业去做，相对来说会更容易成功。"隔行如隔山"就是这个道理。

你在一个自己不熟悉的领域里做事，就会非常茫然、非常不自信，也非常容易放弃，非常容易感到很孤独。因为不知道和谁交流，不知道去哪里获取信息，不知道怎么去设计商业模式。

从这个角度讲，路径依赖也是一件好事，因为只要你不换领域，继续深耕，你的心里就是有底气的；你知道怎么继续往上走，你有方法和路径。

当然，从另一个角度讲，路径依赖也有坏处，你在一个行业做得越久，好像就越没有勇气突破舒适圈；也会因为有沉没成本而不舍得去改变。

（四）符合自己的形象特质

在这个维度上，我们可以通过回答两个问题，判断给哪个备选打更高的分。

第一个问题：如果每个方向都能做成、体量相当，那么你更愿意选择哪一个？

假设你同时想做读书博主、健身博主和旅行博主，但不知道哪一个可以做成，也不知道哪个定位的变现潜力更大，那么我们就先不考虑这些问题。我们假设这三个方向都能做成且变现潜力也差不多，你更倾向于选哪个？你的答案其实就是自己内心深处最希望成为的样子。

第二个问题：整体上你最希望像哪个对标 IP 那样去经营自己的事业和人生？

前文我们提到过，要在你想做的领域里多找一些对标 IP。在分析这些对标 IP 的时候，要问问自己：哪一个 IP 经营事业和人生的方式，是自己最认可和喜欢的？

这两个问题的内核，其实就是考查自己的喜欢程度、意愿、过往经历、性格特质与备选 IP 的匹配度，以及考查自己喜欢的生活方式和人生模式等。

假设我想做一个健身博主，我的生活方式自然要变成比较自律的状态。我不能每天吃各种美食、喝各种饮料，更不能抽烟喝酒、经常熬夜；我的生活必须是作息规律的，还要合理地搭配三餐，同时配合适量的运动，等等。

或者我想做一个旅行博主，那么我的生活方式可能就会变成流浪式、漂泊式的，我要接受每年很长的时间都在路上；我要去不同的城市，适应不同的气候；我还要在路上拍摄、剪辑，写自己的旅行感悟等。

我们选择了一个方向，意味着自己的生活方式也会随之改变，就不得不考虑：我愿不愿意接受这样的生活方式？我的性格特质、生活方式、喜好的人生模式是否和这个方向匹配？然后，我们再根据这些去给每一个备选打分。

（五）未来商业回报的潜力

我之所以把这一点放在最后，是因为它从长远来看很重要，但又不是当下最重要的因素。不是哪个方向最有商业价值就做哪个，也不是哪个方向没有很高收益就不做了。至于做哪个领域能实现最高级别的财务自由，也有运气的成分。

从某种层面讲，你可以把"未来商业回报的潜力"作为排除某些选项的判断依据。

举个例子，我以前很喜欢玩滑板，但我后来没有去做一个职业滑板运动员，就是考虑到商业回报潜力这个因素。因为综合考量滑板运动的发展、人群基数、产业配套、相关品牌的发展这些因素，我不太可能通过滑板获得不错的收入，所以我排除了这个选项。

也就是说，这个维度可以反向帮你排除一些根本没有机会获得回报的选项。所以，更重要的是前面四个维度，第五个维度可以作为一个简单的参考，判断某个备选作为相对长期的目标变现可能性的大小。

把每一个备选都从这五个维度去分析一下，只要分析得足够详细，答案自然而然就会呈现。

最后，我还想对大家说一点：永远不用怕选错。每个人都要在当前这个阶段做决定，不用害怕选错，因为按下的不是"人生确定键"。你只是选了一个方向，如果这个方向不合适，将来还可以重新选。

　　我们要在每个阶段都敢于做出决策，不要做一个犹犹豫豫的人。有些人对于自己到底要做什么，已经纠结了一两年还没有结果。其实，有纠结的这一两年时间，选任何一个方向可能都已经做得很不错了；但不去做决策，也不行动，就白白浪费了一两年的时间。

　　人生无法假设，我们只能在每一个阶段勇敢决策，并为之全力以赴；同时不需要后悔，不用因为一些假设让自己患得患失，坚信自己，然后付出努力去充分证明它的正确性就可以。

第三章

高商业价值 IP 的打造

第一节

差异：同领域做出差异化，是快速突围的关键

我们可以先思考一个问题，为什么要做差异化？

过去我们经常听到这样的说法，打败你的一定不是另一个你。

举个例子，当年新浪微博成功之后，腾讯也做了一个腾讯微博，但是没发展起来，后来就停止运营了。所以，能打败微博的，一定不是另一个微博。

微信也是如此，能打败微信的一定不是下一个微信。包括小红书，你会发现它和抖音也有明显的区别。视频号之所以发展得相对慢一点，是因为它和抖音相比，虽然有一定的区别，但是相似性还是过高。所以我们一定要做差异化，只有和别人不一样，用户才有一定要选择你的理由。

我在直播的时候，经常有同学会问："粥老师，我现在正在学某某某的写作课，请问你的课和他的有什么不一样？"如果有别人和你提供同样的产品，那么用户一定会在两个产品之间进行比较，判断

二者的差异，然后决定要选择哪一个。

再比如我想学习与战略相关的知识，并不会只买一本这个方面的书，而是买三五本。因为每一本书都不一样，彼此之间都有差异，买三五本是为了把每一本的内容加起来，全面综合地学习关于战略的知识。如果只买一本，可能就无法形成完整的知识体系。

当用户面前有三个产品时，如果三个产品之间具有比较明显的差异，那么他可能三个都买；如果三个产品没有差异，那么他可能直接根据价格或者其他因素选择其中一个。所以说，在同领域里想要快速突围，能不能做好差异化很关键。

想明白了这个问题，接下来的重点就是如何做好差异化。

一、质量差异化

举个例子，我们在买水果的时候会发现，即便是同一品种的小番茄、西瓜、草莓，价格也存在差别，这种差别一定程度上就代表着质量的差异。所以，如果能够做到高质量，就会形成很强的质量差异化竞争力。

举个例子，我们发现在公众号上做短视频，做得最好的是"一条"。"一条"在 2014 年左右开始做短视频，当时就以绝对的质量胜出，产出的内容也是绝对的精品。我个人认为他们能够做到 95 分以上，但是其他的短视频只能做到 70 分左右，所以它能迅速占领市场。

再比如，2018 年大家都说公众号的红利已经过去了，我之所以选择在这时开始创业做公众号，其实就是看到了质量差异化可以带来用户迁移的机会。2018 年以前，公众号的整个生态环境是用户量持续增加，但内容供给不足，非常多的营销号和低质量账号在这时崛起。如今，我们关注的公众号质量越来越高，虽然用户红利期已经过去了，但是内容红利来了。

到 2018 年前后，公众号很难再从外部获取用户总量的增长。自那时起，公众号的用户红利期结束，内容红利期开始了，接下来其实就是一种系统内部的流动。以前用户的迁移是从别的平台迁移到微信上，现在开始在微信内部迁移；对公众号来说，就是在公众号内部迁移，从这个公众号迁移到另一个公众号。谁的内容质量更高，谁就能在这个迁移的过程中吸引更多的用户。

所以，当时我就得出一个结论，假设我能够写出质量更高的原创文章，那么其他同领域的、定位相似的账号就都会来转载这篇文章。如果在转载后，他们的用户觉得这篇文章质量很好，那么他们就会找到这个原创的公众号去关注。

如果你是基于内容红利期的策略来做一个账号，那么根本不用关心是否还有用户红利期。这个逻辑直到现在也依然成立，只要在你的领域里，你能写出比绝大多数账号都要好的原创文章，就依然有机会做好一个账号。

当然这个很难，如果你不能生产质量突出的内容，就无法激发用户关注你的动机。如果整个领域里提供的内容都是 70 分，你提供的也是 70 分，没有其他的差异化，用户就不太有动力关注你；但是如果别人提供的都是 70 分的内容，你提供的是 90 分，有了质量上的明显差异，用户就会愿意关注你。

做好差异化的第一点——质量差异化，这种方式永远是最根本的，但是有难度，是否能做到就要看自己的能力了。

二、产品差异化

我们以公众号为例说明一下什么叫产品差异化。

"六神磊磊读金庸""三表龙门阵""粥左罗"三个公众号，如果追同一个热点，文章内容有什么差异？

"六神磊磊读金庸"追热点的时候，都会以金庸小说里的人物故事为载体去讲。"三表龙门阵"是以纯评论的方式追热点，靠自己观点的犀利程度取胜。他们两个完全不一样。

"三表龙门阵"提供的是一种认知角度，在这件事上他有什么样的观点，这种类型的账号其实有很多。但是"六神磊磊读金庸"是通过特定的故事背景，提供一种理解热点的新角度，这种账号特别稀缺，他用差异化做出了非常好的稀缺感。对此来说，"六神磊磊读金庸"的账号做得就更成功一些，同样是追一个热点，借助金庸小说里的故事人物去讲，用户可能更感兴趣一些。

我在追热点的时候，和他们又有什么不同呢？不同就是我经常会从个人成长的角度给出一些认知方法，如果一个社会热点不太能与个人成长相结合，可能我就不追了。

比如有明星离婚，我追这个热点的时候，可能会讲一些经营婚姻、经营感情的方法论。比如我去追谷爱凌的热点，那么我最终也会落脚到，从谷爱凌身上我们学到哪些个人成长的思维方法、学到哪些家庭教育的理念等。

大家在规划自己的产品时，一定要去想怎么把产品本身做出差异化。如果你和别人一模一样，不能从产品本身做出特别好的差异化，纯粹去竞争质量，就会是很辛苦的一件事情。当产品本身具有差异化时，即使质量拼不过，也不会完全失败。因为产品既然有差异化，受众群体自然也有差异化。

我们还可以举一个例子。有一个火锅品牌叫"巴奴"，它就是用毛肚火锅这个特色做出了产品的差异化，把自己与其他火锅品牌区别开来。假设你要创立一个火锅品牌，也可以从这个角度去想。为了做出差异化，你要主打哪一个产品？这样你和别人在市场上竞争的时候，就不会陷入纯质量竞争的局面。

三、定位差异化

定位差异化最好的一个方法是不断细分赛道。

比如同样是写作课，我的写作课是讲底层逻辑和全领域的普适技巧，如果有其他人想做写作课，就可以和我区分开，选取细分赛道做出定位差异化。比如，你可以专门讲小红书笔记的写作、抖音文案的写作等，这都是通过细分赛道做定位差异化。

现在大家看到市场上的各种各样的写作课，有人专门讲故事写作，有人专门讲人物写作，有人专门讲热点写作，有人专门讲短视频文案脚本写作，还有人专门讲销售转化型文案的写作等，这些也是细分赛道定位上的差异化。

再比如你想做一个读书社群，就不要和"帆书"做同一个赛道。像"帆书"这样的大品牌，它要成为一个全国人民都用的产品，就不能太细分领域。在这种情况下，如果你也想在这个领域站住脚，就可以通过细分领域做定位的差异化。比如，你可以做专门读心理学图书的社群，或者专门做经济类别图书的社群。

如果现在做新媒体变现，我觉得通过细分赛道做定位差异化是一个非常好的方式，从这个角度去思考，一定可以找到自己差异化的那个点，获取自己的竞争优势。

四、定价差异化

定价是一门学问。我在设计课程时总是会在定价上思考很久，因为价格影响了太多的东西。

（一）定价决定了用户质量

举个例子，在北京买房子，房价有 20 万元 / 平方米，也有 5 万元 / 平方米，价格不一样，小区的业主群体必然不一样。我在"个人爆发式成长的 25 种思维课"里讲过一个认知，有时候我们要先定价再定位，因为价格可以倒推出来你要打造什么样的产品，你要服务哪个类型的用户。

很多来我们的"新媒体变现圈"做过分享的嘉宾经常有一个评价，说社群里的氛围太好了。因为我们是一个服务单价接近 3000 元的社群，筛选出来的用户质量非常高，所以社群氛围好。大家会非常积极地发言，提出来的问题质量相对也更高，这就是定价决定了用户质量。

（二）定价决定了服务模式

什么叫定价决定了服务模式？简单来说，就是更高的价格代表更优质的服务。比如定价 199 元的课程，因为价格相对比较低，就无法提供额外的服务，如果提供额外的服务，很可能无法覆盖成本；如果课程的定价是 1999 元，就可以提供更多优质的服务。

比如我们"新媒体变现圈"的单价接近 3000 元，内容既包括录播课，还包括很多直播，还提供早报服务和中午的干货荐读服务，直播结束后还会给大家提供精心打磨过的文字稿。而我们之所以能提供这些服务，就是因为我们的定价足够覆盖成本。

（三）基于自身能力和市场情况做定价差异化

假设你要做一个付费社群，首先要思考的是你的能力可以做一个什么价格的社群，是 99 元的，999 元的，1999 元的还是 19800 元的？

我们首先要清楚自己真正的实力，因为定价越高，也就需要能力越高。如果你的能力无法提供高端的产品和完善的服务，就只能先做低定价的产品。所以，在做定价差异化的时候，首先要正确地评估自己现在的能力能做到什么价位。

假设你既有能力做 99 元的，又能做 999 元的，还能做 1999 元的，自己都具备对应的能力，这时候就可以去分析市场，评估市场的竞争现状以及自身的资源水平，分析自己做哪一个定价的产品更有优势，更有竞争力。

在新媒体行业里，很多老师都会告诉你要做高价，但我并不认同这一观点。

举个例子，做"新媒体变现圈"时，我的年利润很可能没有我的音频课高。虽然音频课单价只有 139 元，但一年的销量可以接近 2 万份，而且无须额外提供服务；但是，单价 2999 元的社群服务我只能卖 1000 多份，还要提供特别完善的服务。所以千万不要认为做高价就一定能带来更多的利润。

就我个人而言，我认为目前低价还是有非常大的竞争力，用低价高质量的产品去扩大销售规模，很有可能比高价产品获利更多。

所以，定价的差异化我们要分为两步，首先要看自己的能力适合做哪种价位；其次是基于市场情况和自身优势确定要做的定价。

五、服务差异化

提到服务，很多人会想到海底捞。海底捞独创了很多领先其他品牌的服务，如提供擦鞋和美甲服务、唱生日歌、帮顾客带小孩等。把服务做出差异化，本身就是一种竞争力。

最早在公众号上做服务差异化的账号是"十点读书"。它很早就在自己的公众号上推出了一个非常好的差异化服务——音频。当这个领域里的其他公众号还没有提供音频服务的时候，"十点读书"率先推出了这个服务，这就是一个服务的差异化。

我们做的"新媒体变现圈"，通过"直播分享 + 直播后的文字稿分享"这样的形式交付干货内容，也是一种差异化服务。明年我们依然会提供这样的服务，因为现在大多数社群要么只提供文稿，要么只提供直播，二者兼备的社群寥寥无几。

我们另外一个服务的差异化，就是我们通过专业生产内容（Professional Generated Content，PGC）的方式进行内容输出。有很多社群其实采用的是用户生成内容（User Generated Content，UGC）机制，即社群成员都可以发帖，每个用户都是社群的内容生产者。

现在我们的社群成员比较多，如果开放发帖的权限，那么每日发帖的数量会急剧增加，但质量并不会有所提升，反而会出现很多营销广告，破坏用户的使用感受。

所以，开放发帖功能虽然是给每个成员多提供了一项服务，但是增加了这个服务之后，所有成员的行为加起来又会降低整个社群的服务质量。所以有时候减少一项服务，反而能提升整体的服务质量。

现在我们社群发布的帖子都是我或是嘉宾分享的干货文稿，所以你进入社群，看到的都是质量非常高的内容。我们减少了服务数量，提高了服务质量，这个方式我们也会继续坚持。

所以大家在设计产品服务的时候一定要去想，怎么才能在服务上做出优势？尤其是当你的同行都在做同一件事，如果做不出差异化，自己就没有太大的价值。反过来说，由于一个项目构成要素比较多，我们只需要在几个要素上做一点不一样的东西，就很易做出差异化。

第二节

案例：打造成功案例，积累 IP 的立足根本

一、成功案例永远是 IP 的成立根本

一个 IP 做得好与坏、成功与否的标准是什么？答案就是"成功案例"——作品。

打个比方，你想成为一个教别人写"爆款"文章的 IP，如何判断你是否能成功？其实就是看你在这个方向上有没有成功案例。比如你写出过阅读量超过 10 万的文章，数量越多当然就越成功。成功案例永远是 IP 的成立根本。

举个例子，我经常会对学员说，一篇文章好不好看主要取决于两点：第一点是思想性如何，即文章的观点、认知、经验、方法论这些干货写得怎么样；第二点是案例故事讲得怎么样。在二者都做得比较好的前提下，还要看二者的匹配程度。案例故事讲得生动形象，很好地佐证了观点认知，读者才容易被说服，才会认同你的观点。

写文章是这样，打造个人 IP 也是这样，一个成功的个人 IP，一定要有成功案例。而且我们的成功案例一定要能够印证我们的认知和方法，证明它们是正确的，是行之有效的。

作为一个个人 IP，自己必须是这套方法论的最佳实践者；要告诉大家，自己就是这套方法论打造出来的最佳作品。否则，说服力就会大打折扣。

我的写作方法论，培养出来的最好的人才就是我自己；我的时间管理的方法论，打造出来的最好的产品也是我；我的个人成长的方法论，我自己就是最直观的作品。成功案例永远是 IP 成立的根本。

二、成功案例要比别人成功 10 倍

刚刚我们说，成功案例永远是 IP 成立的根本，那么成功案例要做到什么程度？答案是要比别人成功 10 倍。

有很多人说比别人成功 10 倍是不是太难了？其实不是。我要表达的不是和行业顶尖 IP 比，你要做到成功 10 倍，而是和大部分人相比。因为我们的产品最终的受众是普通大众，只要能在某一个领域、某一个行动上、某一项成绩上做到比大部分人成功 10 倍，就是好的成功案例。当然这个 10 倍只是个虚指，因为我们也没有办法精准地测量，只能这样强调我想表达的重点。

大部分人对一个个人 IP 的喜欢和崇拜源于什么？答案是成功落差。只有拉开 10 倍差距，成功落差才足够大，作为理想人才有更强

的吸引力，作为个人 IP 才更加成立。

什么叫成功落差？比如，你和另一个人同时在减肥，他看到你的减肥成果后觉得差距太大了，感慨你怎么能这么厉害？你和另一个人同时读书，他看到你的读书成果，觉得差距怎么这么大？有了足够大的成功落差，对方才会仰慕你，才会把你当作榜样。

职场上也是这个道理。两个人是同事，如果你比他厉害一点点，他就会想着怎么超越你；但是如果你比他厉害 10 倍，他就不会有想要和你竞争的想法，因为你直接把对方征服了，他只会变成你的追随者。

举个例子，在 2022 年北京冬奥会后，除了谷爱凌和苏翊鸣，大家还知道其他冠军的名字吗？大多数人只知道谷爱凌和苏翊鸣。为什么同样是拿了金牌，谷爱凌就成了年轻人学习的偶像，被那么多人喜欢，而其他冠军，我们连名字都不知道呢？因为谷爱凌既是滑雪冠军，也是时尚模特，还是斯坦福大学的高才生。她的性格也是开朗乐观，充满正能量，她是全面的优秀。

三、10 倍成功要付出 10 倍行动

对大部分人来说，怎么能做出比别人成功 10 倍的案例呢？方法就是要付出 10 倍行动。

稻盛和夫经常说："付出不亚于任何人的努力。"想要比别人成功 10 倍，就要付出 10 倍行动，尤其是在起步阶段，想让自己在人

群中脱颖而出，就要疯狂行动。

我写出了几篇阅读量超过 10 万的文章之后就告诉自己：还得继续！写 10 篇、20 篇不够，得写 30 篇、50 篇，甚至 100 篇，才能真正让我的个人 IP 形成影响力，才能让别人觉得我是碾压式的成功。同时，我还要冲击更高的阅读量——100 万。

在我写出阅读量超过 100 万的文章之后，"视觉志"的一位编辑写了一篇文章叫《谢谢你爱我》，阅读量有 5000 万，这件事在整个行业引起了很大的反响。我就在心里想：原来写出阅读量千万级的文章也是有可能的。所以，我就一直在追求写一篇阅读量千万级的文章，终于在 2020 年梦想成真了。那时候，我才觉得这个 IP 真正立住了。

这就叫付出 10 倍行动，创造 10 倍成功。我也是持续写了很久的文章，才让自己的 IP 形象真正立住。现在几乎没有人质疑我在写作方面的 IP 成不成立，因为成功案例可以说话。

所以个人 IP 想要立得住、想要长期立得住，就要付出 10 倍的行动。当然这个 10 倍行动可以有很多努力的方向。

1. 数量

举个例子，有的人能做到写作连续日更 100 天就很厉害了，但有人做到了连续日更 600 天，这是在数量维度上付出了 10 倍行动。

别人坚持早睡早起 1 年，你已经坚持了 5 年，这也是数量维度上的 10 倍行动。在这一点上，我建议大家要知行合一。

2. 质量

除了数量维度上的 10 倍成功,还有质量维度,就是单个方向上的极致成绩。

比如有人可以在日更数量上和我形成差异化竞争,他可以做到日更 600 天,我做不到,但是在文章质量上,我可能是他的 10 倍。

3. 多维度加成

作为一个做新媒体的个人 IP,我在多个维度上都付出了 10 倍行动。我写了很多篇"爆款"文章,还连续直播 100 天,累计更新了几百条短视频,持续做到一年至少上线一门新课程等,这些是我在多个维度上付出的 10 倍行动。这些多维度的总和加成,最终会让我收获更丰硕的成果。

四、按照理想人的设计要求去经营人生

有时候,成功是设计出来的。我们先在脑海中构想一个成功的蓝图,按照理想人的设计要求去经营自己的生活,设计自己的人生。

举个例子,我在一家公司上班,如何从一个普通员工晋升为公司高管甚至成为合伙人,这个升职路径是要设计的。整个过程中要取得什么成绩,应该让老板认识到自己的哪些能力,需要做哪些事情证明,需要借助什么样的资源等,都要设计构思,形成明确的行动路径。

我们在做个人 IP 的时候,也要有这种设计思维,具体表现为制

定自己想要达成的目标，设计什么样的标签和人设，如何完成某些事情等。

那么"按照理想人的设计要求"是什么意思呢？就是说理想人身上有很多非常优秀的品质，必须按照那些标准去设计自己的生活和人生。我们之前讲过五种理想人，行动理想人、成绩理想人、知识理想人、三观理想人、人品理想人，甚至是综合理想人，要做到这些必然要提高对自己的要求。

假设你想成为行动理想人，自己就必须是一个行动力很强的人，必须是一个有恒心的人，必须是一个敢于面对困难、面对挑战的人。当你想要放弃的时候就要告诉自己，我的目标是成为行动理想人，所以不能放弃。

我在"创业邦"工作时，有一段时间负责公众号的早报，每天 6:30 要收集整理科技互联网行业的重要新闻，然后在 6:30 ～ 9:00 发布在公众号的头条上。这件事我每天都要做，春节假期也不例外。当时过年在老家时根本没有网络，所以我就面临一个选择：我是自己解决这个问题，想办法克服困难，坚持做下去；还是选择向同事求助，请同事帮忙做几天。

这虽然只是一件小事，但当我在生活和工作中遇到类似的选择时，脑子里就会浮现一个场景：如果我能够把这个问题解决了，就会变成一个精彩的故事，这个故事就会展现出我有什么样的品质或者什么样的能力，所以我一定要自己去解决。

　　这就是按照理想人的要求设计自己人生的思路。当人生遭遇困难和挫折的时候，也正是书写人生好故事的契机。我们不感谢挫折、不感谢困难，但是既然它来了，就要利用好。最好的故事不是最终成功的那一刻，而是克服困难的那一刻。

　　如果我们最终能成为理想人，那么一定是因为我们按照理想人的样子去要求自己，且在每一点上都做到了。甚至当我们对一些事情表态、对一个社会热点表达观点时，也要提醒自己，一个理想人应该在这件事上秉持什么观点，然后再去表达、去写作或者发声。如果你一直在这样表达，慢慢地就会把自己塑造成这样的人，最终成为一个品德更高尚、更有格局的理想人。

　　有人可能会问这样活累不累？就像前文提到过的，如果没有知行合一就会很累，如果能做到知行合一就是浑然天成，轻松自在了。

五、在打造 IP 的过程中像电影一样做记录

　　记录生活很重要，但是很多人不够重视。如果你要给大家展示成功案例，那些最能体现真实性的细节从哪儿来？就是这些生活中的记录。

　　我有一个习惯，就是走到哪里都喜欢拍照，有什么想法也都要记下来。我还喜欢发朋友圈、写文章、拍视频，这些都是记录。我制作过一个短视频《一个普通男孩的十年》，很多同行都感慨说："你是不是早就知道自己会成功，所以把那些照片都留着？"

　　为什么是像电影一样做记录？因为电影有字幕、有视频、有音乐，所以这些要素我们也要具备。要养成通过各种形式记录生活的习惯，这样当你去展示这个 IP 的时候，才有大量真实的素材去支撑 IP 的形象。

　　大家要想打造个人 IP，就必须按照将来一定会成功的设想来记录努力的过程。在打造 IP 的过程中像电影一样记录，这样当你要去宣传自己的 IP 时，就有大量的真实有细节的素材。

第三节

用户：通过优秀用户案例 10 倍升级个人 IP

在本节开始之前我先给大家讲一个故事。

东汉时期有一个名医叫董奉，他少年学医，后供职于朝廷，再后来归隐在家，在后山中一边练功，一边行医。他医术非常高明，而且治病不收钱，重病患者痊愈后只要在山中栽杏五株，小病患者痊愈后栽杏一株。就这样日积月累多年以后，他的后山就有了上万棵杏树，郁郁成林。春天杏子熟的时候，董奉就在树下建了一个草仓来放杏子，需要杏子的人可以拿自己家的粮食来交换，之后他再用这些粮食赈济平民。这就是"杏林春满"的典故，用来形容医生医术高明。蔚然成林的杏树就是董奉医术高明的证明。

我讲这个典故是想告诉大家，你的 IP 是否成功，打造的产品是否成功，有两种宣传方式：一种叫自证；另一种叫他证。所谓自证，就是我每天都在说宣传自己的成就有多高、自己的产品有多好。但这样做性价比不高，说服力还弱。所谓他证，就是好不好不是自己说，而是让别人来评判。

所有的个人 IP 都应该达到的一个结果，就是别人来说我们好，而不是自己说自己好。

举个例子，我在直播间里说自己的写作训练营有多好、"新媒体变现圈"有多好，和你在另外一个博主的直播间听到他说粥左罗的课都很好，两种感受完全不同。

所有人都要努力营造让别人说我们好的氛围，或者通过一些方法和努力达到这样的结果，这是个人 IP 最成功的表现。

下面，我们正式进入本节主题，通过优秀用户案例升级个人 IP 主要分为三步：识别筛选、包装放大、持续宣传。

一、识别筛选

识别筛选，即把优秀的用户案例筛选出来。

很多人都有自己的学员，那么你是否知道这些学员中的哪些人可以被称为用户案例，甚至是优秀用户案例？如果不知道，就说明你没有做好这个工作。

IP 的粉丝越少，这一点越重要。因为小 IP 的学员不多、流量不大、势能不高，理应更重视自己的所有用户。

用户案例就是用户分别都参加了哪些课程或训练营，达到了什么效果，取得了什么成绩。这就是用户案例，好的用户案例会让个人 IP 变得更有说服力。

如果你是一个小 IP，目前还不知道自己产生了哪些好的用户案例，就需要反思一下，并且从现在开始重视这件事，以后将宣传自己的用户案例作为重点工作之一。

识别筛选基本上有三种方法。

（一）自然出现

所谓自然出现，就是没有刻意去筛选，没有刻意去发掘，也没有通过机制筛选，它是自然出现的。那么它是怎么自然出现的呢？

比如你有课程，有一些人每节课都去留言；你有公众号，每写一篇原创文章都有人去打赏、留言。这些人是自己出现的，不是用机制筛选出来的。

再比如你有一个社群或者做了一个训练营，做任何活动的时候这些人都会出现，都会在群里积极互动；他们每一次都认认真真地完成作业，也经常会在群里或者训练营里展示和介绍自己，积极地与别人去链接、沟通；他们经常自发地推荐你的课程和训练营，展示自己在这里的收获，也经常主动找你沟通，告诉你最近取得了什么成绩等。

这类用户不是我去筛选出来的，而是自然出现的。他们在各个层面都愿意更积极、更主动地展示自己，更愿意和别人沟通，更愿意向别人报喜。我们一定要珍惜自动出现的这些用户。他们其实都有一个统一的网络代称，叫作"自来水"。

为什么我会说"自来水"是最值得去珍惜的呢？因为他们和你

没有什么利益关系，主动帮你活跃了社群气氛，还进行了社群的宣传，甚至主动找你沟通，提供一些可以用来宣传的素材。

这样的用户，要细心维护，用心积攒，设置专门的标签和分组。只要坚持做标签、坚持分组，"自来水"会越攒越多。这些就是你的核心用户，是你的"铁杆粉丝"，值得被用心关注。

（二）机制筛选

我们可以在社群或训练营中设置一些作业、打卡和积分活动机制，学员依此产生排名。我的写作训练营一直设置了积分排名机制，排名前十的学员一定有值得我们去挖掘的闪光点，所以我们要去关注这些机制筛选出来的优秀用户。

"新媒体变现圈"也有积分排行榜，每个月都会有月度榜单，每周也会有周榜单。比如学员每天看早报，看每天中午的干货文章和直播分享文稿，然后点赞、评论就会有增加积分；按时提交作业、作业被很多人点赞也会有加分；给别人的作业和评论点赞也会有加分，等等。学员的每个动作都会留下痕迹，被系统打分，然后进行积分。

我每个月都会把前五十名截下来，再把每个月的排名叠加在一起，看看哪些人一年出现在榜单的次数超过三次，他们一定是非常好的用户案例，因为他们高频率、高质量地参与了社群活动。

最终，我们可以按照整年的总积分排名，对前十名用户进行一对一采访，或者让用户写一些心得体会。

他们的故事案例一定是非常好的素材，我把这些用户故事发到公众号或者是视频号上，一定能够吸引其他人。这就是通过机制筛选出优秀案例。

（三）主动征集

所谓主动征集，就是我们先刻意去做一些动作，然后再筛选。比如，我们第一期"百万定位七天实战营"结束之后，举办了一个有关学习收获的征文活动。这个活动本质上就是在主动征集优秀的用户案例，一百多人参加了实战营，有四十多人认真完成了作业，其中一定可以挑出很好的案例。等到 10 月开第二期"新媒体变现圈"的时候，就可以用这些优秀学员的案例作为宣传素材，吸引新的学员。

比如，哪些学员用所学的知识很好地武装了自己，做好了什么账号、什么课程、什么社群或者其他什么业务；或者哪些人参加了"新媒体变现圈"，用学到的知识改进了自己的业务，让自己的业务翻倍增长。我会在这件事上投入大量精力，因为这是我们第一期取得的成果，我希望第二期的学员比第一期人数更多，规模更大。

这就是一种主动征集，也可以叫成绩征集，就是主动把成绩最好的人筛选出来。还有一种主动征集的形式，就是按照分销数量进行筛选。

比如，我们第二期招新的时候可以做分销，在第一期结束的时候所有续费第二期的学员都有分销资格。假设新的一期售价是 3000

元，每成功分销一个学员就有 1000 元的佣金。到时候，我们可以做一个活动，比如所有成功分销超过 3 人的学员，除了有 3000 元的分销佣金，还会有额外的知识分享或课程指导。也可以对分销超过 10 人或者 15 人的学员，在原来佣金的基础上增加 10% 或 20% 等。或者建立一个核心交流群，专门吸收分销超过 10 人的成员。通过这样一个分销活动，我就把社群里最优秀、最愿意为社群付出的人筛选出来了，把这些人聚集在一个群里，一定会产生非常多的价值。

二、包装放大

假如你是一个小 IP，通过自然出现、机制筛选、主动征集三种方式，找到了 10 个或 20 个可以用来宣传的优秀案例，那么接下来要做的就是包装放大。

（一）包装

怎么包装？其实很简单，就是通过约稿和采访的形式来获取故事，再进一步打磨。

1. 约稿

约稿时需要注意的是，要给学员提供一个健康的思路和方向。

比如开场白可以是："你好，我是粥左罗，因为你在第一期'新媒体变现圈'做出的成绩最好，所以我想向你约一篇稿子，给大家分享一下你是怎么通过在'新媒体变现圈'学到的知识改进自己的业务，一步步做出成绩的，在社群里的学习方式是怎么样的，怎么把学到的内容应用于实践中。"

你可以给学员这样的提示，让他自己写一篇文章，内容最好要有案例支撑，字数不少于 3500 字等，给出具体的要求、提示或思路。

2. 采访

除了约稿，我们还可以去采访，事先设计几十个问题，对我们筛选出来的所有优秀学员逐个进行采访，把收到的答案整理编辑成文章。

约稿也好，采访也好，交付的内容都要再进行打磨。所谓打磨，就是像写一篇原创文章一样帮助学员认真地修改这篇稿子，做成一个非常好的案例故事。最重要的是，这个故事包含了我们想要用来宣传的所有内容，所以一定要多花时间花功夫认真打磨。

我每推出一个课程，都会有这样一项工作，征集学员故事，从头到尾地帮学员改标题、改开头、优化表达方式、取小标题、提炼金句等。

这项工作除了对我们有帮助，对用户也非常重要，因为用户也可以用这篇文章来宣传自己。所以其实是一个双赢的事情，这也是普遍适用的包装手法。

（二）放大

放大就是提升学员现有的成绩或能力。怎么帮助学员变得更好？重点是做好以下三点。

1.持续指导

什么叫持续指导?

举个例子,一些"新媒体变现圈"里表现好的"自来水"学员,经常对我说他取得了什么成绩。当他们向我咨询问题的时候,我一般都会非常认真地回答,认真地指导。我甚至有时候也会主动指导他们完成正在做的事情,帮他们做得更好。其实这也是在帮我自己,因为他们更优秀了,就说明我更优秀了。

2.背书支持

所有做产品想让我写推荐语做背书,或者做社群想邀请我去做嘉宾,做训练营想让我去分享,我都愿意支持。因为我知道这些对很多人来说很重要。

打个比方,"新媒体变现圈"里有学员做了一个三五百元的付费社群,为了展示自己的实力,提升自己的势能,会请我到社群里做一次专属分享,我是可以接受的。

比如我去牧心老师的社群分享过,也去末末熊老师的社群里做过私密分享。当天晚上分享完之后还有几个用户加入了我的社群,这也是双赢。

对我来说,因为你是我的学员,帮你变得更有影响力也会证明我的优秀。

3.流量支持

流量支持就是为学员们进行引流。我会把自己的一些流量拿出来支持一部分人。比如那些社群中有很多贡献的人，总是帮我宣传各种活动的人，一直都在支持我的人，这样的人有写好的文章，我会用我的公众号去转载；或者他们有特别重要的活动，我也会去参加。

我们用自己的流量去支持用户，然后进行放大，实际上就是一种资源共享。

组织管理的核心其实利益分配。

管理公司最重要的是利益分配，把利益分配合理，整个运营团队就不会涣散。社群运营也是如此。

假设我做一个社群的利润是 500 万元，就可以拿出 100 万元来回馈给社群成员，为优秀成员提供更多的福利和支持。用这种方式做社群，这个社群的发展就会越来越好。

很多人其实没有分享利益的魄力，或者没有想到应该这样。做社群本身就是做圈子，那么一个圈子的利益，就应该分享而不是独享。分享部分利益，就有一部分人会因此更愿意支持你。

当社群的体量逐渐发展到自己一个人无法管理的时候，就需要其他有能力、愿意支持自己的人。那他们为什么支持你？一方面是因为他们喜欢你、信任你；另一方面是因为你会分享给他们想要获得的利益。这种利益绑定的模式值得每个人吸收利用，合理的利益分配在运营一个组织、运营一个团队、运营一个社群、运营一个社区时都是非常重要的。

三、持续宣传

当你打好了以上两个基础，接下来要做的就是持续宣传。

1. 要持续主动地宣传

首先我们要做一件事——熟悉自己的优秀案例。这样在做演讲、做直播、做一些线下课甚至平时做分享的时候，才能随时调用这些故事案例进行解释和宣传。

2. 要多渠道进行宣传

多渠道宣传，就是要把这些优秀的用户案例通过各种方式进行宣传，比如在课程和文章中体现，在产品的详情页里宣传，在直播或者社群里分享等，实现最大化转换新用户。

比如我们的"21天写作训练营"和"30天高阶写作变现营"，商品详情页里都有优秀学员的案例，有他们的头像、名字，还介绍他们取得了什么成绩等，这对于宣传来说是非常重要的。

3. 让案例用户直接宣传

这一点是宣传过程中最重要，也是最容易被忽略的。这又与自证和他证相关。

比如我说某人是我某个课程的优秀学员，他取得了什么成绩，这其实只是在我说。我来说固然重要，毕竟是一个真实案例，但是如果我把他请过来，让他自己讲一讲通过这门课程学到了什么，这样会更好。

我们"新媒体变现圈"过去请了林开心、牧心、崔永旺、花生、鱼鱼来做分享，这些人都曾是我的学员。不知道大家有没有发现，这些嘉宾来做分享的时候，都会忍不住说自己什么时候听了粥老师的课，有什么收获；或者什么时候看了粥老师的一篇文章改变了自己；或者参加了粥老师的写作训练营之后取得了怎样的成果，他们都会主动分享这些事情。

所以，我们要学会把优秀用户邀请过来给其他学员做分享，他们讲出来的经验分享比我们自己去做这件事更有说服力。

除此之外，这些案例尽量每年进行更新，以及案例内容要尽可能涉及多个维度。

比如，我们会收集不同职业背景的学员案例。有一些是宝妈，有一些是自由职业者，有一些是新媒体行业的从业者，有一些是创业者或其他行业的高手等。维度多了以后，其他人就会有更强的代入感。

第四节

宣传：宣传成功案例，建立高认知度标签

首先，我们思考一个问题：为什么要宣传自己？答案是以下两点：

第一，如果你是靠影响力活着的人，宣传自己是必修课。

第二，总有人还不认识你，认识你的人总是还不够了解你。

我们打造个人 IP 的目的，说通俗一点就是靠影响力变现，所以，学会宣传自己是必修课。

首先，总有人还不认识你。很多人会有一个认知误区，觉得自己的经历都反复说过无数遍了，没有再说的必要了；还有很多人认为自己已经直播很久了，自我介绍可以省略了。可是，事实是总有人还不认识你。

我的公众号和其他自媒体平台上的粉丝数加起来大概有 150 万，

但 150 万才占中国十几亿人口很小的一部分，依然还有非常多的人不认识我。所以每一次写文章、做直播，甚至出书，我们都应该好好介绍自己。这就好像我们在任何一个自媒体平台上运营账号，第一步就是要上传头像、填名字、写自我介绍，因为我们需要让别人认识自己。

其次，认识你的人总是还不够了解你。我不断地通过各种形式和角度反复讲自己的故事，就是因为很多人知道我，但是还不够了解我。假设我是一个系统，很多熟悉我的人到目前为止可能也只了解了整个系统的 10%。因为一个人太复杂了，他做过的事情太多，有很多经历大家都还不知道。

所以我们需要宣传自己，因为总有人还不认识你，认识你的人总是还不够了解你。我们之前说过成功案例包含两种：一种是自己做出来的成绩；另一种是你的用户做出来的成绩。你永远都是自己那套方法论的最好案例，所以，宣传你的成功案例本质上就是宣传自己。

一、深度宣传成功案例

（一）不要一笔带过，要展开说说

宣传自己的成功案例时要深度地宣传。我和很多学员已经接触得比较多了，但我对他们还不是非常了解，很难在心里勾勒出一个非常立体的形象。因为很少有学员认认真真、从头到尾、充满细节地讲自己是一个什么性格的人，有着怎样的经历等。很多人分享自己的经历时容易出现一个误区：总是喜欢一笔带过。

在成长的过程中，当你觉得自己做成了一件事或者有一个特别好的用户案例值得宣传时，一定要详细叙述，不能一笔带过。比如，我去年做到连续直播 100 场后，至少应该写两三篇文章去详细分析这件事。我可以写为什么要连续直播 100 天，可以写连续直播 100天的过程中经历了什么，还可以写在这 100 天直播的过程中收获了什么，这三个话题每一个都值得写成一篇文章。

深度宣传自己的故事案例就是要分享其中的细节，包括心理活动和克服困难的过程。

（二）不能只讲故事，要提炼升华

我们宣传案例时不能只讲故事，还要传达思想、认知、方法论，或者展示自己的价值观。例如，我现在要分享自己连续直播 100 天的经历，那么我一定既要讲故事，又要分享我的价值观。

在连续直播 100 天的过程中，都有哪些故事呢？比如我怎么在自己的婚礼期间坚持直播的；我去山东参加朋友婚礼的时候，怎么做到既参加婚礼还不耽误直播的；怎么去向酒店借白板和在深夜的三线城市买到记号笔的……这些过程讲出来都会是一个个好故事。

所有克服困难完成目标的经历，都是好故事。我讲了克服困难完成了连续 100 天直播后，最终要给用户传递一个观点：承诺过的事情就一定要做到。这个观点就可以升华成这个故事的主题。

每一次讲案例时，不管是自己的故事还是用户的故事，一定要提前想好讲这个故事的初衷或目的是什么。

总结一下，我们说的深度宣传成功案例要从两个维度展开：第一个是讲述重点事件时，不能一笔带过，要展开说说，讲故事、讲细节；第二个是除了讲故事，还要提炼升华，最终总结并传递一个观点、认知、方法论、价值观等。

二、多个维度宣传成功案例

以我连续直播 100 天为例，这件事我可以从多个维度讲很多次。当我要写"坚持"这个主题时，可以写连续直播 100 天的故事；当我要写"执行力"这个主题时，也可以讲连续直播 100 天的故事；我想要讲"大力出奇迹"的方法论、讲作品思维、讲刻意练习的成长方法等很多场景时，都可以讲连续直播 100 天的故事。

任何一件事，我们都可以从无数个视角去看它。因为任何一件事都不是独立存在的，总是和其他事情都有着千丝万缕的联系。这就决定了你可以通过很多不同的维度去讲同一个故事。

其实也可以这样想，像可口可乐、耐克等品牌，每年都会反复拍很多广告片，投放在各种渠道上。他们拍的每一则广告，其实都是讲这个品牌的价值观或特质。虽然故事是不一样的，但是它们传达的理念是一样的。这也是一种维度，从不同的维度上去讲产品为什么好，这也是多维度宣传。

三、重复宣传成功案例

（一）一个案例多次重复

如果只有一个案例，那么一定要多次重复地宣传，因为总有人不知道。从另一个角度讲，即使你给那些知道的人再讲一次也没问题，就像好的电影很多人都会看好几遍，每次看都有不同的收获。

我们的公众号有时也会重复推送一些好文章，每一次推送都有很多没看过的人看，看过的人再看一遍也还是觉得很有收获。所以，那些精彩的故事被反复拿出来讲也没问题，一方面可以扩大传播范围，另一方面也可以加深大家的印象。

重复是最好的宣传方式之一。我们能够记住的广告语，很多都是因为重复，像"今年过节不收礼，收礼只收脑白金"就是靠不停地重复，才让你记住了它。我们宣传自己的个人 IP 也要遵循这个道理，只有不断地重复，用户才能把你的标签和对你的认知刻在脑海里。

（二）多个案例多次重复

为了宣传某样东西，我们可以找多个案例，然后多次轮换着在直播、公众号、短视频等渠道重复分享。

举个例子，为了传达粥左罗的写作课很有实践性，我可以写三个案例，每个案例都在各个渠道去重复宣传；或者为了宣传粥左罗是一个写作高手，我也可以写十个案例，每个案例都重复讲很多遍。

我要讲我在写作上有非常丰富的实战经验，就可以拆解一些阅读量超过百万的文章，我可以重复去讲拆解案例，以此宣传自己实战经验非常丰富。

（三）长周期持续宣传

个人 IP 一定要接受长周期的重复，千万不要觉得过去已经讲得够多了，以后就不用讲了。你要明白一点，喜欢你的人也会有一个喜欢周期。

当一个用户开始接触你之后，他会通过各种资料去了解你，比如通过朋友圈或公众号文章，了解之后觉得非常喜欢，喜欢之后又想跟随学习。在学习了一段时间之后，他可能会更喜欢你，也可能会慢慢不那么喜欢你了。

任何一个公众人物，任何一个 IP，他的粉丝都是不断变化的。所以，我们要明白两件事：第一，总会有新的用户喜欢你，他们渴望更多地了解你，希望你分享更多自己的故事，这就需要长周期持续地宣传自己；第二，总会有粉丝不再喜欢你，有一些粉丝可能今年特别喜欢你，明年淡了，可能再过两年又重新喜欢你，这种也是循环往复的。

所以，我们一定要有长周期持续宣传的认知，不要怕重复，甚至要主动去重复。

四、多渠道宣传成功案例

多渠道宣传就是在所有能宣传自己的地方，尽可能多地宣传，尽可能地扩大自己的影响力。

比如，我们一定要发朋友圈，在朋友圈扩大自己的影响力。很多老板的朋友圈是由员工代发的，这一点上我的看法是员工可以管理小号，去复制大号的内容，但是大号上的内容还是应该要 IP 自己输出。

我们要做有灵魂的事情。朋友圈是一个宣传自己的渠道，我们要通过它来扩大自己的影响力，其他渠道，像微信群、公众号、抖音、小红书、知乎等，也一样。

现在任何人过来问我：短视频应该做抖音、B 站还是小红书？我都会回答：建议同步更新。因为那些能够影响别人的地方，如果你不去占领，那么别的 IP 就会去占领。所以我们必须在各个渠道上扩大自己的影响力，要在不同的渠道上布局。在有精力的情况下多多兼顾，但不能贪多，否则可能适得其反。

另外一个特别重要的原因是不同的平台，受众群体也会有所区别。为此，我们在不同的平台进行宣传，也是为了吸引不同的受众群体。

所以，一定要多个渠道宣传成功案例，才能让更多的人认识你、喜欢你。

五、多种形式宣传成功案例

多种形式包括照片、文章、视频等多种形式。我们不能只发短视频，也不能只发文章，因为大家在看不同形式的内容时，感受是不一样的。

举个例子，我会经常在朋友圈发自己的照片。因为我是做 IP 的，帅也好，丑也好，普通也好，个性也好，都应该多去分享自己的照片，或者发一些个人的视频，这样个人 IP 才能打造得非常立体。

大家千万不要觉得自己不好看，就不发自己的照片。其实可以换位思考一下，如果你关注了一个自媒体账号，但是从来不知道这个博主的长相，他也很少分享自己的生活照片，你就会觉得自己和这个人还是有距离，不会觉得特别亲近。

尤其是现在，大家很多时候是线上交流，如果我非常清楚地知道对方的样子，那么我就会觉得在和一个看得见的人沟通。直播也是如此，我在视频号上直播，大家都能看到我的模样，如果我的直播变成语音分享的形式，可能就会和大家产生距离感。

所以大家平时在朋友圈也要发一发生活中的经历和照片，但是也不要发太多，否则就变成自恋了。打造个人 IP 这件事，从来不需要神秘感，比如明星们恨不得所有人都认识自己，一看到照片马上就能辨认出来。

不同的宣传形式会给用户带来不同的感受。当一个人敞开心扉，讲述自己的一些经历时，我看文字就会特别有感觉，尤其是安安静静地看，会觉得好像在与他灵魂交流。我在看一些特别喜欢的 IP 写的个人经历的文章时，就会觉得走入了他的内心。这种感觉也很好，和看视频、看直播不一样。

音频也是一种形式，有些 IP 会在喜马拉雅、小宇宙、荔枝等一些音频平台上做播客。大家应该多去尝试不同的宣传形式。

如果你从来没有直播过，也可以尝试直播。直播是一种快速建立信任的方式，可以把一些细节展开去讲。

出书也是非常好的形式，出书是在打造个人 IP 最好的形式之一。如果给几种不同的宣传方式排名，那么出书能够排到前三名。因为书是一次深度的影响，看我写的一篇文章和看我写的一本书，被我影响的深度是不一样的。看我的一篇文章，你可能了解到的是一个点、一个故事、一个经历；但是看我的一本书，可以了解我的整个 10 年或 30 年的经历、我的三观，等等。看一篇文章可能学会一个方法论，但是看一本书，吸收到的是系统的方法论。

有一些 IP 会坚持每年出书。比如李筱懿、吴晓波等人出书的频率都是非常高的，出书对他们来说是打造个人 IP 最重要的形式。

其实日历也是一种形式，很多人都通过日历建立了自己的品牌，比如"生财有术"的日历就是非常成功的案例之一。如果能够定制一些个性化的产品，作为宣传自己的工具也都特别好。

知识地图也是一种形式。有些人会把自己的方法论整理成思维导图印在桌垫上，这样就可以铺在办公桌上，每天都会看到。

书、日历、知识地图，包括其他一些实物产品，它们还有一个附加价值，就是会放在书架或书桌上，在你面前持续曝光。

最后我还想分享一点，打造个人 IP，一定要建立丰富的、立体的、多维度的标签。不仅是建立专家的身份标签，还包括其他很多方面。

举个例子，你是一个有什么价值观的人，你是一个什么性格的人，你有什么样的爱好等，这些都是你的标签。所有这些不同维度上的标签，最终构建了一个完整的形象。有了丰富、立体的标签，个人 IP 才是有血有肉、值得信赖的。

另外还有一点需要特别重视，就是标签要不断迭代。

你三年前的个人介绍和今天的个人介绍，应该有一些差别，因为在不同的人生阶段，想要突出的东西也不同。你正在做的事情变化了、你建立的商业模式不一样了，你的介绍和标签也应该随之变化。

比如当我更想推广新媒体产品时，就需要强调自己是一个新媒体实战专家，在新媒体上有哪些成绩，我的公众号、视频号、抖音做得怎么样，直播做得怎么样，知识付费做得怎么样等。但是当我想突出自己的写作能力时，我的标签就会重点突出写作这个方向，就需要讲我写了多少篇阅读量超过 10 万、100 万的文章，还写出过阅读量超过 1000 万的文章等。

总之，打造个人 IP 是一个迭代式发展的过程，标签也在随之迭代，要不断优化更新，在不同的阶段讲不同的故事，在发展的过程中不断地展示自己。

第五节

作品：如何在所选领域升级个人 IP

很多人已经有自己的个人 IP 了，那么如何持续升级自己的个人 IP 呢？

一、什么是代表作

我们先讨论一下什么是代表作。

首先，我们要知道并不是只有作者才有作品，作品不一定指的是文章。

如果你是摄影师，你的作品就是你拍摄的照片；如果你是设计师，你的作品就是一张设计图；如果你是导演，你的作品就是一部电影或电视剧；如果你是社群运营人员，你的作品应该是你运营过的社群；如果你是后期剪辑，你剪辑发布的短视频就是你的作品。

各个领域、各种岗位、各种技能的人都可以有作品，每个人也都应该有自己的代表作。总体来说，代表作就是能证明实力、代表最佳水平的作品。从这个角度去理解，每个人不管从事什么工作，都可以积累出自己的代表作，用来证明自己的实力，代表自己的最高水平。

我们是一家内容公司，经常招聘新媒体编辑，每次招聘时，我们都需要应聘者在简历中附上 5 篇代表作的链接。然后，我发现有很多新媒体编辑，从业两年甚至三年以上了，提交的 5 篇文章根本无法称之为代表作。可能是因为他实力差，也可能是因为他没有作品意识。在过去的工作中，他没能认真地写出几篇好的文章，只是日常平庸地努力，所以做出来的成绩也是平庸的。

一个人写了 100 篇文章，没有一篇能达到 9 分，全都是 6、7 分的。很多时候不一定是做不出来，而是没有意识到自己必须做出几个 9 分的作品，所以一直比较平庸地努力。这其实也是大部分职场人工作的常态，只是完成工作而不是做到完美。我们不一定每次都要做到完美，但至少在职业生涯里要追求几次完美，而不是永远都只是完成。

假设你要写 100 篇文章，如果每一篇都追求完美确实太累了，因为每一个作品都追求完美需要投入大量的时间和精力。我们可以把其中 90 篇都正常完成，剩余 10 篇用追求完美的态度把它们做到最好。一年后你写了 100 篇文章，并且积累了 10 篇好作品，这就是一种做事思路。

所谓的代表作，它应该是非常突出的。不用自己宣传，也不用别人多加判断，就能够识别它的好。

如果你抛给我一篇文章，我可以通过哪些角度判断它是否是一篇好文章呢？

首先，可以看它发表在什么平台。比如你发给我的链接是在"十点读书""洞见""帆书"这样的平台上，就能初步判断这称得上是作品。因为我知道这些平台的发稿标准非常严格，投稿的人也特别多，他们从来不缺稿子。如果稿子能发表在这些公众号上，我们就知道它是个质量上乘的作品。

其次，如果不是发表在这种平台上，就需要看一下阅读量或点赞量。比如你发给我的是一个知乎回答的链接，我点进去一看才20个赞，这就不太行。或者你发给我一篇公众号文章，这个公众号本身不是知名账号，这篇文章阅读量只有500，那想说这是一个人的代表作就需要进行更多的解释。在我看来，如果一个作品需要解释，就称不上代表作。

举个例子，我们要邀请一位嘉宾来"新媒体变现圈"做分享，同事提交了一位做短视频的老师的资料，我没有通过。他的抖音粉丝量是20万左右，但是每条视频的点赞数非常少，只有二三十个；他的小红书视频点赞量基本上是每条一两百，但是他的课程销量只有40份左右。他全网粉丝有几十万，只有一个核心课程，按理来说这门课卖上千份是没问题的；即便没有上千份，卖几百份也可以。但是销量只有40份，那就说明他的课程就没有明显的优势。所以，我觉得这位老师不太适合来做分享嘉宾。

反过来看也一样，我找很多嘉宾老师来分享的时候，也不太需要解释"新媒体变现圈"为什么值得来做分享，我只需要抛出两个数据就可以了。我说："某某老师你好，我是粥左罗，做了一个社群叫'新媒体变现圈'，客单价大概是 3000 元，目前有 1300 多名学员，想邀请您来做一个分享。"他看到我的这段话，马上就会抓取到两个关键信息，一个是客单价接近 3000 元，一个是 1300 多名学员，是否值得他来分享，他自己就可以判断。

所以，代表作不是你自己说好就可以，而是市场和用户说好；我们一定要制造一些直接的印象，进行一些直接的展示。

二、代表作的意义和价值是什么

好的作品自己会说话，可以为个人 IP 赢得信任。要想打造个人 IP，打个人品牌，必须有代表作；如果没有，就会处于一种尴尬的境地。

我不会通过一个人的语言来判断他值不值得信任，只会去看他的行动。大家更愿意相信一个人做到了什么而不是说了什么，所以，你只要展示你做到了什么就可以。这就是为什么要想打造个人 IP，就必须有代表作。

有了代表作之后，它会给你带来什么样的价值呢？

（一）向下的价值

向下指的是什么？向下是征服用户，提高转化率。

举个例子，很多人第一次进我的直播间就买课程，这其实是不合理的。因为积累信任应该是一个相对漫长的过程，自己做个人 IP、做知识付费产品的人都明白这个道理。但是为什么有很多人第一次进我的直播间，就会直接下单购买课程呢？很多时候不是我讲了什么内容说服了他，而是他自己阅读了我的课程介绍，或者关注了我的公众号、视频号，了解到我的代表作和成绩。要是只靠嘴说，让用户来评判，信任建立就会比较慢。

所以有了代表作之后，就可以向下征服用户，无须讲太多，直接把结果罗列出来就可以。

我们写作训练营，从体验营转化 21 天训练营和 30 天变现营，转化率几乎可以做到 20%，也就是说每 10 人来体验，就会有 2 人下单，这个转化率是非常高的。这么高的转化率不取决于我的销售话术有多么厉害，销售技能有多么强，而是取决于我的代表作和我的实力。

（二）向上

向上指的是什么？向上是赢得认可，得到机会。

如果你是一个小 IP，就要靠自己的代表作赢得中 IP 和大 IP 的认可，因为很多机会、资源和话语权都掌握在他们手里。只有被认可，才能更容易得到机会，这也是一种向上管理。

我要找"新媒体变现圈"的分享嘉宾，肯定会选一些做得很好的中 IP。筛选时，我会重点看他有没有自己的代表作。比如他的视频号点赞量，小红书粉丝量或者他的社群口碑，他写过的文章阅读量和精彩程度，文章内容是不是用心做的，等等。

很多人觉得自己不需要向上获取资源，这其实是错误的认知。2015 年前后，我也觉得自己不需要这些大咖的帮助，自己能力强就可以了，但是我越来越发现不是这样的。现实是一个领域的精英和翘楚，掌控了这个行业 70% ~ 80% 的资源。你在一个领域里发展，如果不能得到他们的支持和帮助，想要做出特别卓越的成绩就会更加艰难。

举个例子，罗振宇创办了"得到"，他请吴军、薛兆丰、梁宁等各个领域顶尖的专家去讲课，当年还请了罗永浩等著名的企业家去做分享。如果没有这些行业里顶尖的人支持，"得到"可能不会有那么大的能量和势能迅速征服用户。

没有哪个人能够仅凭自己的个人能力就能在一个行业里做出一番成就。如果现在觉得不需要别人，只靠自己就行，那能说明一个问题，就是目前的事业做得不够大。如果你的事业做得稍微大一些，就会发现你离不开行业的加持，离不开很多人的帮助。

我们要想获得行业精英和专家的支持，更需要有自己的代表作。大的 IP 都有一定的影响力，有自己非常好的口碑和个人品牌，为了自己事业的安全性，他对作品的要求也会更高。

（三）向左向右

向左向右是什么意思？就是赢得同行的尊重，得到同行的支持。

同行的尊重和支持也是在这个行业里能够做出成绩的重要原因。一方面，要广结善缘，不要因为宣传自己而贬低别人；另一方面，你只有真的三观正、人品好，以及做出了大家都认可的代表作，才能真正赢得同行的尊重和支持。

也许用户很难判断你的水平，但是同行很容易做到。

举个例子，一个课程或社群的客单价是 2000 元，可能用户不太知道内容是否真的优质、讲师水平到底如何。但是作为同行，他们非常容易判定这个课程或社群是不是在欺骗用户，产品是不是真的值 2000 元。所以，你是骗不了同行的。

综上所述，我们必须要有代表作，向下、向上、向左向右，都需要展示代表作。做个人 IP，打造个人品牌，永远要记住一句话：一个代表作顶得上 100 次的平庸努力。这是一种认知，也是一种思维方式。你不可能靠足够多的平庸努力赢得成功，在任何一个领域都是如此。

三、如何在你的领域做出代表作

（一）时间和精力不要平均投入

写文章或做短视频，是不是每篇文章都要花 3 小时来写，每一条短视频都要用 3 小时来制作呢？如果遵循这种做法，就是渴望用无数次的平庸努力赢得成功。正确的做法应该是大部分文章都是花 3 小时写，但一定要有 10% ~ 20% 的文章用 10 小时、20 小时，甚至 30 小时来打磨。

做短视频也是这样的，平时的短视频你可以花 1 ~ 2 小时完成，如果有一天要做一个自我介绍的短视频，就不能用短短的几小时去做，而是要用 10 小时、20 小时，甚至 30 小时做。我们要有重点，有倾斜。

（二）不要平均投入资源

不要每一篇文章和每一条短视频都动用自己的所有资源。

我现在发在视频号上的短视频，基本上都只在公众号第四条的位置推广，也不会不发朋友圈分享。按理说我发布一条短视频，用私人微信号分享到朋友圈，肯定能多几十个点赞。之所以不这样做是因为如果资源用来平均推广所有内容，结果就是所有内容都只是获得平庸的成绩。

每个人的资源就这些，只能用来做"大力出奇迹"式的推广，去推广那些自己想让它成为代表作的内容。如果有一天，我想让某一条视频成为我的代表作，想让更多的人看到，想让那条作品点赞量超过 1000、2000，我就会动用公众号、朋友圈等更多的资源去努力推广。

一定要记住，每个人的资源是有限的，永远不要平均分配给每个任务，因为资源不是无休止可以利用的。

物以稀为贵，所有东西一旦变多就可能贬值。如果要用朋友圈打造个人 IP，更不能那样做。把自己做"贵"，做出品质感来，一定不能只靠数量堆积。

（三）不要平均使用人际关系

我们想把一个东西做得很出色，确实需要一些朋友的帮助，需要一些资源来加持。但是我们不能随便动用那些资源，否则关键时刻就无济于事。即使很多人际关系可以调用，也不能过于频繁，最好只在最关键的时候用。

（四）始终坚持"少做、做精"的原则

生活中、事业上，我们要学会拒绝和放弃。只有适当地放弃，才能省出大量的时间来做少而精的事。如果每天的事情都排得满满的，就不太可能有很多时间和精力去专门做好一件事。所以，我经常拒绝很多合作。我现在的核心工作就是做好"新媒体变现圈"，写好我的新书新课，其他与此不相关的事情，我基本上都会拒绝。因为一天的时间是有限的，把时间都用来做不重要的事，就没有时间把一些更重要的事情做好。我要把时间用来做单次付出能带来持久影响和长期能量的事情。

比如，我把时间用来开发一门新课，就相当于我做出了一个作品。这个新课可以持续招生三五年，我觉得把时间用来做这种事情性价比更高。或者我用来帮助"新媒体变现圈"的成员，为他们提供有价值的服务。这就是把时间用在可以产生长期影响和持续带来结果的事情上。

这里的核心其实就是拒绝、放弃，把时间用来做少而精的事情。

（五）坚持养成"猛推一个"的原则

前文我举了一个小例子：我们同事找"新媒体变现圈"的分享嘉宾时，找到了一个老师，他自己的课程只卖了 40 多份。其实我不知道他的销售时间是多久，如果他卖了很久才 40 多份，就说明他的方法可能有问题。

现在很多人做知识 IP，会做知识产品，有人甚至三年做了十几个不同类型的知识产品。有的知识 IP 做社群做了一年，可能有几百个用户，到第二年就不做了，又重新开始做其他产品。

打个比方，一个知识 IP 今年做了一个写作社群，一年变现 10 万元。但他还想做读书社群，希望做得更大，就又去做了一个读书社群。读书社群做了一年，他发现续费率不高，越做越困难，就把读书社群停掉了，又开发了一个做小红书的社群。有的人很努力地打造一个社群，结果推广了一阵子就停止了，又去开发一个新的社群，这是不明智的行为。

做事情应该是，自己在决定做决策时要反复斟酌和衡量，决定好要做这个主题的课程或者这个定位的社群之后就专心致志、集中精力地做好。这点尤其适合中小 IP，因为中小 IP 本身能量还不够大，粉丝不够多，影响力也不够大。如果把精力集中在一个产品，你就有可能把它做好，扩大影响力，完成粉丝积累。

所以，如果自己是一个小的知识 IP，就不要既要又要，只要能把一件事用一年的时间做到极致就行了。虽然能够变现的东西有很多，但今年只允许自己做一个，其他的钱让别人先赚，毕竟有舍才有得。

第六节

名人：如何增强个人 IP 势能

很多人做课程、社群和训练营，都会邀请所在领域的一些行业翘楚来做背书推荐或者做嘉宾老师。这背后的原理是什么？其中的运行逻辑是怎么样的？别人为什么要这样做？如果你也想这样做，具体应该怎么操作呢？

一、什么是 IP 势能

我们经常听到"这个 IP 很有势能""这个社群很有能量"等类似的说法，尤其是做个人 IP，经常能够听到"势能"这两个字。

什么是势能？可能很多人都没有清晰地定义或者思考过这个概念，稀里糊涂地凭着直觉去理解，但清晰地定义问题是解决问题的关键。对于 IP 势能，我做了一个总结：IP 势能是一个 IP 对受众展示出的势力差和能量差。

什么是势力差？我们在看电影或电视剧时，怎么判断哪个帮派的势力大？有个词叫"人多势众"，一般来说，哪个帮派人更多，哪个帮派的势力就更大。假如有两个帮派，其中一个帮派人更多、狠角色更多、资源更丰富、管控的范围更大、使用的武器更先进，我们就会说这个帮派势力更大。两个帮派之间势力的差别，就叫"势力差"。

什么是能量差？一个人展现出来的强大的气场、强大的感染力或者是强大的能力，可以让大家感受到积极向上的力量，这就叫"能量差"。

IP 势能由"势力差"和"能量差"构成，二者缺一不可。只有当 IP 的能量远高于用户时，用户才会愿意为产品买单，目的是借助 IP 吸收更高的能量。

举个例子，我们经常可以看到，一本书的封面或封底写着由×××推荐。瑞·达利欧的著作《原则》在国外出版时，邀请了比尔·盖茨推荐；在国内出版时，邀请了国家金融研究院院长朱民教授、海尔集团董事局主席张瑞敏、知识付费大 V 吴晓波等人推荐。

书是最古老的知识付费形式，通过聚集名人推荐的方式抬高 IP 的势能，抬高作者与读者之间的势力差和能量差。我们做课程、做社群、做训练营也延续了这种方式。

一个人的势力不如一群人的势力，一个人的能量不如一群人的能量。我们要学会借助其他知名权威人士的势能来提升自身的势能，这是利用了人与生俱来的"慕强心理"，人都会尊敬强者，想追随强者。

二、如何聚集行业名人

想知道如何聚集名人，我们首先要明确一个概念，什么叫"名人"？这里所说的"名人"是指那些在行业一定范围内有名气、有影响力的人。

拿 IP 来说，"大 IP"是指在一个大领域里知名度更高的人；"中 IP"可能是一个细分领域里有名气的人，或者说在一个大领域里有一部分人是他的粉丝；"小 IP"是更细分的或者是范围更小的领域里，有一定受众和知名度的人。

我们聚集行业名人的时候，不能只聚集大 IP，也要聚集中 IP 和小 IP，因为不同的人带来的价值是不同的：大 IP 提供定位势能，中 IP 提供价值势能，小 IP 提供参与势能。如果不了解其中的原理，可能会认为只有邀请大 IP 才算是抬高势能，那么很可能无法达到很好的聚集效果。

接下来我会展开阐述三种 IP 提供的具体价值，提供更好的聚焦业内名人的思路。

（一）大 IP 提供定位势能

邀请大 IP 来社群分享的作用是确定社群定位，抬高社群的业内生态位。生态位就是在新媒体生态、在自己的专业领域所处的位置，其中包括大家对这个 IP 以及其产品的评价。生态位决定 IP 的吸引力，邀请来的大 IP 就会帮助社群抬高生态位，提高吸引力。

举个例子，我邀请行业里的大 IP 作为"新媒体变现圈"的嘉宾，我只需将他们的个人简介展现在宣传海报上，就可以给社群定一个基调：这是一个高价值、高水准的社群，同时间接验证了"粥左罗是一个很有能力的人"。这样就将我们的社群及我的 IP 形象成功进行了定位。所以我们请大 IP 的目的是让对方提供一个定位势能。

由于大 IP 能提供给我们的时间和精力有限，我们就需要有中 IP 和小 IP 分别提供价值势能和参与势能。

（二）中 IP 提供价值势能

这里的"价值"是指通过进行比较实际、准确、参与感更强的活动所产生的价值。比如，我们可以邀请中 IP 到社群里做分享、与社群成员互动答疑。与大 IP 相比，邀请中 IP 做这类活动的性价比会更高，中 IP 可以提供更高的价值势能。

（三）小 IP 提供参与势能

小 IP 提供的"参与价值"指的是什么？

举个例子，你开办一个训练营或开发一个社群，需要举行一些活动来提高社群成员的参与度，类似于内部的征文比赛、短视频比赛等活动。在这种情况下，我们需要一些优质的学员参与活动，他们的参与能够有效提高其他学员的主观能动性和参与积极性，让实践活动变得更有价值。有时，我们还可以让这些优质学员在这个过程中担任一些角色，如助教、班长等。

参与活动和提供服务这些事情，邀请小 IP 会比邀请中 IP 的性价比更高。

总结一下，大 IP 提供定位势能，中 IP 提供价值势能，小 IP 提供参与势能。这是一套完整的思考方法，用这套方法指导实践活动，然后根据实际需要去调整和运用，才能取得预期的效果。

三、如何筛选和邀请名人

（一）如何邀请大 IP

首先，我们要摆正心态。邀请大 IP 做背书，这件事并不遵循等价交换原则，因为我们自己没有什么相等的价值可以交换，应该用"求助心态"请别人帮助自己。

既然是求助，就很有可能被拒绝；但是不要害怕被拒绝，甚至有时候要带着被拒绝的心态求助，因为对方没有义务必须提供帮助。被拒绝是常事，如果别人愿意帮忙，那便是惊喜。

之所以要讲心态，是因为有很多人会觉得别人帮忙是理所当然的。

2019 年，我的第一本书《学会写作》出版的时候，想邀请几个我比较仰慕的重量级大 IP 帮忙写推荐语，结果有好几个人拒绝了我。但这并没有影响我们之后的来往，因为我由衷地认为：别人不愿意为我的书做推荐也是正常的，毕竟我和对方的实力差距太过悬殊。

在求助别人的时候，别人也不清楚我未来的发展如何。我们会遇到各种各样的情况，要学会用平常心去面对，不要理所当然地觉得别人应该帮助自己，也不要在被拒绝之后伤心难过。

其次，邀请大 IP 要遵循"三有原则"，就是有交集、有交流、有了解。

第一个原则是有交集。所谓"有交集"，就是如果你想邀请一个大 IP 参加自己的活动，就必须和他有一定的交集。因为所有大 IP 都比中 IP 和小 IP 更在意自己的口碑，更在意背书的风险性。所以，在邀请前要培养彼此的信任。

第二个原则是有交流。所谓"有交流"，就是请一个能量比较高、咖位比较大的人帮忙时，不要过于直接。在此之前你们要有所交流，这种交流未必是面对面吃过饭，但至少是在线上有过交流。

第三个原则是有了解。所谓"有了解"，一方面是你要了解这个大 IP，清楚对方的经历、调性是否与产品契合，是否符合自身的需求；另一方面是让对方对自己有所了解，有了解才能产生一定的信任，对方才不会过于担忧。

（二）如何邀请中 IP

其实前面讲的"三有原则"，无论邀请哪种 IP，最好都能满足。如果不能同时满足，在邀请中 IP 或小 IP 时，至少也得满足"有了解"这个原则。因为对中 IP 和小 IP 来说，双方之间更倾向于一种合作共赢的关系。

举个例子，我现在找社群的分享嘉宾时，有时候就是直接通过公众号或者抖音来添加对方微信取得联系，或者通过朋友介绍。因为我们可能能量相当，此时这个邀请就促成了合作共赢。

邀请中 IP 的时候，不要有太大的压力，但至少要保证"有了解"，你要了解对方的经历、产品、口碑、人品，确保他能够满足自己需要的价值。

（三）如何邀请小 IP

对于小 IP，更多的是抱着互相帮助的心态邀请。双方互相给予肯定和支持，他为你的学员赋能的同时，你也可以为他的学员赋能。如果双方时间和精力都比较充足，就可以多多互动，提供更多的参与价值。

（四）如何积累行业名人资源

接下来分享一下如何认识这些 IP，如何积累一些不同层次的 IP 呢？答案肯定是提前积累。因为人都更愿意帮助自己了解、认识、有关系的人。积累这种人际关系资源需要自己首先付出单独的关注。

我做"新媒体变现圈"时会有意识地积累人际关系资源，认识更多做新媒体的人。比如我在朋友圈刷到一篇文章，文章的主角是一个帮知识付费 IP 出书的人，我看到这篇文章后就会翻到文章底部，看看有没有公众号、视频号，有的话就关注一下。平时我们就要养成随时发现、随时挖掘、随时关注的习惯，这会为自己带来更多的价值。

再比如我之前看到有朋友分享了一个专门为自由职业者提供交

流的社群。我觉得很有意思，想认识这个社群的创始人，我就付费入群，然后得到了社群创始人的联系方式。互相认识和了解之后我们就约定好以后可以在彼此的社群做分享。

我举这两个例子是想说明：要有意识地在日常工作中抓住每一个可能认识其他 IP 的机会。我们在自己的生活和工作中也要经常留心这样的机会，看到一篇好文章，要想到"谁写得这么好，我要认识一下他"；看到一个好的社群，要想到"这个社群做得真好，我要认识一下创始人"；看到一门好的课程，要想到"这个课讲得真好，我要认识一下这位老师"，等等。就这样一个一个地积累，一两年后你的资源就会丰富得多。

可能有人会说：如果自己无能，认识这么多人也没用。我并不认同这个观点，因为你认识了这些人，每个人都可能会帮你打开世界的一扇窗，不同的人有不同的世界，他们把你带入他们的世界，你的眼界和视角就会更加开阔。

比如我加入自由职业者的社群之后，就可以观察到大量的自由职业者是怎么工作的、有什么样的困惑，他们有什么样的付费机会等。

认识很多 IP 之后，你的世界也会变得更优质，信息会变得更多元，能够参与和认识到的一切都会不一样，甚至可能和很多人成为朋友。所以，我们要一点点地积累，不求快速，但求高质。

四、如何链接和维系人际关系

（一）链接人际关系的方法

如何跟这些名人建立链接？目前来看，最便捷的方式就是付费学习。如果你知道买某个课就可以加到这个老师的微信，那就可以直接付费学习。

我加入过很多 IP 的"知识星球"，但是不在里面学习，因为很多时候我的目的就是和这个"知识星球"的创立人建立链接。比如参加了我的训练营，你可以链接到我，还可以链接到好多助教老师和一些特别优秀的学员。

我之前在发售写作训练营的时候说过："付费就是为了获得更多的人际关系资源。"对很多人来说，付费进入这个行业，认识一些优秀的人，就已经很值得了。每个社群里都是藏龙卧虎，都有很多很优秀的分享嘉宾，加入之后就有机会和这些嘉宾产生联系。

那么，如何让这些分享嘉宾对自己有更深刻的印象呢？有一个很简单的方式，就是在他分享时多打赏几次，这样他肯定就能够注意到你；当你得到了他的联系方式后，多表达自己的赞赏或观点，他对你的印象就会深刻很多。

另外，如果你想多结交一些比自己更优秀的人，希望和他们建立更紧密的关系，还有一个好方法叫"一对一咨询"。做过一对一咨询后，你们的关系相较于他和大部分普通学员的关系都要更深一些，就能建立更深度的链接。

（二）维系人际关系的方法

成为微信好友只是建立联系的第一步，之后还必须做到维系和支持。

什么是维系？有很多训练营或社群的成员加了 IP 的微信，但却没有给对方留下任何印象。想让人家记住你，就要刻意地维系你们的关系。

第一种维系方式最简单，就是朋友圈点赞。你比较喜欢哪个 IP，当你刷到他的朋友圈时就多多真诚地点赞和评论，不要太刻意，这样多做几次，他就会对你产生印象，然后慢慢地记住你。

第二种维系方式是在重要节日或者这个 IP 出新产品的时候问候一下。这样你至少找到了一个和对方交流的契机，但一定要注意适可而止，不要滔滔不绝。

举个例子，这个 IP 正热火朝天地在朋友圈宣传新课程，你截一张图发微信给他，表示听了这个课程很感兴趣，他看到这种留言肯定特别开心。类似的事情一年下来有个三四次，对方肯定能记住你，而且对你的印象会很好。如果话术上没问题，那么他会觉得你是一个有礼貌、很真诚的人，这是人与人慢慢形成关系的过程。

第三种维系方式是借助一些契机寄个小礼物。因为关系不是凭空产生的，关系的维系在于互动。如果双方平时既不交流，也没有什么互动，那么关系从何而来？

以上是我个人惯用的维系关系的方法和手段，每一个人都有适合自己的方式，但是要稍微克服一下自己不想做的心态。

我从小就是一个性格比较内向的人，不太擅长和别人建立关系以及长期维系关系。我有很多同学大学毕业后都留在北京，刚毕业的时候我也想约同学一起吃饭，但有时候就是不好意思开口，我会想对方真的把我当朋友吗？又或者我约他们是不是一种打扰呢？我以前是这样，现在也这样，但是我在尽力克服，尝试着改变。

（三）多表达自己的支持

每个人都喜欢那些支持自己的人。

举个例子，一些作者写了原创文章，你打赏一下这是一种支持，经常这样做对方会更容易记住你；或者他做直播的时候，你经常去刷一些小礼物，他也能记住你。

我在公开直播间里从来不鼓励这种行为，因为大多数人的收入没有那么高。但是我在这里告诉大家这个方法，是希望大家知道这个方法之后量力而行。

我去一些很喜欢的 IP 的直播间就会刷一些小礼物，或者支持一下这个 IP 的一些重要活动。比如他最近在推广新书，我就会主动说想买一些书送给我的学员等。

2018 年，有位老师找到我，说要买我的书送给社群成员，麻烦我签一下名。我当时就觉得这个朋友值得交，我就说："不用你买，我送给你。"之后就形成了习惯，我只要出了新书，就会送给他们一些，这也是一种互相支持。但是支持不要默默地做，要让对方知道，让他开心地记住你。

多去支持别人，这个支持不一定是物质层面的支持，更重要的是让他感受到被认可，感受到你的真诚。

第七节

平台：如何利用平台优势提高个人 IP 影响力

平台的力量是远远高于个人的，我们要想快速提高自己的影响力，就不能只靠自己。

我自己是一个比较典型的依靠平台的例子。我并不是一开始进入新媒体这个行业，就自己做账号、做课程、运营社群的，而是先借助平台和加入公司的。

如果没有前两份职业经历，我不可能成长得这么快，所以我特别感谢前面两段职业经历。

在第一份工作中，我快速成为一个业内比较知名的新媒体编辑；在第二份工作中，我快速成为一个业内知名的新媒体讲师。如果抛开这两点去谈论我的成长路径，就有失偏颇。

我们社群里的很多人并没有借助平台或进入团队，但平台的价值永远大于个人，平台的资源也远远优于个人。

如果你想更快速地发展自己，建立自己的个人 IP，提高自己的影响力，一定要学会借助平台的力量，利用好平台的资源。

一、给优质平台打工

有人说："打工导致贫穷，上班耽误赚钱。"我的看法刚好相反。上班其实是你掌握专业技能的途径，是你积累自己影响力、建立个人 IP 的捷径。只不过很多人没有好好分析并加以利用，或者有些人干脆没有把公司当成自己可以借力的平台。

（一）给平台打工的四个好处

第一，打工上班训练技能，无须考虑短期回报。

大家写作也好，拍短视频也好，做直播也好，如果不是工作，而是自己做，做了一两个月没有收益和回报，可能就放弃了。但上班是有薪水的，所以你不会轻易放弃，这其实是上班最大的好处。因为当年我也是在上班，所以才能一直坚持写那么多文章。我如果是自己做，也许根本坚持不到变现那一刻。

第二，打工上班实践一个技能，可以更快地得到反馈。

当你在一家新媒体公司做新媒体编辑，公司的账号就是你可以利用的资源。如果公司有一个 100 万粉丝的公众号，你发布一篇文章，阅读量就可以达到几万；如果你运营自己的公众号，可能做了很久阅读量也只有几百。

如果你的工作是做直播，很多有关直播的想法就可以利用公司的账号去验证，然后根据反馈不断地优化这些想法。如果是自己做，粉丝寥寥无几，直播时也没有太多观众，可能就没有机会那么快地得到验证和反馈。

第三，上班磨炼一个技能，不用考虑自律和偷懒。

因为这是你的工作，是必须完成的任务。这也同样阐释了我当年进步快的原因。因为那是我的工作，是强制性地要求我每天都要投入很多时间做那些事情。我的职业训练量会碾压大部分的非职业选手，而且每天都有人监督我、鞭策我，这都会让我的能力飞速提升。

第四，给优质平台打工，能得到平台的放大。

从资源的角度来看，如果你有幸与一个优质平台进行了绑定，平台的资源会很快放大你的影响力，不用自己去一点点积累。平台是一个综合性的系统，在这里你会得到很多协助，能更快地实现一些想法。比如，你想做一场什么样的直播或营销活动，公司会有资源可以使用，或者有团队会协助你，将你的想法快速落地。

我当年借助公司的资源，很快就让整个新媒体圈都知道有一个叫粥左罗的人，因为他们会看到这个账号频繁发出作者为粥左罗的"爆款"文章。我在"插座学院"工作的时候，也是尽力用好整个"插座学院"的资源，他们去市场上投放我的课程广告，大家在很多公众号上都会读到一个"90后"北漂男孩靠写作和新媒体改变命运的励志故事。我的个人影响力得到了快速提升。

所以我们一定要知道，优质平台的力量一定是非常巨大的。

（二）给平台打工要注意什么

第一，最开始要专注于本职工作。

如果你在一个优质平台上班，就要全身心地投入本职工作，在本职工作上更快地成长，取得更大的成绩。

很多人在这一点上没有想清楚。如果只是按部就班地完成本职工作，"完成"即可，业余时间都在努力做自己的账号、做自己的社群等，这样会导致什么情况？

首先，在心态上你已经放弃了在这个平台上做得出彩夺目了，也放弃了在这里成为核心骨干的机会，放弃了拿到核心资源做更多事的机会。其次，你很可能得不到公司的信任。因为任何一个老板，都不会拿非常重要的职位和资源培养一个忽视本职工作，一心扑在副业上的员工。最后，你的时间和精力不允许你同时将两件事做得非常出色。

第二，打工的平台一定要优质。

我们要有意识地进入能够真正放大自己影响力的公司。如果你在一个很普通的、没什么影响力的公司，也一定要想办法换到其他优质的平台去。你在这个平台上努力，只是为了换掉它。

比如你现在是一名职业写作者，就要找到一个优质且有影响力的平台。我之所以能做出成绩，很重要的原因是我曾在行业内名列前茅的公司工作。如果平台不优质，你再努力，这个平台都没有办法放大你的影响力，因为它连自己都放大不了。

举个例子，我的合伙人文文在我这里做了三年，这个平台就是帮她放大了自己的 IP。第一，这里给了她合伙人的位置；第二，这里提供了非常多的资源。她独立负责整个柳州团队。有这样的位置、资源和权力，她做出了很好的成绩。如果哪天文文想要独立创业，我相信她也可以做得很好。因为她已经依托这个平台获得了足够的技能经验和各类资源。

二、和优质平台合作

和优质平台合作，核心目的是获得平台的资源和背书。举个例子，吴军老师、万维钢老师、香帅老师以及和菜头等都是典型的被平台放大的代表。

以前你可能知道和菜头，但只知道他是一个公众号作者，或者一个互联网知名写手。但他在"得到"上开了专栏，成了中国最有影响力的知识付费平台的签约讲师。他每次开课都有罗振宇的推荐和背书，那么他的影响力和品牌感马上就得到了提升。

香帅老师也一样，与"得到"合作之后，她在整个互联网的知名度迅速上升，后来就成立了自己的工作室，自己做研究和咨询，取得了不俗的成绩。

这就是平台的力量。所以，刚开始我们就强调，能借助平台的力量时一定不要只靠自己，能找优质平台合作的时候就一定要合作，因为平台的力量远远大于个人。这也是一个做事的思路。

小 IP 也可以找一些不太大的机构合作。比如，我们"30 天高阶写作变现营"有一位助教是鱼鱼老师，如果她之后想自己开办一个写作训练营，也会成功的。因为她一直和我们合作，是我们训练营的金牌助教，在我们训练营的口碑最好、知名度最高、影响力最大。

当我们通过平台获得了一些成就时，也不要太着急马上离开，有时候也需要再沉淀一段时间，迎来一个更大的爆发。我们要厚积薄发，不要着急，不要害怕错过机遇，对待一切都要有长远的眼光和充足的耐心。

三、为优质平台服务

为优质平台服务这一点，有个很好的案例就是小马宋老师。2014 年中秋节，"罗辑思维"推出了月饼，小马宋看到了机会，因为每盒月饼都有一张"节操券"，集齐一定数量就可以召唤罗振宇。于是小马宋买了 200 盒月饼，拿到了 200 张"节操券"，最后凭借这 200 张"节操券"争取到了直接接触罗振宇的机会。

当年获得见面机会的人只有 20 个，罗振宇先让大家做自我介绍。小马宋自我介绍的目标很明确，就是要引起罗振宇的注意，让对方觉得自己有价值，这是未来产生链接的关键。他在自我介绍时把个人经历中对应的内容拿了出来，大概是以下几个部分。

首先，从职业经历上，他做过奥美创意副总监和蓝标的策划总监；其次，在获得荣誉上，他在戛纳广告节获过奖；最后，在取得的成就上，他有一个 3 万订阅量的公众号并卖了 1 万本书，还重点介绍了卖书的事情。那时的"罗辑思维"也在卖书，当时销量最好的一本书只卖了 5 万本，所以 3 万粉丝的公众号卖了 1 万本书这件事一定会让罗振宇震惊。罗振宇当时就对小马宋说："你很厉害，我们可以聊聊能不能一起出本书。"

在聊天的过程中，罗振宇谈到了"罗辑思维"的视频节目策划，小马宋说可以帮他策划一期广告专辑，并大概讲述了自己的计划，这让他成为全场唯一一个拿到罗振宇个人联系方式的人，并且两人约定日后有机会聊一聊节目策划和合作出书的事。

两周之后，小马宋和罗振宇又见了一面，然后共同策划了一个在当时很知名的营销活动，叫"甲方闭嘴"。后来罗振宇在举办《时间的朋友》跨年演讲时又邀请了小马宋来做策划。

现在小马宋老师已经完全转型成为专业的战略营销顾问，他这几年给元气森林、古茗奶茶、奈雪的茶、熊猫不走等品牌做营销顾问，做出了很多非常优秀的案例。

他能成功转型为战略营销顾问，最开始就是通过为"得到"这个优质平台服务。因为"得到"在行业里是比较有影响力的平台，所以他把"得到"服务好就相当于有了一个杰出的案例。日后他再拓展客户时，就可以讲述这段优秀的服务经历。

为优质平台服务所呈现的专业性和可信度会更高，品牌的含金量也会更高。为优质平台服务，可以迅速提升自己的影响力和品牌感；为优质平台服务，还会提升曝光量和知名度。如此一来，粉丝量也会增加，就会提升个人 IP 的影响力。

很多小 IP 或者想成为但还没有成为 IP 的人，可以找一些更容易为优质平台服务的途径。比如，我看到剽悍一只猫在推广他的"知识星球"时举办了一个很大的分销活动，这就是很多小 IP 或者想成为小 IP 的人的一次机会：竭尽全力地去参与他的分销活动，成为分销榜前几名，为他提供优于他人的服务支撑，我相信他肯定会对你印象深刻，并在将来为你提供帮助。

去一些优质的社群里做分享，本质上也是为优质平台服务，其实在行业里有很多这样的机会。我之前参加过贺嘉老师的 12 小时持续直播活动，他当时邀请了很多嘉宾。

我发现他的活动是一位专门帮别人操盘营销活动的小 IP 策划的，他全权负责这次活动，包括对接嘉宾，联动私域和公域流量等。他为大 IP 做服务也是提升自己个人影响力和品牌感的一种方式。

仔细观察的话，我们会发现这种类型的机会还是很多的。

四、利用平台资源应该有的认知

在利用平台资源时，我们应该有一些基本认知和思路。

我认为，只有学会放弃一部分利益，才能更好地实现目标。我在创业邦时做出了很大的成绩，但我的月薪只有 2 万元。我和领导沟通过是否可以得到股权或绩效分成等奖励，但并没有实现。

因为创业邦是一家十几年的老公司，有着成熟的利益分配机制，我作为一个新人虽然做得很出色，但是要想获得更多利益也是相对困难的。

后来我还给公司做了一个新的公众号，在没怎么借助公司资源的情况下，只靠我和一个助理把这个新号从 0 做到 20 多万粉丝，但我的工资仍然没有太大的变化。这时，如果我不愿意让渡自己的一部分利益，很可能会陷入一种"给我多少钱，就干多少活"的思维陷阱。这样损失的是积累影响力的可能性，损失的是增长能力和积累资源的机会。

包括我在"插座学院"的时候，年薪 50 万元也是固定工资。这个数字听起来挺高的，但是如果对比我创造出来的收益，其实是不值一提的。当年我的线上课销售额接近 1000 万元，还经常在北京、上海、深圳、成都、杭州各个城市讲线下课。

我当年开讲线下课都是周末时间，也就是说我当时基本上全年无休：周一到周五在公司里做线上课，周末出差去企业培训或者讲线下课，周日晚上或者凌晨再飞回来，周一早上又继续去上班做线上课。这是魔鬼般的工作强度和工作量。

很多人会疑惑我为什么要这么拼命，又不给我绩效奖金。但还是那句话，你只有愿意牺牲自己的一部分利益，才能换得公司对你更高程度的投入。这时候你不能谈公平，因为公司和平台是掌控大量资源的一方，公司和平台有更大的选择权和分配权。

所以我当时的思路就是，不管给我多少工资，不管年底给不给我发奖金，我都会不遗余力地努力，把交给我的每件事做到最好，这样公司和平台会觉得我是必须重用的人才。只有这样，公司才愿意为我提供更多的机会，毕竟让自己成长、锻炼，才是最重要的。

得到了平台的信任，持续和平台合作一段时间提升自己，等知名度和影响力提升了再出来创业。那时你积累的影响力、粉丝量和口碑都会有明显的变化。自己要有这种延迟满足的观念，如果你缺乏远见，就无法获得更大的成功。

还有一点很重要，和平台合作时，一定要在周期内做到忠诚和专一。比如与一些平台合作，它会和你签订合同，可能会涉及一些内容的独家版权和竞业协议等，这就是要求对平台忠诚和专一。

任何一个平台，任何一个公司，任何一个老板，一定都希望找到忠诚专一的人。

反过来说，作为个人，你要学会主动让渡利益，拒绝诱惑。因为平台的力量很强大，和知名平台机构绑定，就要学会让渡自己的很多利益给对方，让对方认为你能为其带来很多收益。这样平台也更愿意给你赋能，给你更多的资源和支撑，帮助你提升知名度和影响力。

第八节

长期：如何打造 IP 长期价值，拉长生命周期

我们经常会注意到有些明星或网红在红极一时之后，很快就过气了。关于生命周期这个问题，不只是大 IP 要关注，中 IP、小 IP 也要关注。

每个人都有机会打造一个小 IP 来变现，哪怕通过小 IP 的影响力每年赚得不多，也应该思考怎么能够持续 5 年、10 年地做下去，也要关注怎样才能延长自己的"花期"。

我们平时关注的一些公众号也会有这种情况，前几年在这个小圈子里还比较受欢迎，慢慢地就被人遗忘了。我们这节就一起来解决这个问题。

一、如何打造个人 IP 的长期价值

（一）为什么很多 IP 不能持续下去

我们可以先思考另一个问题，即他最初为什么能成功？

很多时候一个 IP 横空出世，是因为他具有独特性，比如价值观有颠覆性、反主流，让人眼前一亮。还有人是因为独特的行事方法，做了很多人做不到的事，就获得了关注。

罗永浩刚成为网红时，就是因为他独特的价值观。他是一个理想主义者，希望在创业时能够干干净净地赚钱，他发表了很多类似的言论，提高了知名度。

IP 之所以打造成功，是因为他们在某一个点上成了理想人，可能是做到了一件我们想做但没做到的事，可能是拥有了我们想拥有但没办法拥有的生活方式等。但是，这背后有一个很重要的词：刺激适应。

人对刺激的适应能力非常强，再大的刺激也不会持续太久。所以很多 IP 只能持续三年左右，有时甚至一两年就销声匿迹了。

（二）IP 如何才能让自己持续下去

罗永浩是一直有热度的，他的核心是不断提供新的刺激。最初，他因为老罗语录爆火；后来，《一个理想主义者的创业故事》的演讲视频在互联网上获得了非常高的点击率；之后，他创业失败，去做直播；直播还完欠债后马上又要重新创业。他在不断地提供新刺激，所以能一直活在大众视野。

但是通过不断地提供新刺激来延长 IP 的生命周期，这种方式其实不太好。

首先，自己会非常累，你必须经常思考：怎么才能获取大家的关注；其次，实际上没有那么多的新刺激，成功提供一个新刺激是非常困难的。除此之外，还有什么延长 IP 生命周期的好方法吗？答案是，做好工具人。

你可能会对一个 IP 产生审美疲劳，不再关注，但你不可能对手机审美疲劳，因为它没有提供新刺激就不用手机了。没有人会说工具没有价值，所以，IP 也要变成一个有价值的工具人。成为一个工具人，用户就会持续需要你。

IP 如何持续下去这个问题，关注点不是如何拓展新流量，更大意义上是怎么保持粉丝黏性。

（三）做好工具人，打造长期价值

最近我在梳理关于四门写作课更完整的大纲，我想把写作课分成实战写作课、职场写作课、"爆款"写作课和写作变现课。其中实战写作课是最基础、最综合、最核心的课程，其他三门分别为专注于某个方向的写作。

我希望把自己变成一个具有超高写作教学价值的工具人，然后长期价值就凸显出来了，同行和用户也都会认可我的课程。这就是工具的价值。

比如"帆书"聚集了海量的图书精华讲解，如果你要写一篇稿子，想参考某本书的内容，但你觉得看整本书太麻烦，就可以去"帆书"听这本书的解读。这就是"帆书"的工具价值。

"帆书"迄今为止已经成立了 10 年，影响力越来越大，并不是因为它不断地制造新刺激，而是把自己变成一个好用的工具，让大家能够更持久、更稳定地使用，在此基础上不断吸收新用户。

我最近在直播这件事上也有一个大的规划。从 2022 年 3 月开始，我的直播变成了主题型，我讲了目标该怎么制定，拖延问题要怎么解决，选择和努力哪个更重要，擅长和喜欢哪个更重要，也讲了成年之后怎么面对原生家庭等一系列话题。我希望自己通过两三年时间，把个人成长、经营人生的基本问题都能思考讲解一遍。

我现在就在通过直播来实现这件事，两三年后能够让"粥左罗"这个品牌逐渐拥有一个完整的体系，成为一个关于成长基本问题、人生经营基本问题的干货工具库。

那时，如果你想知道选择和努力哪个更重要，想看爱情里双方共同成长的问题怎么解决，想解决职场晋升问题，想研究婚姻怎么经营得更持久，或者怎么平衡家庭和工作，都可以来这里搜索。这些问题我都会梳理一遍，而且会把它分门别类地整理，为用户实现长期价值，长期被用户需要。

当我变成这样的工具之后，用户就舍不得取关我。遇到需要研究解决的问题，就需来我这里找答案，我会不停地把它们呈现出来。

许多在行业里做得特别厉害的人，都在做这件事。

举个例子，何加盐老师把每一个商业精英的事迹都写成了上万字的人物文章，阅读量非常高。如果你与他的主题相同，可以每年挑 20 个在各行各业都有代表性的人物，包括这两年的演员、导演、创业者或投资人等。那么五年之后你就有一个积累了 100 个人物的素材库，以后有人想要了解这个时代最有代表性的人物故事时，就会来这个素材库里进行检索。

或者更垂直一点，不写其他领域的人物，你就写 20 个创业者。这 20 个创业者分布在消费领域、游戏领域、内容领域等。你每年把当年最火的 20 个创业者写一下，连续写三五年，就形成了一个创业人物素材库。在整个创投圈、互联网圈，只要想了解最值得学习的创业人物，来这里看就够了。

再比如，武志红老师现在已经是心理学领域的知名 IP，他的心理学课程越来越多，种类越来越丰富。这样持续积累下去，他也会变成一个工具，到时候你能想到的知名心理学讲师都在他这里开设课程，你想解决任何一个心理学问题，在这里都可以找到答案。

每个人都有机会去做这样一个工具人，都应该这样去思考问题。如果你想做延长个人 IP 的生命力，就要有成为工具人的方案。

从现在开始，我想改变一下我的方式，通过再努力两年到三年，让自己变成一个全面的系统写作工具。虽然这个过程会很难，但是一旦你形成竞争力，别人就没有办法在短期超过你。这将是一个很难超越的、用时间搭建起来的竞争壁垒。

除此之外，我们要在一开始就想清楚，要在哪个领域里让自己成为工具，而不只是成为一个新鲜刺激。

（四）成为工具之前，先确定自己的影响范围

在成为工具之前，我们要有自己的影响范围，也就是专属于自己的平台。如果一直依附于别人的平台，就没有长期掌控全局、掌控系统的能力。"帆书"和"得到"都有自己的 App，武志红老师也搭建了自己的专属小程序。我们也要有自己的平台，公众号、小程序、App 都是平台，其他的工具平台，我们也都可以使用。

如果你现在是一个小 IP，就没有必要自己做 App，但是你必须在一个好工具的基础上搭建自己的体系。现在公众号就是我的专属平台，我的所有课程都可以从公众号菜单栏直接找到。我的"新媒体变现圈"，相当于是借助"知识星球"的平台建立了自己的专属平台。

中小 IP 没有必要自己开发一个工具，但是你要依托优质的大平台建立自己的小平台，并在小平台上提供自己的工具价值。

二、个人 IP 的四种工具价值

个人 IP 的工具价值大概可以分成四种类型：学习价值、陪伴价值、服务价值和行业价值，你能提供这四种价值中的任何一种就可以。

（一）学习价值

学习价值比较好理解，比如我把成长的基本问题和人生经营的基本问题都输出一遍，大家想了解这方面的某个问题，都可以来看我的文章或者听我的课程。这就是学习价值，我把自己变成一个提供学习价值的工具人，就可以一直被大家使用。

（二）陪伴价值

读书会、早起打卡、减肥打卡等都是陪伴价值。连岳的公众号"一句日历"每天都会推送一张图片并附带一句名人名言。一天一句，类似于日历的作用。虽然这个公众号无法提供学习价值，但是仍有很多人关注它。这就是陪伴价值。

（三）服务价值

服务可以有多种多样的。比如，关于婚姻问题咨询，我可以创办一个社群或者开发一个小程序，有任何与婚姻相关的问题都可以咨询。我会为用户答疑，这就是服务价值。或者我创办一个买房的社群，我会提供很多与买房相关知识的查询服务或决策工具。只要你在买房时有疑问，就可以加入我的社群。

（四）行业价值

我的"新媒体变现圈"，目前提供的主要是学习价值，我希望第二期开始尝试提供行业价值。

我们第一期的学员有 1300 人，想提供非常大的行业价值绝非易事。比如我想做一场闭门会，其实没有多少人能参加。因为 1300 人分布在全国各地，难以聚集。假设第二期、第三期能做到 5000 人，每个地方的人数都会翻好几倍，我就可以在人数多的城市做一些活动。

所以，自己在做 IP 的时候，要思考一下选择提供哪一种价值。如果你的内容能力特别强，最开始多提供学习价值比较好。想做好学习价值最简单的思路就是，把你擅长的领域中所有"是什么、为什么、怎么做"的内容，全部梳理一遍。无论你是做心理学、育儿、读书还是其他领域，用一两年时间把这些基本问题全部解决完毕，然后再做案例。

假设你讲育儿领域的内容，就可以把 0 ~ 8 岁这个范围的"是什么、为什么、怎么做"全部都讲一遍，然后每周找一位优秀的妈妈给大家做分享。每个人的育儿方式不一样，自身的条件、资源、能力也不一样，每周邀请一位嘉宾做分享，也是一种方式。

等把学习价值做好之后，再继续做陪伴价值、服务价值或者行业价值。

三、做好工具人的四个核心

如果你想让自己成为一个工具价值很高的个人 IP，需要做到以下四点：具体、持续、稳定、系统。

（一）具体

所有好工具，都要有非常具体的价值。

"帆书"就是解读一本本好书，《十三邀》就是每一季邀请 13 个具有时代符号的人物做采访，粥左罗只做个人成长的产品，这些都是非常具体的价值。

（二）持续

你必须持续提供价值，不能断断续续。李叫兽以前做公众号，每周二都会发布一篇内容，每周一他会发布一张预告海报，预热周二文章的内容，这就是持续。连岳做了一个专栏"我爱问连岳"，每天回答一个年轻人的成长问题，也是持续。

作为一个工具，必须持续好用，任何需要它的时候它都在。

（三）稳定

稳定性其实就是确定性。我们每次喝的可口可乐味道都一样，每次去吃麦当劳味道也是一样的，这就是稳定性。工具一定要具有稳定性，如果没有稳定性，人们就不会信任它。

当你作为个人 IP 提供价值时，不管提供的是何种价值，都要有稳定性，保证时间稳定、质量稳定。

（四）系统

如果你提供育儿知识，要将知识内容整合为一个完备的体系，这样才是好工具。

我下载一个买车的 App，想要通过它了解一款车，但这个 App 却没有这个车型的介绍，这就不是一个好工具。要想成为一个好工具，就要在你的方向和领域里拥有完备的系统。

如果以上四点你都能满足，就可以提供非常好的工具价值。

一个 IP 能够持续经营，就是在践行长期主义。打造一个一生的"使命"，成为一个好用的工具，我们相当于给自己的 IP 找到了一个长期的解决方案。

第四章

现有 IP 的调整

第一节

如何从普通人成长为小 IP

其实我们都是无名之辈。打造个人 IP 就是让自己从无名之辈到小有名气，再到名满天下。

我们打造个人 IP，需要一步一步提高自己的知名度。先从无名之辈到让 1000 个铁杆粉丝关注你、喜欢你、追随你，这样就完成了从普通人到一个小 IP 的基本过程。

我们在每日行业干货荐读中分享过一篇文章，主角是一个叫钱大暖的人，她就是一个典型的从普通人成长为小 IP 的案例。最开始她只是职场里的一个普通打工人，但是她做到了让新媒体这个圈子里的各种大 V、创始人、专家，甚至一些普通从业者都知道她，实现了从普通人到小 IP 的进阶。而且作为一个小 IP，她的变现能力非常强。

如果你想从一个无名之辈成为一个小 IP，想让你所在的行业里很多人关注你、喜欢你、追随你，就必须在某个领域里成为一个强者，同时提高自己的知名度。因为人们更倾向于关注强者，或者换个角度讲，如果你变强了，那么你做什么别人都会关注你。人们对强者天然就有仰慕心理。

所以，从普通人到小 IP 的核心就两个词：一个是"成事"，一个是"宣传"。

一、成事的关键

（一）普通人做 IP，为什么要先成事

对普通人来说，如果你想成为一个小 IP，必须成事，不成事就没有根基。如果无法在任何一件事情上成为强者，那么别人就没有关注你、追随你的理由。

举个例子，你是情感类文章的创作者，在"世界杯"期间，趁着梅西上热搜时写了一篇关于梅西爱情故事的文章。这篇文章很受欢迎，有很多人转发阅读，那么比较喜欢看婚姻爱情类文章的读者，看到你写的文章之后，就有了关注你的理由，他可能会觉得：这个作者很会写，写的不光是我爱看的题材，而且紧跟热点，写了我最关注的足球运动员。

不管你做哪个领域，想让别人关注你的第一个核心就是你要成事。我们在前文讲过可以从五个维度打造个人 IP：行动理想人、成绩理想人、知识理想人、三观理想人和人格理想人。你要成事、要成为一个强者，也可以从这五个维度入手，在其中一个或多个维度

上成为强者。

（二）普通人成事的关键

从普通人到小 IP，你必须找到一个突破点，哪怕这个点很小也没关系，找到之后就专一专注、单点突破，做出值得宣传的事来。

我最开始做出的值得宣传的事，就是写出了好几篇阅读量超过 10 万的文章。后来在很长的一段时间里，我在宣传软文上用的标题、个人标签都是"毕业两年半，从月薪 5000 到年入 50 万"。我做成了这样一件事，实现了职场进阶，我在个人成长的方向上就有说服力了。

当然，你不一定需要取得很大的成就才开始宣传自己。比如你有一份主业，还有一份可以创收的副业，这对大部分受众来说也算成事，你也可以将这件事情写进文章去宣传包装自己。你做成的这件事就是别人关注你的理由，是让别人喜欢你、追随你的根基。

普通人想成事的核心思路是选定一个相对垂直的点，然后坚持、专注、专一地把这个方向做好。

举个例子，假设你想成为一个发朋友圈特别厉害的人，那么你至少先花上几个月甚至半年的时间专注于研究如何发朋友圈，然后不断地在发朋友圈这件事上积累出值得宣传的成绩。比如你的微信好友数量是 3000，你发了一条朋友圈，最高能得到 600 个点赞，这就是一件很值得宣传的事情。你要把它截图保存下来，方便以后宣传使用。或者你在朋友圈卖我的新书《成事的时间管理》，你发了一条朋友圈卖出 100 本，这也是积累了一件值得宣传的事情。再比如你针对某个热点事件在朋友圈发了一段文字，这段文字被广泛传播，甚至被一些权威公众号的文章引用，这又是一件值得宣传的事情。

在研究朋友圈的这半年时间里，你每天都要琢磨怎么把朋友圈发得更好，文案内容由什么构成、不同的职业应该怎么发、不同的目的应该怎么发等。在这个过程中你一定能够总结出大量的技巧、方法和经验，然后一边记录梳理，一边总结。

未来有一天，你既有可以说的成绩，又有很多可以分享的知识、经验、干货，还有很多成功案例。那时的你就可以以此为基础，把自己打造成一个教别人发朋友圈的小专家。

当你在一个事情上有计划、有方法地持续做一段时间，就能够积累出一些成绩，那时你的 IP 在这个方向上真正有了根基。

二、IP 宣传的核心

从普通人到小 IP 的两个核心词是"成事"和"宣传"，第一部分我们讲了成事，这部分我们讲讲宣传。

（一）宣传的核心是内容

在做内容上有两种现象：一种是内容凭人贵；另一种是人凭内容贵。

什么是内容凭人贵？简单来说就是一些普通的内容因为生产者的地位和权威加持，而被更多人认可。

　　举个例子，一些平淡无奇的话，可能我来说大家不觉得有道理，但换成俞敏洪说，就会变得很有道理，这大概就是"内容凭人贵"。但大部分人在打造个人 IP 的早期，无法做到"内容凭人贵"。

　　因此，你应该比那些厉害的人多付出 10 倍的努力去打磨自己的内容，因为目前来看只能靠真正好的内容来打造个人 IP。在这个阶段做内容，一定要记住：人凭内容贵。

　　前文我们讲过一个认知：内容是捷径。你写出一篇很好的育儿文章，人们就会相信你在育儿方面很专业；如果持续写几篇，人们可能就会把你当成一个育儿方面的专家。这就叫人凭内容贵——你的内容写得好，人们就相信你是真的懂。

　　假设我不懂车，但我广泛地搜索资料，分析、学习、研究，对比了国内外 50 万～ 80 万元的车，从中选出了最好的三款，写成了一篇文章。只要我写得好，读者看了之后大概率会认为我是一个特别懂车的人。

　　那些真正专业的、懂车的人，写同样的文章可能只需要两小时，但是内容相对比较随便，参考资料、数据或者信息都不够详细。虽然我不懂车，但我花了很长的时间搜索、分析、研究资料，写文章的时候一点点核对、确认细节，我的文章里与车有关的图片、数据、参数、信息都很全面。对读者来说，大家不关心这篇文章是花了多长时间写的，他们只会觉得：粥左罗写的车评比专业的车评人写得还好。就这样我再持续输出几篇高质量车评，可能从此就走上了汽车博主的道路。

这就是普通人成长为一个小 IP 的关键。普通人要做好内容，"人凭内容贵"，越是无名，越需要把内容做得更好。

我之所以强调这一点，是因为我发现大部分人无论写自己的公众号，还是在短视频平台上发布作品，都是内容普通，又粗制滥造。普通人只能在内容上用 10 倍的时间和精力去一点点地打磨，并且，一定要有精品思维，明白质量大于数量，宁可不更新、少更新，也一定要输出高质量的内容。

我们绝对不可能仅凭更新频繁就获得用户的关注。用户关注一个人，是因为他看到了一个优秀的人，而这是从内容上体现的。要从一开始就把自己当作一个专业的人，做好自己的内容，让自己"人凭内容贵"。

（二）内容有两点加持

宣传的核心是做内容，做内容需要有两点加持：借力和背书。

借力就是说，你可以付费加入一些优质的社群，主动与社群主理人链接；如果他的社群是相对开放的，你也应该多在社群中主动分享；如果他的社群不开放，但他会经常邀请嘉宾分享，那么你就可以去争取做分享嘉宾。这就叫"借力"。

其他方面也一样。假设你喜欢骑摩托车，如果有摩托车的活动，你要积极报名参加，抓住机会展示自己，这其实也是借力。主办方组织这样一场活动你去参与，他们拍一些宣传视频时，你就有机会出现在那个视频里。

我在 2018 年刚创业的时候参加过好多个千人峰会，演讲半小时，就能圈粉几百人；而且能来参加的人往往质量也比较高，可以称得上"传播节点"。如果有很多来参加活动的人愿意分享转发你的账号、你的内容或者你这个 IP 本身，你就有机会积累 1000 个铁杆粉丝。

我们再来说说背书。

我在"插座学院"的时候开发过一门课程，这门课程的年销售额达到了千万，这是一种背书；2017 年，我与"十点读书"合作推出了一门课程，这门课程在"十点读书"上的销量超过 5 万份，这也算一种背书。背书是对内容的加持，是为了更好地宣传自己。

怎么背书？一种是名人推荐，如果你成事了，有了一些成为 IP 根基，他们往往是比较愿意推荐的。最怕的是你什么作品都没有，别人想推荐你都没有抓手。

除了名人推荐，你还可以多争取一些所在行业的荣誉奖项。当然这里的荣誉奖项是泛指，不是狭义上的参加比赛得奖才算。很多 IP 在这方面做得特别好，比如吕白，他获得了"2020 胡润 Under30s 创业领袖""2021 年福布斯中国 30 Under30"等很多称号。

除此之外，大家也可以多和一些平台机构进行合作，像新媒体行业里有很多人是大学的特邀讲师、机构的新媒体顾问等。这其实也是一种背书。

（三）内容要能够提供价值

还要再强调一点，内容一定要有价值，尤其在你是普通人或小 IP 的阶段。每个人都要思考这个问题——大家为什么要看你的内容。

举个例子，一个 IP 现在有 100 万粉丝，那么他分享骑摩托车、爬山、钓鱼，或者简单地用几句话分享今天的想法，也会有很多人看。如果是一个普通人，就一定要认真地去做有用的内容，做真正能给别人提供价值的内容，比如能给别人提供一些情绪价值、给别人分享一些有用的知识、讲一些有效的方法经验，或者提供了一些创新的做法等，这样别人关注的动机会更强。

（四）做内容的思路

这里，我还是以"世界杯"为例进行讲解。

假设你是一个写人物稿的作者，"世界杯"持续的时间很长，那么你就可以用做精品内容的思路，从这届"世界杯"里挑选 5 个最值得写的人物。确定好人物之后，先不要着急开始写，要静下心来认真准备。

如果你要写梅西，那就先把关于他的纪录片看一遍，找出他在网上点赞量最高的短视频、与他有关的采访资料等。你把这些都研究透彻，然后再认认真真地写一篇关于梅西的文章。无论需要三天还是五天，都一定要沉下心来认真写一篇精品文章。等梅西上热搜的时候，就借助热搜包装一下，把这篇文章推送出去。

每写一个人，都一点一点地打磨，如果你写的这 5 篇文章中有一篇成功，被很多账号转载，也许就可以增粉几千人。

如果你做婚姻情感类账号，就可以借助"世界杯"这个大热搜来了解一下球星们的爱情故事，比如写一写梅西与在 9 岁时一见钟情的女孩从相恋到步入婚姻的故事等。如果你做文化类的账号，也可以从"世界杯"的热点出发，写一写巴西的文化、阿根廷的某个风俗等。任何一个领域，都可以用这种思路做精品内容。

"世界杯"这个例子的核心是想告诉大家，想从普通人做到小IP，一定要找到一个突破点去做精品内容。只要你想写，到处都是突破口。需要强调的是，做内容一定要有长期性，千万不要随随便便地写、随随便便地拍摄剪辑，还没成功就放弃了。

我个人的建议是你要有一组好的策划，每一组策划必须有 5 ~ 10 个内容，而且每一个都认真准备，至少要坚持把这 5 ~ 10 个内容做完、做好。比如你要写"世界杯"的人物，就不能是写了一个人物之后，发现阅读量不高就放弃了。"世界杯"人物是一组完整的策划，无论结果如何，都必须坚持把这一组策划写完。这一组策划结束之后，再做下一组策划；然后在一组一组的策划中去优化迭代。这样做内容就没有不成功的，只有大成功和小成功的区别。

第二节

如何从小 IP 成长为中 IP、大 IP

有限游戏以最终赢得胜利为核心宗旨，无限游戏以把游戏持续玩下去为基本逻辑。做 IP 这件事就是一场无限游戏。我们做个人 IP 是要做一辈子的，同时它又是可积累、可叠加、有复利的，那么我们就有机会通过长时间的努力，从一个小 IP 成长为中 IP、大 IP。

一、10 倍放大让你从普通人到小 IP 的东西

（一）重复做行得通的事，直到无效

在影视行业，一部影视剧火了，导演就会拍续集、拍系列。比如，《阿凡达》第一部创下很多纪录，票房也非常高，现在它就出了第二部，之后可能还要出第三部、第四部；《速度与激情》也是同样的道理。

为什么会这样呢？因为成功的方法就是发现一件行得通的事，重复做，直到无效。回到做个人 IP 这件事情，如果想成为一个大

IP，就要不停地重复之前做成功过的事。

假设你写公众号文章，就要不停地探索怎样提高阅读量，比如写什么选题、用什么写法等，直到找到一套适合自己的模式，成功写出一篇阅读量过 10 万的文章。一旦找到了这种感觉，接下来想成为一个中 IP、大 IP 就简单了。无非就是把这套做内容的模式重复 10 遍、20 遍、50 遍，直到这种写法不再有受众。

做短视频也是一样的道理。比如"湖远行"通过之前的积累找到了一种可行的短视频拍法。他的旅行方式、拍摄方式和每次的开场白等，逐渐形成了一套自己的模式，然后不断重复这套模式。

抖音上有个账号叫"苏建军"，她拍自己吹唢呐的视频，每次都是先给大家哼一遍，哼完再拿起唢呐把刚才哼的那几句旋律吹出来。虽然每次唢呐吹得完全都不在调上，但是她还是获得了大家的关注和喜欢。后来她就拿着唢呐到处去旅行，去云南、厦门、西藏，去海边、山上、茶园，到各种不同的地方，用同样的模式拍自己吹唢呐的视频。

我自己也是这样做的。我以前在创业邦，通过追热点写创投精英的故事，一开始写出了好几篇阅读量过 10 万的文章，后面我就继续按照这个模式写，然后写出了 10 篇、20 篇、30 篇、50 篇，最后攒够了 100 篇阅读量过 10 万的文章。

每个人都应该这样。自己在拍短视频、写文章或者做 IP 的过程中，如果做了一件什么事让粉丝很喜欢你，让同行很佩服你，就应该把那件事继续重复 10 次、100 次，直到无效。

（二）有机会做 10 倍时，不要止步于此

当有机会把成绩做到 10 倍时，不要止步于此。你要知道，你做的这套东西，用户不会觉得厌烦，因为你并不是百分之百地完全重复。

举个例子，"湖远行"的视频中，虽然他每次拍视频或做直播的模式都一样，但他这次可能在瑞士，下次可能在意大利，再下次又去了摩洛哥。这对用户来说，每次都是不一样的，所以不是百分百重复。

从另一个角度讲，用户每天都会刷短视频，但并不是每天只看你的视频。

从这两个角度综合来看，就很容易理解，即使我们一直重复自己的模式，用户也不会厌烦。

对于我来说，我发现我自己写一类内容很容易受到用户的喜欢，就是我的奋斗史。每次我只要写这种内容的文章，阅读量、转粉率都会很不错。有时候我也会担心，同样的模式写多了，大家会不会就厌倦了？但其实并不会。这和做短视频是一样的道理，因为每一次写的具体细节都不一样，而且读者也不是同一个人，所以不用担心。

当你有机会去把一件事重复做 10 次、20 次、100 次的时候，就不要止于只做一次。从某种程度上讲，我们不要过于替用户着想。

之前抖音上有一个教做短视频的老师，他说过一句话很有道理："拍短视频，不是每天都要拍不一样的，而是你测试出来一个受众喜欢的类型就使劲拍、重复拍。"假如你一共拍了 100 条短视频，就应该把这 100 条短视频按照播放量、点赞量排序，找出数据最高的 10 条，然后每隔一两个月就重新拍一次。

像《一个普通男孩的十年》这种短视频，我发布后发现播放量很好，那就应该每半年、一年就重新剪一剪，再重新发布。从创作的角度讲，这样做没有创作的乐趣和快感；但是从流量的角度来说，它确实是奏效的。

公众号也一样，如果你是"刘润"公众号的重度爱好者，就会发现他经常把以前的文章拿出来重新发，而且发的频率非常高。有些标题你看着很熟悉，去公众号搜索一下，发现可能已经重复发了 10 次。

我自己的公众号也是这样。我们发了很多有关情绪内耗、鲁莽定律等这些选题的文章，每次发数据都很好，这就是在测试出来的成功模式。

不管你是写文章、拍短视频还是做直播，都要努力去测试，测试自己到底做什么样的事情会受欢迎。只要找到一个成功的模式，然后不断地重复它，很快就可以增加粉丝量，提高影响力。

一定要记住，成功的方法就是发现一件行得通的事，重复做、重复做，直到无效。

二、变现上克制，成长上激进

很多小 IP 在取得一点点成绩后，就把所有的时间、精力、资源都用来变现，没有时间和精力继续做事情、做内容，也没有把更多的心思花在成长上。

所以你会发现，有的人在你刚认识他的时候是一个小 IP，再过两三年他还是一个小 IP，影响力也没有变得更大，粉丝量也没有大的增长。在自媒体行业里，这样的人很多。他们每天都在绞尽脑汁地想怎么多发几条朋友圈提高转化率、怎么多做几场直播促进销售、怎么多推一些产品来变现、怎么多增加私域流量做转化等。

他们没有继续像早期一样，把自己的心思放在创作一条非常好的短视频、认认真真写一篇很好的原创文章上；他们没有继续不求回报地创造真正的好作品，也没有做一些不一样的事情或者慢慢把事情做得更出色。这些人就是不明白变现上克制、成长上激进的道理。

（一）不要忘记自己最初为什么被世界奖励

有一句话我特别喜欢："很多人忘记了，自己最初为什么被这个世界奖励。"我们得到一些东西、获得一些回报，都是被世界奖励、被市场奖励，不能忘记自己最初是做了什么才被奖励的。

举个例子，假设"湖远行"有一天觉得以现在的方式拍视频太累、太苦，于是开始安于现状，不再骑自行车到处旅行了，而是要换一辆豪车去环球世界；他也不在雪地里冻得直哆嗦给大家直播了，而是住在豪华酒店里给大家做直播。一旦这样做，他也许就不再涨粉了，甚至开始掉粉。最初世界奖励他，是因为他是一个有梦想的人，他可以骑着单车环游世界；当他不再这么做了，世界可能就不会继续奖励他了。

我最近也在反思自己最初是因为什么被世界奖励的？是因为当年在公众号上非常认真地一篇一篇地写文章。我为了写一篇文章，可以坐在咖啡馆里从早上 9 点写到晚上 9 点，可以耐心地翻阅三天资料，再认真地分析研究两天，动辄就花一整天来写作，非常专注认真。所以那时的我才写出了很多被大家喜欢、认可、广泛传播的精品文章。

现在呢？我可能一篇文章只花两三小时就写出来了，又短又没有太多信息量，打磨得也不够细致，错别字还多。慢慢地，可能大家就不喜欢看我写的文章了，因为最初让我获得奖励的东西，正在被我一一丢掉。

每个人都要记住，自己能从普通人变成一个小 IP，肯定是因为自己在做事的过程中做对了什么事，这件做对的事，就是最初被世界奖励的事，我们不要忘记它。如果有一天忘记了，世界就不会再继续给予你奖励，那时的你不会再继续成长，只能平稳地维持，甚至开始走下坡路。

（二）事上有追求，物质有回报

有一句话很重要：不要被你渴望的东西绑架。

我们渴望涨粉、渴望做出"爆款"、渴望变现，这些都没错。但如果你被这些欲望绑架了，就可能每天满脑子只想怎么涨更多粉丝、怎么变现更多，无法思考真正有意义的事情。

每个人都有欲望、有野心，但是如果欲望和野心过度膨胀，那么心和大脑就只停留在欲望上，就不愿意去用心做事。就像很多人只想涨粉，但不愿意认真打磨一个好内容；很多人只想赚钱，但不愿意认真做一个好产品。事上有追求，物质有回报。越是在默默无闻、无名之辈的时候，我们越不要追求物质上的回馈，只要把事情做好就行。

我们应该在变现上克制，成长上激进。在你能赚钱的时候，你能忍住不赚尽每一分钱，不把所有的时间和精力都用来赚钱，这是变现上克制。在你的规划中，可以只用三四成的时间和精力来赚钱，剩下六七成的时间努力成长，去拍更好的短视频、写更好的文章、制订新的战略等，这是在成长上激进。

对做内容的人来说，成长的核心就是每天有多少时间在创作，在打磨产品。很多人一天到晚全是在营销，在想怎么发朋友圈、怎么做直播带货，完全没有花时间去做内容。

在这一点上，我们都应该向李子柒学习。她的时间永远都花在打磨自己的短视频上，对拍摄和剪辑有着严格的要求，更多的时间和精力都是放在做内容上。她形成了一种正向的良性循环：流量越好、涨粉越快的时候，她做事的耐心反而越足。

她后续做了很多小项目的视频，耗时都特别长，慢慢地把它们拍出来。她还去学了刺绣、酿酒等技能，学会之后再把整个过程拍出来，因此她做一条视频的时间跨度特别大。像李子柒这样的人，才是自媒体人应该追求的终极状态。

其实东方甄选也是这样。俞敏洪一直强调：我们可以赚钱慢一点，但是要把产品做好，把内容做好。东方甄选直播间的这些主播，像董宇辉、顿顿，他们不是每时每刻都全力以赴地去卖货，该输出一些好内容的时候，一定会认真输出，他们不追求每一分钟都必须完成转化。

在变现上克制，还有一个优点：这样能让你维持一个良好的形象。

如果在你还是一个小 IP 的时候，就全力以赴地做变现，那么你的同行、粉丝、市场都不会给你的形象打高分。当你看到李子柒的状态时，你会觉得这个 IP 是可以做大的；当你看到东方甄选这样的直播间，看到董宇辉这样的 IP，你就会知道他潜力无限。但是你刷朋友圈，看到一些小 IP 卖东西的方式，就会给你留下急于求成、恨不得把每一分钱都赚尽的印象。

我相信你们在看我的时候，可能暂时还看不到我成为超级 IP 的可能性，但是以我直播的状态、做事的品行，至少不会让人觉得粥左罗这辈子就这样了，可能会觉得粥左罗也许有一天会更厉害。其实我在有意这样做，我不想让自己年纪轻轻就止步于此。

三、尝试做一些有机会放大的事情

（一）互推

这里的"互推"是指用更人格化的内容去实现互推。所谓人格化的互推，就是像介绍自己一个朋友那样，去把另外一个账号介绍给自己的铁杆粉丝；然后另外一个账号的作者也用同样的方式和口吻把你介绍给他的铁杆粉丝，这样才会收到不错的效果。采用"标题党"那种没有灵魂的做法，是行不通的。

假设你已经成为一个小 IP 了，你的公众号有一万粉丝，他的公众号也有一万粉丝，你们就可以约时间去互推，这种涨粉方式比写文章更有效。而且越是小 IP，粉丝的黏性往往越高，这种推荐就越有效。

这是一种比较典型的互推，我们讲的互推包括但不限于这种，其本质就是两个或者多个体量差不多的 IP 互相推广彼此。

举几个例子。我们做了一个年度直播，双方互相参加表示支持，或者双方在各自的私域给对方引流；又或者双方互相推广和销售彼此的课程、社群等。这些互推都是有效的，而且双方都会涨粉。

抖音上现在有一种互推形式很常见，就是"共同创作"。一个短视频的下方显示的是两个人或多个人的账号，那么双方的粉丝看到都可能会互相点一点关注。

（二）借力

借力的双方不是体量相当的双方，而是要不停地找比自己厉害两倍、三倍、五倍的 IP，去借他们的力，利用他们的资源。其实有很多人都是靠借力发展起来的。

例如，在知识付费这个圈子，"剽悍一只猫"就是典型的靠借力做起来的 IP。他最开始是采访 100 个精英，他到处约人进行采访，有的是朋友介绍，有的是直接付费购买对方最贵的产品进行链接，等等。一个一个去约比自己粉丝量大、比自己优秀很多的人，然后采访他们，采访完认认真真写一篇文章，发在公众号上。一般这样的文章，作为采访对象的精英都会将文章转发到自己的朋友圈，自己有公众号的可能也会转载一下。

为什么他当时找的采访对象都会答应呢？核心原因是他把前面几次的采访做好了，成了代表作。这样再约其他人的时候就可以介绍自己说："我是剽悍一只猫，正在执行一个计划，要采访 100 个精英，这是之前的几期采访内容和效果。"对方一看，发现采访做得不错，阅读量也不错，很大概率就会答应。

去参加大 IP 的社群、购买他的产品或者朋友介绍认识，有很多途径都可以借力。这里其实有一个关键点是你做的事要对别人有利。

举个例子，亦仁也是很典型的通过借力做起来的。2017 年，他开始做"生财有术"社群，当时是借了曹政老师的力。曹政老师推荐了他的社群，然后曹政老师的朋友们也开始推荐。后来亦仁也主动邀请各种 IP 到他的社群里做分享，而且他在邀请嘉宾的时候会先主动提供一些小福利。

2018 年，亦仁邀请我到"生财有术"社群去做一个生财合伙人的分享。他在邀请我的时候是先说想买 200 本我的新书，送给他的社群成员。要知道，这对作者来说是一件很荣幸的事情。就这样，他通过类似的方法很快地把社群做大，人数越来越多。

（三）合作大平台

这几年有很多 IP 都是靠和大平台合作做起来的。我自己就是其中的一个典型案例。

我在创业邦的时候，有机会去给别人做一些新媒体写作、新媒体运营的分享；后来"插座学院"对我抛出橄榄枝，我也和他们合作了一门课程；在这个基础上，我后来也和"十点读书"合作开发了新的课程。所以，我从一个小 IP 做到中 IP，是典型的靠与大平台合作。

其实很多人都是这样，与大平台合作，就是利用平台的力量提高自己的影响力。我如果纯粹靠自己一个一个粉丝地积累，不可能那么快就做起来。当时我刚开始做自己的公众号，发了几篇文章就有很多人关注我，其实这是因为之前在"插座学院"和"十点读书"打下来的基础。他们在整个市场上投放了足够多的软文，有很多人已经知道粥左罗这个人了，就差知道粥左罗有个公众号。所以我一开始自己做账号，用户看到后就会关注我。

当然，对不同的人来说，大平台的定义是不一样的。如果你现在还是一个很小的 IP，那么可能我这样的平台也能算得上大平台；如果你已经拥有十几万粉丝，可能我这样的平台就不值一提，你需要找更大的平台来提高自己的影响力。

（四）出书

有不少 IP 是因为出了一本书火起来的。采铜就是其中的一个典型，他的著作《精进》是一本畅销书，后来又出版了《精进 2》《精进 3》。还有成甲，他出版了《好好学习》，上市 3 个月就卖出 20 万册，然后他的 IP 就火起来了，后来又继续出版了《好好思考》。

出书这种事确实有放大功能，有的时候押中一个选题、一个流行词，或者押中一个当下的趋势和热门话题，可能这本书就成了畅销书，连带着作者的影响力也迅速扩大。

当然，有机会放大 IP 的事肯定不只这四种。但是，在放大 IP 这一点上，我还想再强调几点：首先，要心态开放，学会互利，而且要主动利他，主动分享，只有这样最终才能获利；其次，要学会求助，最坏的结果也就是被拒绝，摆正心态就好；最后，在自己没有成长起来时，学会吃亏也很重要，与他人合作时要让别人先得，别人才可能愿意给你。

第三节

如何让 IP 形象变酷

"平庸化"这个话题在个人 IP 打造的过程中很重要。现在我们见到的很多非常大的 IP，他们的形象都很酷。"酷"是一种状态，一种气场和整体的言行。有很多特别大、做得特别响亮的 IP，都有一种方式让自己保持比较酷的状态。

一、什么不是真正的酷

想让自己的个人 IP 形象变酷，我们得先知道什么是真正的酷。为了更好地让大家理解酷的本质，我们先通过一些案例，分析一下什么不是真正的酷。

陈丹青讲过一个观点，他说："现在的很多年轻人，为了标新立异，为了让自己看起来很酷，会搞很多花里胡哨的东西，如把头发染成绿色、打一个唇钉等。这样就是酷吗？当然不是。这只是标新立异、博人眼球。"

举个例子，作为一个个人 IP，我长期坚持健身，保持好身材，让自己的形象看起来不油腻。这算不算酷？能一直保持好身材固然很好，但这还不是酷。

比如，长期坚持做好一件事不放弃，这算不算酷？可能很多人觉得算。

其实反过来想想，你的朋友圈里一定有很多坚持减肥打卡的人、坚持每天读《论语》的人、坚持每天早睡早起的人，但你不一定觉得他们很酷。

当我们找到这样一些反例的时候，就会意识到这些都还不是真正的酷。

二、"酷"的本质是什么

我们通过举例子的方式排除了那些不是酷的表现，现在我们再讲讲酷的本质到底是什么。

先举个例子，罗永浩是大家公认的很酷的人。他之所以能够持续被人关注，就是因为他掌握了酷的本质，做了很多特别酷的事。董宇辉也是一个很酷的人。在他出现之前，大家想不到原来直播带货还可以这样做。"老干妈"也很酷，她宣布永远不上市，永远不借银行的钱，在这件事上她就很酷。

还有段永平，我一直非常崇拜他。他做到了绝大多数人都做不到的事情，很多人贪恋财、名、权，舍不得放下，但段永平在事业巅峰时选择了放下，这就是一个很酷的人。

我们列举的这些人都很酷。从他们身上来看，酷的本质到底是什么？我总结了以下三点。

（一）打破常规

打破常规是一种酷。如果你做的事还没有达到打破常规的程度，就称不上是酷。

比如董宇辉，就是典型的打破了常规。在董宇辉之前，很多人其实对直播存在偏见，认为很多直播内容并不符合大众的价值追求。但是董宇辉出现之后，人们改变了对直播的看法。他就是直播界里的一股清流，他打破了常规，让大家觉得原来主播还可以这么有文化、讲这么多知识，直播还能让人们在购物的同时还学到知识。

（二）打破的是不合理的常规

只要打破常规就一定很酷吗？其实不是，它还应该还有一个限定条件——不合理的常规。

罗永浩其实很精通营销，很懂怎么让一个东西变酷，但为什么锤子手机到最后失败了呢？因为他打破的很多常规其实是合理的。比如当年他总是强调要保留实体按键，觉得没有实体按键不合理；但实际上虚拟按键是被大众认可的。

举一个例子，我的社群是设置了禁言的。我认为做一个社群是给用户提供价值的，但群里每天有几百条聊天信息，这件事到底合不合理？我认为不合理，所以我要打破它。很多人不敢做，因为它虽然不合理，但会使社群看起来很热闹，能满足大家对虚假繁荣的追求。我认为虚假繁荣其实是不健康的。我一定要做一个干净的听课群，学员不需要有信息焦虑，不用每天去群里打卡，只需要在有课的时候认真听讲就可以。这就是打破了不合理的常规。

还有一个我大胆打破常规的案例是我的课程不提供回放。

我经常举一个例子：如果没有课程回放，你在直播时会从头到尾认真地听下去，听课过程中如果有人打断你，你可能会拒绝；如果有课程回放，那么你的听课过程将很容易被中断。所以，不提供课程回放可以有效提高用户对课程学习的重视程度。

所以，打破常规很酷，但你打破的常规必须是不合理的常规才行。

（三）是否合理需要大众评判

还是以直播回放这件事为例。如果我没有充分的理由说服大家，让大家接受不提供回放更合理，那么我不提供回放这件事就一点都不酷，甚至还会降低用户体验。

这里有一个关键点，做法是否合理要由大众评判。从某种层面上来说，打破常规的做法很容易出现两极分化：支持的人会特别喜欢你，反对的人会特别讨厌你。

就好像我做社群禁言和不提供直播回放这两件事，能够理解和认同的人会非常喜欢、非常支持；但是另一部分的人就会觉得，我是不是怕麻烦、不想管理社群所以才禁言，他们会非常讨厌我的这种做法。

有些人总是特立独行，总是想做一些个性的事情，或者当他们为了酷而酷的时候，经常会做一些所谓的打破常规的事情。他自认为打破了不合理的常规，但其实这种不合理只是自己认为的不合理，而不是大众认为。这就不是酷。

三、怎么才能变酷

要想变酷，就要先找到不合理的常规，然后打破它。

这里我想说一个底层思维方式或者行为模式：如果想成为一个很酷的个人 IP，就应该让"打破不合理的常规"成为一种惯性思维。

比如罗永浩，他就是随时准备好要打破一切不合理的常规，他已经形成了那种思维方式和行为模式。

我自己其实也在有意识地培养这种思维模式。我做任何一个业务，都会思考有什么可以打破常规的地方。有的人可能会觉得我每次怼黑粉非常直接，认为这很酷，那是因为大家常规的认知是在直播间里不应该得罪网友，应该包容。但是在我的价值观里，我的时间、情绪、爱和包容都应该给到喜欢我的人，而不是骂我的人。

不管是做公众号，做直播或者其他事情，一定要习惯性地去思考：你正在做的事，行业内有哪些普遍做法？大家都这么做就一定正确吗？

我经常讲一个观点叫"与显而易见的真理反向走"，我们应该养成这样的思维习惯。当你找到一个自己认为不合理的常规要去打破它的时候，还必须让大众认可，如果大众不认可，结果肯定是失败。那么，我们应该如何做呢？

（一）找到不合理

做任何事情，要想打破常规，首先要做的就是找到不合理。

怎么才能找到不合理呢？我的方法是去思考所在的行业中有哪些普遍的做法，在那些做法中有没有哪个你觉得虽然是惯例，但却不合理的。

（二）强调不合理

找到不合理之处以后，你还要公开表达，强调不合理。就像乔布斯发布新版本的苹果手机时，他都会强调目前市面的手机有哪些地方不合理。

我在发售社群的直播间里，也会强调这个行业存在哪些不合理的做法。比如，很多人做社群不重视课程方法论的交付，但我们发现了这个不合理，这就是我们的独特价值；或者很多人有课程方法论的交付，但是不全面、不系统、不细致，我们发现并改进了这一点，这也是我们的独特价值；还有，一个好社群的三个价值缺一不可，但很多人只做好了行业价值，没有做好课程价值和训练营价值，那么我就要打破这种常规。

这里的核心逻辑是，我能发现很多不合理的做法，并且公开强调了这种不合理。

（三）提出新主张

公开表达不合理还不够，你还要告诉大家什么是合理的，进而提出新主张。

（四）让大众接受

仅仅提出新主张还不够，还要让大众感知、让大众接受。所以，我们必须把新主张宣传出来，而且要讲清楚、讲明白。

就像罗永浩当年做英语培训，他讲了现有做法中很多不合理的地方，同时提出了新主张。但是仅仅提出新主张还不行，他还必须让大众接受，让大众觉得以前那些常规做法真的是不合理的。

就像不提供直播回放这件事，在我讲之前，可能很多人认为提供直播回放是合理的、天经地义的。这时如果我提出一种新的主张，那我必须让大家感知、接受这件事，我就得充分地去论证它。

大家一定要知道，我们做一些打破常规的事情时，本质上是你提出了一个比较特立独行的想法，这时你不能默认大家是自然接受、自然认可的，需要论证和想办法让大众感知、让大众接受。

第四节

个人 IP 形象逐步平庸化，怎么办

以前每次苹果公司开新品发布会，大家都觉得很酷，但现在每一次苹果公司开发布会，大家都是失望大过期望，觉得很平淡、很乏味。每次大家都期待它有大的创新，期待能像当年乔布斯一样带来很大的震撼，但是这几年都没有。到底如何才能对抗平庸化呢？

一、从酷到平庸化是时间的必然

从酷到平庸化是时间的必然。为什么？我总结了两点原因。

（一）从创新到被模仿，从打破常规变成新的常规

我们一开始觉得一个人很酷，其实是因为他没有遵循大多数人的做事方式，找到了一个不合理的常规，并且打破了它。

就像智能手机的外形设计、虚拟按键等，最初是由乔布斯创新的，他打破了诺基亚时代的常规，获得了大家的认可，然后所有的智能机都开始模仿。当苹果手机被很多品牌模仿，并逐渐成为统一

流行的新趋势时，就意味着苹果手机从过去的打破常规变成了现在的新常规。

不只手机，很多东西都是这样。我从 2015 年开始做公众号，也跟很多做公众号的创作者进行了交流。我们觉得公众号日复一日、年复一年一直没有变化，我们一直期待它能有新的变化，新的改革。

2020 年初，视频号上线了，它给微信生态注入了新的血液。人们一下子就兴奋了，终于在微信生态里看到新产品了。从这个角度来讲，视频号的出现就是打破常规，在一个原本只做图文的平台上创造性地推出了一个短视频产品。

在视频号这个产品里，最开始是短视频形式，后来又有了直播，这个创新又刺激了微信生态的创作者，到现在持续刺激了整整两年，大家都还为此激动着，前赴后继地来做短视频、做直播。

这两个案例对比说明，只有一直创新，一直打破常规，才能维持住这种酷，否则任何一种东西都会随着时间趋于平淡。

（二）从刺激到适应，打破常规带来的刺激会边际递减

你买一座房子带来的幸福感，会随着时间的推移变得越来越淡，是因为刺激被慢慢适应了。放到个人 IP 形象、品牌形象上来理解，即一旦受众适应，它就不酷了。

任何一种新的形式、新的做法、新的产品刚出现时，往往可以引领风潮，引人效仿，但经过一段时间后，一定会回归平静。

打破常规带来的刺激会随着时间的变化发生边际递减效应，从

最初的酷慢慢沦为平庸化。从酷到平庸化，是时间的必然。

二、打破路径依赖，才能一直酷

"路径依赖"是一个值得深思的词。

我当年在服装店上班的时候，会一直提醒自己在这里工作只是过渡，千万不能安于现状。有很多人做一件事会产生路径依赖，一开始从事什么行业、什么工作，以后就不敢轻易打破。

有个词叫"不破不立"。如果我们不敢打破那件已经花费了很多时间和精力做的事情，那件事就会反过来塑造你，随着时间的推移不断强化，最终定型，无法改变。

我当年做新媒体编辑的时候，就告诫自己一定要将新媒体编辑越做越出色，达到一定程度后改变方向，成为一个新媒体讲师，然后再自己创业。

路径依赖放在打造个人 IP 这件事上理解，就是最初让你酷的，也是最终让你不酷的。如果你一直不敢打破现状，做了一件事尝到甜头后就不思进取，不敢创新，那回报也会慢慢地趋向于零，甚至会成为束缚自己的东西。

所以，想要一直酷，就要打破路径依赖。那么应该怎么做呢？我总结了两点。

（一）面向未来而非固守过去，一招不鲜时要创新招

不管做什么事情，都要在守住长期方向和定位的同时，不断地

尝试创新。像我们"新媒体变现圈"第二期，就在第一期的基础上迭代了很多，我们创立了贝壳和小贝的机制，这从某种程度上来说就是一种打破常规或者创新的做法，学员们觉得这个机制很新鲜、很有趣。

一招不鲜的时候，我们就要去创新招，永远面向未来，而非固守过去。

（二）每当刺激适应时，就要来个新刺激

举个例子，在知识付费行业，罗振宇在最初是创新的代名词，知识付费行业的很多事情都是他第一个做的。当他提出做跨年演讲这件事时，大家都觉得太酷了，以前从来不知道还能做一场知识领域的跨年演讲。他一直在不断做创新，做了很多打破常规的事。如果认真去了解罗振宇的创业史，就会发现他在创业初期每隔一段时间就会创新招，一直有新刺激。但是这几年他开始弱化自己，因为他要让"得到"组织化、公司化，减少对自己个人 IP 的依赖。

我们再一起看看罗永浩是如何不断提供新刺激的。无论面向未来不断创新，还是打破不合理的常规，罗永浩都做到了。他最开始在新东方做英语老师时，就是一位特立独行、打破常规的英语老师。后来，他辞职自己创立老罗英语，还拍了一个微电影叫《幸福 59 厘米之小马》，里面有一个广为流传的"大杯中杯"的片段。

现在一个创业者开发布会讲述自己的创业故事，已经成为一件很正常的事，但当年很少有人这样做，所以罗永浩的演讲视频《一

个理想主义者的创业故事》轰动全网。他去做锤子手机也是一个新的挑战，后来锤子手机做不下去了，他原本可以选择破产清算，这样他就不用背负巨额债务了，但是他选择了还债，这在很多人看来又是一件不同寻常的事。

为了还债，他去上综艺节目、接各种广告代言、做直播带货，最终又重新回到科技领域创业。你会发现，这么多年来他一直那么特立独行，所以人们觉得他很酷。

当你做出了一种很好的形式，大家会认为很酷；如果你固化模式一直重复，终归会从酷归于平庸化。所以，想让自己的 IP 形象一直很酷，就要遵循一个逻辑：始终能在刺激被完全适应前抛出新刺激，打破路径依赖，才能一直酷。

三、潮流易逝，风格永存

我从 2018 年开始创业，到现在也五年了。我也怕大家慢慢对我产生刺激适应，怕大家慢慢觉得粥左罗的课也就那样，所以我经常琢磨怎么打破路径依赖，让自己的 IP 形象一直酷下去。

就好像"新媒体变现圈"第二期还没正式开始，但现在我的脑子里已经开始考虑第三期要有什么创新了，也会思考明年我要做一个什么新的事情，这其实也是一种危机意识。

2021 年，我连续直播 100 场相对来说还算一件比较酷的事情。一个传统图文自媒体作者要打破自己，开始做直播，而且要连续播

100 天，很多人觉得这是一件很厉害的事。

一直创新才能让我这个 IP 再继续做三年、五年，做得更久。这里就出现了一个问题：一直琢磨怎么创新，这样会很累。

后来，我看到香奈儿的广告视频时一下子恍然大悟，这句话叫"潮流易逝，风格永存"，意思是：潮流是变化的，风格才是不变的、本质的东西。

就好像"老佛爷"卡尔·拉格斐给香奈儿策划过很多非常高级的创意秀：在长城上办的秀、让怀孕七个月的模特压轴出场的秀、超市秀、风车秀、沙滩秀、瀑布秀、铁塔秀、雪地秀等，各种各样意想不到的秀。虽然秀的形式五花八门，但都体现了他强烈的个人色彩。"老佛爷"像时尚界的灵感永动机一样，总能以出人意料的、最酷的方式去办一场秀，而且每一场都与众不同，每一次出场都是惊艳。

为什么"老佛爷"可以做到一直酷？回归到我们讲的这个点上，这是因为他有非常强烈的个人风格。如果为了打破常规而去打破常规，那可能就会很累。如果你骨子里是乔布斯或者"老佛爷"这样热爱创新、个人风格强烈的人，就不会觉得累。当然，这里我们不是说要达到他们那样的成就，而是内在对自己的期待和要求。如果是这样，那么不断创新、不断打破常规就变成了你的一种生活方式，变成了你的一种思维方式，变成了你的一种行为模式。

苹果公司有一句很经典的广告语——非同凡想，意思是你要做一个完整的、独立的、原创的人。如果你是一个从众者、追随者、人云亦云的人，那么我相信乔布斯所做的事情你肯定做不出来，"老佛爷"那样天马行空的想象力你更不可能有。

他们这样的人遵循的一个原则就是"非同凡想"，他们不会想这个世界上已经存在什么，或者过去大家都是怎么做的，他们会直接从自己的角度去思考。

我之前在深圳线下见面会的时候聊写作，发现很多人普遍存在一个共同的问题。很多人在确定了一个写作主题之后，第一反应是借鉴别人的文章、搜索别人的资料、参考别人的写法，甚至直接把别人的内容重组一下作为自己的文章。长期以往，自己慢慢就失去了独立思考的能力，就失去了做一个原创人的本质。

我平时有一个习惯，就是当我要讲一些什么内容时，不喜欢先去搜索参考素材，我不会先想着要去借鉴别人的内容，而是要求自己尽可能先独立思考，先做原创性的内容。当然我不可能一点也不借鉴和参考他人的内容，但我首先是一个原创的人，参考借鉴只是辅助。

所以，这归根结底是"我们要做一个什么样的人"的问题，认识自己、成为自己，永远做原创的自己，这是最根本的。如果一直坚守这一点，我相信在任何一个领域，你都会有无限的创意，做出一些打破常规的事情。你会持续这样做，因为你就是这样的人，谁都无法阻挡。

第五章

个人 IP "爆款" 内容策划与营销

第一节

IP 长文：如何写好一篇个人 IP 宣传长文

一篇个人 IP 的宣传长文，应该是你为自己打造的最佳作品。如果你今年写了 100 篇文章，那么这篇个人 IP 宣传长文应该是这 100 篇文章中最好的一篇，必须将这篇文章打磨成能够持续宣传自己的产品才能发布。

这里我提到了一个词——发布。这篇长文最终是要对外公开发布的。我相信，即使写得不满意，这篇 IP 长文也可能是你用时最长、写得最认真的一篇文章，那么它发布的效果一定不会差。在文章发布后，每新认识一个人，你都要分享给他，作为 IP 形象的宣传。

首先，你写这样一篇文章不会没有流量，因为只要是喜欢你的人，他一定愿意分享这篇文章，主动帮你传播。其次，这样一篇文章不可能没有口碑，因为你是那么真诚地写作和分享。最后，它也不可能没有转化，我相信读者看完这篇文章后会看到你的成绩，主动联系你，愿意买你的产品，愿意买你的咨询，愿意买你的社群。

　　写这样一篇文章其实不难，但在这个过程中有四个字很重要——时间壁垒。你愿意花多长时间构思这篇文章？愿意花多长时间写出初稿？又愿意花多长时间一遍一遍地打磨这篇稿子，直到自己满意为止？

　　如果你平时花两三个小时写一篇文章，那么这篇个人 IP 宣传长文就必须花一周的时间去构思、写稿，不断打磨，直至发布的那一刻。

一、整体结构

　　个人 IP 宣传长文的整体结构由三个板块构成。此处以我的 IP 长文为例进行解析。

　　如果你看过我的短视频《一个普通男孩的十年》，或者在网上看到很多以"十年"为主题的短视频，就会发现大家的内容结构、做法都大同小异，几乎没有创新，使用同样的配乐和剪辑手法，用一些文案和照片去讲述一个成长故事。

　　为什么我提倡大家按照模板去做呢？因为如果一个模板是被成千上万的人验证行之有效的，那么对大部分人来说，用大家验证过的结构和方法去做就是很好的方式。

　　写个人 IP 宣传长文也是这样。我的个人 IP 宣传长文结构很简单，分为前言、我是谁、我能为你做什么、我为什么要做这个四个部分。这就是一个被验证过的优秀的结构和脉络，如果你没有更好的结构，或者你认为自己的驾驭能力还没有那么强，就可以先按照这个结构来写。

重点给大家讲一下我是谁、我能为你做什么和我为什么要做这个这三部分应该怎么写。

（一）我是谁

个人 IP 宣传长文类似于个人使用说明书，所以，我们要先详细介绍自己。

关于"我是谁"，可以有很多写法，比如我是一个非常爱老婆的人，就可以从亲密关系方面切入介绍自己；或者我的人设重点在家庭教育，那么我可以从好父母、好子女的角度去写。

每个人在定义自己是谁的时候，会发现自己有很多角色，可能同时是老板、父亲、丈夫、公益人士、律师，也可能同时是员工、儿子、丈夫、医生等。每一个角色都是一个写作方向，所以要先确定自己的角色。

整篇文章是一个系统，这个系统是环环相扣、因果关联的，文章的每一个部分都应该有内在的逻辑。在定义"我是谁"时，要与接下来的行文有直接的关系，也要与最后的目的有直接的关系。

以我的那篇 IP 长文为例，我最主要的长期工作不是做新媒体，而是激发个体成长，帮助更多人变得更好。既然要把"激发个体向上生长"作为一生的事业，那么在定义"我是谁"的时候，就必须把"我"定义为一个持续向上生长、热爱学习并因此改变人生的人。

确定了这个方向之后，我们就不讲与此无关的事情了，尽管每个人还有很多非常精彩的故事。

在写个人 IP 宣传长文的时候，我们一定要紧密围绕文章主题进行撰写。很多人有一个大问题：文章内容零散，没有主题，不知所云。

以我的 IP 长文举例，我只记录与核心主题有关的经历，与核心主题无关的故事，即使再精彩也不会添入其中。所以，如果读者认认真真地看完这篇文章，大概率能感受到：粥左罗是一个持续成长的人，是一个从农村走出来的持续奋斗、持续学习、持续向上攀登的人，能在故事中看到普通人顽强的、向上生长的生命力。

我们必须精准地定义"我是谁"，每多一个与主题无关的角色、经历、故事，都会让文章的主题更模糊。

（二）我能为你做什么

这部分内容其实就是把自己的产品或业务用一种软性营销的手法写出来。

这里有一个很重要的关键词是"软性营销"，即我们要表现出自己能为用户解决一些已存在的问题。在这样的文章里，不要强调商业收益，否则就显得太功利了，效果反而不好。这里更主要的落脚点应该是"为用户做什么"。

我能为你做的事情是陪你一起向上生长。

　　用什么陪你向上生长？核心是为用户提供优质的内容，帮助这样的人——跟我一样想改变命运的普通人、想要通过奋斗让家人过得更好的人——更快地成长、积累财富。

　　我用什么方式提供优质内容？优质内容包括免费的公众号文章，也包括一些付费课程、训练营、社群。

　　写自己的个人 IP 宣传长文时，也可以基于自己的业务项目进行撰写。如果你是输出内容，就着重说明你为什么要做这样的内容；如果你做社群、训练营，也要着重说明产品类型、产品用途，能够帮助用户解决什么问题。

　　假设你是一名整理收纳师，你可以讲一讲自己倡导的那种高品质的生活方式、生活理念、生活哲学，旨在帮助更多的家庭有一个简单、温馨、整洁的家。

　　如果你是一名新娘化妆师，也可以讲得高级生动。比如，你可以突出婚礼对一个女人来说价值是什么，或者你可以展示新娘最美的时刻，让她们在这样重要的仪式上留下更美好的瞬间等。

　　在这方面很多人觉得不好意思，她可能觉得自己就是一名普普通通的整理收纳师，她可能觉得自己就是一名普普通通的化妆师，没有特别重要的价值。但请相信，你做的事情都有其价值，你做的事都可以用非常高大上的方式讲出来。

（三）我为什么要做这个

为什么我要做个人成长方向的 IP 呢？

因为我曾经生活在一个内容匮乏的环境里，长大之后我想获取更多的优质内容，帮助自己更好地成长。我想到还有千千万万像我这样的人，他们也生活在优质内容缺失的环境里。我是淋过雨的人，所以想为他人撑伞，帮助更多像曾经的我一样的人。这是我的愿望、我的理念，并且我在长期的行动中可以做到知行合一。

为了让读者更好地感知优质内容的力量，我列举了在我生命各个阶段遇到困难时曾经鼓舞我的那些优秀文字、那些伟人经历，帮助我从一个个至暗时刻走了过来。我是优质内容的受益者，我坚信优质内容能给用户带来力量，能影响用户、引领用户、改变用户、重塑用户，让用户成长为更好的自己。

这是我的亲身体验，我最有资格也最有责任为大家提供优质内容，这就是我的使命。

市场上有很多人都在做这些事情，你有很多竞争者，那么用户在可选择的范围内，为什么要选择你而不是别人？你需要给用户一个理由。

假设你是一个整理收纳师，在很多人认为家庭整理不重要，更不认为需要花钱请人做整理、收纳时，你要如何打破大家的这种观念？要推广一种生活方式，你就必须向大家强调、宣传和倡导家庭整理、收纳的重要性。

假设你做新娘化妆师，就一定要想想为什么你有资格去做这件事？为什么你适合做这件事？

讲故事有两种方式，第一种是讲述你做这些事情的收获。

举个例子，假设你是一个"北漂"的年轻人，曾经有很长一段时间心情很压抑，不知道如何改变现状。你觉得自己就像大城市机器里的一颗螺丝钉，被巨大的机器驱使着日复一日地劳作，不知道幸福感在哪里，也不知道自我在哪里。

后来有一天，你接触到了"极简"的生活理念，学到了一些整理、收纳的技能，把家整理得很干净、很舒适。从那以后，你慢慢发现，当家里越来越整洁，越来越有序，心情也变得越来越好，觉得自己的生活开始变得可以掌控。

这是一种叙述方法。因为这件事改变过你、帮助过你，所以你想宣传这件事，你希望能够帮助更多像曾经的自己那样的人。这样讲完，别人更愿意选择你的产品、你的服务，大家会觉得你做这件事带着一种情怀、一种使命、一种价值观，而不是纯粹只为了赚钱。

第二种方式是讲述自己的优秀案例或独特经历。

假设你是一名整理收纳师，因为一次整理你改变了别人对生活的态度，或者因为一次整理你和客户成为很要好的朋友，或者一次整理改变了一个家庭的生活氛围等。把这些故事讲出来，就能给他人传递一种信念、一种理想，也展示了自己在这个领域做得很出色。

简单总结一下，一篇个人 IP 宣传长文可以由三个部分构成：我是谁、我能为你做什么，我为什么要做这个。只要能把这三部分都表达清楚，就是一篇非常完整的个人 IP 宣传长文。

这里我要强调一点，在写这篇文章的整个过程中，我们都要反复检查上下文，检查每一个具体内容是否与整篇文章有内在逻辑，不同部分之间是否环环相扣。

二、内在层面

（一）真实

所谓"真实"，最基本的要求就是不能说谎。我们不能去编造，一定要真实，也不要美化或夸大。

有的人为了更好地打造人设，可能会夸大自己的一些成绩。比如有的人是麦当劳门店的收银员，但介绍自己是世界 500 强的员工。虽然这样说的确没问题，但本质上是在美化自己。我们写自己的个人 IP 宣传长文时，应该避免通过一些手段过度美化自己，因为真实与否，读者是能感受到的。

除了不编造、不夸大，"真实"还包括不做作、不炫耀等。有些人成名、有钱之后，或者在某一个领域地位提升之后，会变得很骄傲，经常向大家炫耀自己取得的成绩，这也会引起反面效果。

我在写自己的个人 IP 长文时，最怕的就是我的内容带给读者炫耀的感觉，一旦带给读者这种感觉，就会引起读者的反感。个人 IP 宣传长文最重要的是真实，哪怕写出了一些不好的过往也不用担心，没有人会因为看到这样的内容而笑话你。

在写个人 IP 宣传长文的时候，我们要相信自己的读者都是善良的。我之所以敢如此真实，就是因为我相信世界是很美好的，我相信我的读者都是善良的，他们不会因为我过去不好的经历而嘲笑我、攻击我。

（二）真诚

真诚和真实有一定程度的重合，但是也有很大区别。

真实是事实层面，真诚更多的是主观层面，是作者的动机。动机是不可讨论的，从这个角度讲，我们其实没有办法评判作者真不真诚，因为动机只有自己知道。

我们写个人 IP 宣传长文的时候应该非常真诚。我们承认，自己的出发点是要写一篇带有营销性质或营销目的的个人 IP 宣传长文，但是真正开始写的时候，要暂时忘记营销目的，把真诚放在第一位。当你真正开始写的时候，心里不要想着：这里应该这样写读者会更喜欢，那里应该那样写读者看了之后会更愿意买课等。如果你心中有套路，那么写出来的内容必然不真诚，因为动机不纯。

这里可能有人会质疑：我最终的目的就是让大家更喜欢我，想要涨粉、想要变现，怎么能放下这些目的呢？我们确实是想要达到这样的目的，但是没有必要把这些放在每一句话里。

我写自己的个人 IP 长文时会一遍一遍地读，会读给我爱人听，让她帮我从读者的视角去谈论看完这些文字带给她的感受，一旦她有不好的感觉，我就会马上去修改。

（三）品格

读者在读完你的个人IP宣传长文之后，如果没有看到你身上的一些品格，那么这篇文章也是失败的。我们写的是个人IP宣传文章，IP就是理想人，需要让大家感受到IP身上一些好的品格。

所有优秀的品牌都有自己的品格。我们谈小米的时候，会说小米是新国货；我们谈华为的时候，会说是华为是民族品牌。

作为一个个人IP，我们也应该有自己的品格。有的人突出自己自律的特质，有的人突出自己诚实的特质，有的人突出自己勤奋的特质，有的人突出自己爱读书、爱思考的特质。在这一点上，我们应该怎么做？

在写个人IP宣传长文的时候，要先把自己想长期突出的个人品格关键词列出来，然后反复斟酌这些关键词和自己的哪些经历相匹配，讲哪些经历能彰显这样的品格。我们首先要对自己有了解、有定义、有期望，要了解自己是什么品格，只有充分了解自己之后，才能在写作的过程中自然地在字里行间流露出来。

除此之外，这些品格应该对你正在做或者即将做的产品和业务有正面的促进作用。

举个例子，读者可以从我呈现的内容里看出来我是一个靠谱的人，这个品格就有助于我的课程、训练营和社群的转化；但如果你是一个艺术家，就不一定要展现自己靠谱的品格，你可能更应该展现自己潇洒、个性的气质。

（四）专业

在个人 IP 宣传长文中讲故事、讲个人经历时，不要忘了表现自己比较专业、优秀的一面，要懂得适当地宣传自己。

比如，我希望有人向我学习个人成长、学习做新媒体，那么我的这篇文章自然而然会提到很多自己在个人成长和新媒体方面的成绩，给读者留下专业的印象。如果读者看完这篇文章后只是很喜欢我的故事，但是没有想跟着我学习或者想购买产品的冲动，那么这篇文章就不成功。

总之，你要在合适的地方呈现出你在这个领域的专业性。除了让读者感受到你的真诚，还要让他们相信你的专业性，这样他们才会愿意跟着你学习。

（五）三观理念

在个人 IP 宣传长文中，我们还要体现自己的三观理念。我们要把自己与其他同行区分出来，展示出更高层面的价值。

我在自己的个人 IP 宣传长文里就有一个鲜明的理念：拼命向上生长是年轻时最重要的事。

从某种层面上说，价值观没有对错之分。我想吸引的是和我同频的人，那么我就要非常明确地表达我的价值观和理念。

我在文章里是这样表述的：

先明确一下，"你"是谁？其实人只能吸引同路人，所以，"你"是跟我一样的人。

很多人家庭条件不好，但没有向上走的意愿，他们已经习惯了——"你"不是，"你"最怕自己习惯，因为那叫"认命"。

很多人过了 30 岁就觉得人生已经定型，再逼自己成长已经没有意义——"你"不是，"你"觉得就算 40 岁也不晚。人若无斗志，20 岁就老了；人若有斗志，40 岁也正年轻。

很多人毕业后就基本不再学习了，他们不相信持续学习、持续成长真的可以改变一个人的命运——"你"不是，"你"始终相信学习的力量，成长的力量；"你"希望终身学习，成长理应是贯穿一生的事，即便不能成功，成长也是生命本来的事。

这些内容就是在表达理念、传递价值观，可以升华个人 IP。因为你不单单讲方法、讲经验，还会传达思想和观念，用户很容易就会把你与其他人区分开来。

所以，要在文章中适当地传递出自己的三观理念。理念有深度，个人 IP 才会有高度。

（六）使命、理想、目标

我们要把事业拔高到使命、理想、目标的层面，在这三个词中，使命是最神圣的一个词，理想次之，目标最小。

如果不敢用"使命"，就用"理想"替代，我们要在文章中展示自己的理想是什么。比如,你希望能够帮助中国多少个家庭、多少个年轻人、多少企业等。这是你要花 5 年、10 年甚至 20 年实现的理想。一定要讲出你的理想、追求,甚至是使命,但要量力而行,不能好高骛远。

此外,使命不一定是很伟大的,每个人都有自己的使命。例如,一个大学生立志毕业后要回到 300 人的村子里,在 3 ~ 5 年时间里,帮助 300 位村民实现脱贫,提高他们的年收入,这就是他的使命。

三、具体写作上的三点注意事项

(一)耐心写,创造足够的时间壁垒

我们要付出足够的耐心来打磨自己的 IP 宣传长文,不要急于求成。一定要记住"时间壁垒"这个武器,只要你付出了足够多的时间、精力和智力,你的作品就会深入人心,粗制滥造的内容必定无法打动人心。

(二)表达上,要以长期使用为要求

写这篇文章的时候,我们要保证这篇文章可以长期使用,至少在几年内不会过时。当然每年都可以迭代内容,因为有新的经历,但大概率是在原来的基础上去迭代,而不是完全推倒重来。

(三)价值上,借这篇文章梳理人生

写一篇个人 IP 宣传长文除了商业层面的价值,如涨粉、阅读量、转化等,还有一个很重要的价值——借这篇文章来梳理自己的

人生。

　　为了写好一篇个人 IP 宣传长文，我们需要认真梳理自己的人生和当前阶段的目标，梳理"我是谁、我想为你做什么、我为什么要做"。写文章的过程也是一个自我审视的过程，这一点可能比宣传自己个人 IP 的意义还要更大。这就是这篇文章的额外价值。你完成了一种对自我的审视和盘问，让自己在这个阶段过上了一种深思熟虑而非盲目的人生。

第二节

"精神氮泵"：让用户感觉"我又行了！"

　　我的手机桌面是一张施瓦辛格的照片，他是我特别喜欢的一位偶像。大多数人，一辈子能把一件事做得特别精彩就很不错了。很少有人能同时在几个领域里都做到顶尖状态，但施瓦辛格做到了。很多人只把他当成一个电影明星，但是仔细了解就会发现，他其实在健身领域也是首屈一指、元老级别的存在，甚至他还从政做过州长。所以，我一直把他当成非常优秀的榜样。

　　我最敬佩的是他在健身领域取得的成就，之所以举健身领域的例子，是因为本节主题中的关键词"精神氮泵"，就是从健身行业衍生出来的。

一、什么是"精神氮泵"

　　氮泵是健身行业的一种运动补剂，它可以让你感觉"我又行了"。如果状态不好，健身的时候无法负重很大，这时服用一点氮泵，状态马上就恢复了。

它的作用主要有三点：第一点，它会在短时间内大幅度提升兴奋度，让服用者感觉到热血沸腾、精神亢奋；第二点，它会让服用者在健身时的专注度和耐力得到很大提升；第三点，它会帮服用者在短时间内提升力量。

如果你是一个喜欢健身的人，应该会经常刷到一些健身博主的视频。你会发现他们发视频经常加一个标签叫"精神氮泵"。那么，健身领域的"精神氮泵"是什么意思呢？

举个例子，施瓦辛格发布了一条训练视频，对很多健身爱好者来说，这样一条短视频就是"精神氮泵"。它在精神上刺激了这群人，让他们更兴奋，更有动力去健身。

"精神氮泵"这个词也可以运用到成长、学习或其他领域。当在某个阶段想要攻克一件事时，我们就应该找到那个领域的"精神氮泵"，即能激励我们的东西。

假设你想做导演，刚毕业的时候你只能接拍一些小广告片、产品宣传片或企业宣传片，这个阶段你可能会经常感觉自己没有机会拍电影，没有出头之日。这时如果有人给你推荐一本李安的自传《十年一觉电影梦》，你看完后可能就被鼓舞了，因为李安就是你在这个行业或这个阶段的"精神氮泵"。李安曾经在家伏案了大概六年才有机会成为一名导演，那几年他一直没有很好的机会去拍电影，但他最终都熬过去了，成为一位国际知名的大导演。这样的案例对于想做导演但还没有出头的人来说，就是绝对的"精神氮泵"。

每一个领域都会有一些"精神氮泵"式的存在，激励着很多人，鼓励着很多人。个人IP就应该承担起这个责任，这其实也从另一个角度也解释了个人IP的本质——成为某个领域"精神氮泵"般的存在。

二、"精神氮泵"类内容的四个作用

（一）提供激励和刺激

如果你是一个自媒体领域的小白，了解到粥左罗从小编到运营经理，再到内容副总裁，最后成为创业者的经历，就会得到一种巨大的激励和刺激。

（二）提供目标和方向

每一个领域的"精神氮泵"其实都是展示了一种我们可能成为的样子，或者为我们提供了一种前进的目标和方向。

举个例子，崔永旺老师在新媒体变现圈第一期给我们分享了他的经历，讲他怎么从一个小编逐渐成为新媒体头部账号的负责人。他展示的这个过程，其实就是为那些正在做新媒体编辑、新媒体运营的人提供了一个目标和方向，也展示了一个成功的路径。

（三）促进行动

"精神氮泵"类的内容，会让人在观看之后更有动力去执行。

举个例子，当你看到一个减肥的人从200斤减到130斤的经历，就会觉得热血沸腾，赶紧把手里的饭碗放下，甚至可能马上去做运动了。虽然第二天你可能还会再把碗端起来，但是如果持续让自己浸泡在这样的内容里，行动力就会越来越强。

（四）心理代入

"精神氮泵"类的内容，会使人产生心理代入。心理代入与一个概念相关——镜像神经元，它会让人特别容易代入别人的情绪里。

心理代入不仅是指情绪方面的，也包括故事体验上的。我们在看枪战片、灾难片时，有时会发现自己不自觉地握紧了拳头。这就是非常典型的心理代入。

大家看我的成长经历时，尤其是第一次看的时候，我将自己的成长故事娓娓道来，你可能会感觉自己也可以通过努力获得成功，因为你代入了。当我讲自己因为找不到好工作、因为爷爷奶奶不喜欢、因为亲戚朋友的质疑和轻视有多么自卑的时候，很多人也会代入，因为这可能唤醒了以前一些不愉快的经历，那时候就进入了我的状态里。

我们策划"精神氮泵"类的内容，就是让受众产生心理代入，觉得自己也能成功。

三、如何策划"精神氮泵"类内容

（一）策划"精神氮泵"类内容的根本思路

要做"精神氮泵"类的内容，有一个根本思路：走出困境＋结果美好。

举个例子，我讲自己是一个"北漂"青年，当时的经济条件很不好，只能住地下室；这时候还谈了恋爱，在一无所有的年纪遇到了最疼爱的人，整个人很焦虑、很痛苦，感叹自己为什么这么穷。这是我在描述一个困境。

这时用户就会代入这个困境。当我一步一步地走出这个困境时，用户就像看电影一样跟着我的剧情发展。走出困境后，最后的结果一定是特别美好的：我的收入变高了，搬到了属于自己的房子里，和自己爱的人修成正果。

这就是整个故事，本质就是"走出困境 + 结果美好"。

再比如崔永旺老师讲他的故事。当他是一个编辑时，靠着比较好的作品加入了心仪的新媒体公司，一心想做出特别优质的内容，结果被泼了一盆冷水。领导对他说得先练好基本功，练习怎么写标题和导语，怎么给文章配图等。

这时的他就陷入一种怀才不遇的情绪，产生了一种没有出路的感觉，这其实是他在这个岗位或领域发展面临的困境。接下来他再去讲自己是如何一步一步走出这个困境的，最后的结果是他发展顺利，成为一个头部新媒体账号、百万粉丝大号的负责人。

崔永旺老师的故事也是"走出困境 + 结果美好"。如果我们好好分析一下，就会发现所有"精神氮泵"类的内容都是围绕"走出困境 + 结果美好"展开的。否则，只会让大家越看越绝望。

一个人从失败走向失败，最终告诉大家这辈子还是要与平庸的自己和解，那么大家看完就会垂头丧气、更觉得没希望了。做个人IP，就是要照亮别人。我们要给别人希望，而不是制造焦虑。希望是最美好的东西，只要还有希望，虽然人生暂时没有那么成功，你也会相信未来有更好的事情在等着你。

虽然房子很贵，但只要努力还是买得起；虽然婚姻经营不容易，但这个世界上还是有美好的爱情值得相信。我们做个人 IP，一定要让自己成为"精神氮泵"，让大家看到我们就充满了力量。

我们会发现那些真正厉害的 IP 基本上不会有负能量，也不做负面表达。即便他偶尔做负面表达，本质上也还是为了最后的正面表达。大 IP 带给大众的基本上都是积极的正能量。他们让人永远相信，人生是有希望的、生活是美好的。

（二）策划"精神氮泵"类内容的五个方向

"走出困境 + 结果美好"是策划"精神氮泵"最根本的思路。那么具体的内容方向有哪些呢？

我们之前讲过，个人 IP 本质上是某个方面的理想人，主要有五个方向：行动、成绩、知识、三观、人品。所以，我们在具体的内容策划方向上，就可以从这五个方向去思考。

从行动层面讲，我们可以展示自己在行动上遇到一个困境，最终突破困境，得到了很好的结果。比如，我本来是一个写作小白，使用了什么样的方法、付出了什么样的努力之后，成为这个行业的翘楚；或者加入了非常优秀的公司，做出了很厉害的成绩，等等。

从人品层面讲，假设一个主播在直播间推销一个产品并保证是全网最低价，后来发现厂家给他提供的价格不是全网最低价，这时候他应该怎么办呢？严厉地谴责厂家并不是最好的做法，最好的做法是他自掏腰包给大家补差价，这就展示了诚信和担当。

当人们遇到一些考验人品的情况时，如何选择就是一个困境。这时我们给他们树立一个正面的榜样，让他们相信，原来善良和正义可以战胜邪恶、诚信永远可以赢过投机取巧。这就是人品层面的"精神氮泵"，即为大家提供一个人品方面的榜样。

（三）"精神氮泵"类内容的四个写作技巧

写"精神氮泵"这一类内容的时候，都可以运用什么方法呢？我总结了四个技巧。

第一，观点性大于干货性。"精神氮泵"类的内容无须提供太多技术层面的干货，换句话说就是少讲"怎么办"，多讲"是什么"和"为什么"。一旦提供太多"怎么办"的内容，它就变成了一个技术帖，大概率上就不会成为大家的"精神氮泵"。

健身领域的"精神氮泵"，一定是施瓦辛格满头大汗、青筋暴起、非常疯狂地训练。看这样的内容，受众才会觉得自己被唤醒了、被刺激了，才会觉得自己也需要行动起来。如果施瓦辛格讲做深蹲应该怎么做，每次做几个、做多少组、组间歇是多少秒，重量上第一轮多少、第二轮多少、第三轮多少，怎么去设计递减或递增等，受众大概率不会被激励到，很可能听 20 秒就放弃了。

所以，做"精神氮泵"类的内容，一定要观点性大于干货性。

再举个例子，我作为一个写作 IP，一种是去讲如何通过写作一步一步成长，最后做到靠写作月入 10 万元、买房买车；还有一种是技术帖，讲选题怎么做、标题怎么取、表达手法有哪些等。

这两种内容哪一种更能成为"精神氮泵"？当然是前者。没有干货，就是告诉受众写作可以改变命运，获得 10 倍收益。

第二，**故事性大于知识性**。这一点与第一点其实是一脉相承的，以故事性内容取胜，表达自己的观点。

如果说常规的好内容是"干湿结合"，那么"精神氮泵"类的内容就是"湿"的部分要多一点，"干"的部分要少一点。"湿"的部分其实就是故事案例，一定要讲好故事、讲好细节。

举个例子，我讲自己怎么从一个"北漂"穷小子到在北京买房买车，一定会去讲我很穷的时候发生的一些故事。我会讲我当年跟女朋友没有钱买西瓜，只能买 1/4 个西瓜两个人分着吃；我会讲我们去电影院看电影，舍不得在电影院买爆米花和可乐，每次都会先去超市买便宜的零食，揣在兜里偷偷带进电影院。

一定要讲这种有细节的故事，读者往往会被细节打动，感受到那个故事对自己的震撼，对自己的刺激，才能唤醒自己的能量。

第三，**可能性大于逻辑性**。如果侧重逻辑性，就很难写出有"精神氮泵"价值的内容。我们写"精神氮泵"类的内容，就是通过故事让读者有心理代入，唤醒内心的力量。我们说可能性，其实就是让读者看的时候认为自己也可以做到。

为什么逻辑性在这里不是那么重要？因为所有人的成功都是不可复制的，成功背后都有非常复杂的归因。

写"精神氮泵"类的内容，给大家提供的是可能性，是为了让大家看完之后觉得自己也能做到，就要具备可模仿性。如果我们用科学原理去拆解一些事物本质，会发现勇气并不重要，掌握专业技术才重要。这样一来，这些人的成功对读者来说就没有意义，因为他们的故事不具备可模仿性，读者在这个故事里看到自己成功的可能性是零。讲"精神氮泵"类的内容得让用户看到可能性和可模仿性。

从这个角度来讲，我们想要把刘媛媛的故事变成"精神氮泵"，就要刻意少说她毕业于北京大学，而是要讲她最好模仿的一点——勤奋。毕竟相对于考上北京大学而言，勤奋更容易复制。我们可以说刘媛媛是最勤奋的主播，她一天到晚都在直播，没有人比她更勤奋、更拼命。这样大家才会觉得：我也要这么勤奋，我也要像她一样努力，我也有机会做到。

策划"精神氮泵"类的内容，可能性要大于逻辑性。

第四，起点终点法。所有"精神氮泵"类的内容，不管在行动上、成绩上还是其他方面，都要给读者展示一个特别低的起点和一个很有高度的终点，我把它总结为起点终点法或落差法。

我们平时肯定看过大量的这一类文章标题，比如"从月薪五千到年入百万，他×××""从 20 岁摆地摊开始，到 50 岁拥有市值百亿的创业公司×××"等，它们的核心方法都是用落差来为文章增色，才能激发人们的好奇心。

所以，起点终点法是写这类内容的文章非常重要的技巧。

四、IP 本人要活成行走的"精神氮泵"

在这里，我们再讲一个理念性的东西或指导性原则——IP 本人要活成行走的"精神氮泵"，并持续输出"精神氮泵"类的内容。作为一个 IP，我们本身的活法、人生的经营方式、职场的生存方式，应该就是活生生的"精神氮泵"。

举个例子，假设我从小编一步一步成长为一个成功的内容创业者，这本身就是"精神氮泵"，就算我不把这些经历写成文章，大家看在眼里也会感受到激励。如果一个 IP 只是生产一系列"精神氮泵"类的内容，但是自己没有活成一个"精神氮泵"，就没有说服力。

举个例子，我之前在一个社群里看到大家讨论一个作者，他写了两本有关健身的书，我一看书的名字就很喜欢，觉得这个人非常厉害。刚好我也在健身，就把那两本书都买了。但后来我把它们都丢到垃圾桶里了，因为我和这位作者互加了微信，我在看完他的朋友圈后绝望了。作为健身书的作者，他膀大腰圆、大腹便便，这样一个形象的人，我为什么要看他写的健身书？

所以，IP 本人首先要活成一个行走的"精神氮泵"，这样去输出"精神氮泵"类的内容才能有说服力。

当然，我们输出"精神氮泵"类内容时，不一定是输出与本人相关的经历。像我作为一个个人成长的励志 IP，可以写海底捞"最牛服务员"的故事。这虽然不是我自己的故事，但我作为这个方向上的 IP，只要给大家提供的是这个方向上的"精神氮泵"就可以。但最好还是自己成为"精神氮泵"，这样才是最有说服力的。

另外，我们也要注意，不能一直输出"精神氮泵"类的内容，这样没有意义。也就是说，精神刺激和激励要掌握一定的节奏，不能过于高频。它应该是一个阶段一个阶段的，因为人会接受刺激、适应刺激、淡化刺激，如此循环往复。所以，我们要找到合适的节奏，将自己的经历与别人的经历相结合来持续输出。

第三节

夹带"私"货：永远不要脱离个人经历做内容

一、个人经历是 IP 内容的核心原料

这里提到的夹带"私"货，是指永远不要脱离个人经历做内容。很多个人 IP 写文章基本不谈及自己。比如有的人写一篇文章来讲怎么战胜拖延症，从头到尾写的要么是别人的经历，要么是网上找来的资料，要么全文都是方法论，没有自身的真实经历作论据。这就是一个很大的问题。

要打造个人 IP，输出内容就不应该脱离自己。我做任何内容，包括写文章、拍视频、开直播、做分享、写课程、写书、做演讲，都会想尽一切办法加入自己的个人经历。从现在开始，我们要有一个认知：要把自己做的内容从"与我无关"变成"与我强相关"，自身个人经历应该是内容的核心原料。

我的粉丝量与行业内的一些头部相比不算多，我的收入、业务规模也比不上他们。但是，与其他人的 IP 相比，我的个人 IP 亲切

感更强、熟悉感更强、信任感更强。这就是因为我一直遵循"所有内容的核心原料是我的个人经历"这个原则。

我们观察那些大 IP 会发现，他们写的内容通常都包含大量与其个人有关的内容。每个人的个人经历覆盖了工作、生活、家庭各个方面，这些经历都是我们创作的最好原料。

二、用个人经历作为 IP 内容核心原料的原因

（一）增加宣传曝光自己的机会

这里的重点不是宣传曝光行为本身，而是宣传曝光的对象——自己。我们输出的内容阅读量很高，但不等于宣传曝光了自己。举个例子，假设我们写了一篇阅读量很高的文章，但是这篇文章没有提及自己，都是在讨论热点或者谈论别人的故事，那么阅读量就没有构成对自己这个 IP 的宣传。

我们每一次输出的内容都应该尽量找到一些与自己经历相关的切入点和结合点。既然一篇文章有几万人阅读，那么这篇文章最好和自己有点关系，这样就会有很多人因此更了解我们、喜欢我们。

假设我们现在要写一篇关于时间管理的文章，就不要只写粥左罗怎么管理时间、罗振宇怎么管理时间、曾国藩怎么管理时间，还要多写写自己在生活工作中遇到的一些时间管理问题和解决办法，还有在这个过程中发生的值得分享的故事，这样读者在阅读过程中可以更好地感知我们。与其宣传别人，不如宣传自己。

（二）增加内容的吸引力

有的人可能会想：我就是个普通人，自己经历的这点事值得拿出来写吗？我本身的经历有那么精彩吗？其实吸引力并不完全与精彩程度挂钩，人都有猎奇心理，这个世界上没有完全相同的人，更不会有人做一模一样的事情。每个人的个人经历都是独特的，都充斥着天然的吸引力。

直播间分享也是这个道理。假设我直播时，在讲干货的过程中开始讲我和我爱人相处细节，或是我的辞职经历等。这些事情就可能帮我留下想要离开直播间的观众。

所以，大家在写文章、做视频或者直播的时候，要多讲和个人经历相关的故事，而不只是干货、经验、方法。因为单纯的干货、经验、方法独特性并不高，或者说做出独特性的难度很大，所以一定要多讲自己的独特个人经历来增强吸引力。

（三）让用户更加了解你

要想打造个人品牌，就不能变成一个教科书式的人。什么是"教科书式的人"？假设我们给大家普及法律知识，但只讲法律条文、应用场景、分析案例，就变成了教科书式的人。

为什么很多人喜欢听罗翔老师讲法律？因为罗翔老师在讲法律的时候，经常会分享他的个人经历、人生故事、生活感悟等。比如他会分享他帮助一个老太太寻找法律援助机构的故事，并通过这段经历引出他对法律的思考、对自己作为法律人的思考。

无论我们用什么形式打造个人 IP，都得多写自己的个人经历，否则会让用户产生距离感。因为大家只看到了干货，根本不了解这个作者，也就无法当朋友，只能把他当成一本教科书。

"个人 IP" 这个概念包含两个元素，一个是 "个人"，一个是 "IP"。所以个人 IP 不能只是 "IP"，还要有 "个人" 的元素。举个例子，我和 "孤独大脑" 的主理人老喻是朋友，虽然我们已经见过面，平时也多有互动，但我一直特别希望他能多写几篇和他个人强相关的文章，这样我就可以更加了解他，也就能加深我们之间的关系。

罗永浩这样一个 IP，对于喜欢他的人来说，会觉得他值得信任，我们会认为他没有距离感，因为他一直开放很多入口，让用户去了解他。

比如他当年的演讲《一个理想主义者的创业故事》、他的书《我的奋斗》，以及他经常在一些采访节目中毫无戒备地谈论自己的生活，谈论自己人生各个阶段的故事，谈论创业过程中很多对于别的创业者来说不能说的事情……总之，他的所有输出中都提及了大量的个人经历。

再举个例子，很多人在看电影时会有一种体验：在电影的前 10 分钟、20 分钟，可能很讨厌电影里的某个反派角色，但是随着故事推进，发现自己对那个坏人讨厌不起来了，甚至电影结束的时候还有点喜欢或同情他。

因为在电影刚开始的时候，我们接收到的是一个个独立信息，看到一个人做了一件好事，就会喜欢他、佩服他；看到一个人做了一件坏事，就会讨厌他。我们只是按照自己当下看到的事情去评判一个人的好与坏，此时的观点就有失公正。但是随着故事的推进，我们更多地了解到这个人物的经历、行为模式、行为动机，开始看到隐藏在行为背后的原因，这时可能就不会特别讨厌他了。

所以，让别人更好地了解自己是一个增加别人对自己好感度的绝佳方法。因此，在内容里多讲自己的个人经历才会让用户更加了解我们、喜欢我们，或者至少不讨厌我们。

（四）成为别人的内容素材

你独特的、优秀的个人经历，如果被其他人看到，可能就会成为他们的内容素材。假设一个人无意中了解到你的某个经历，他觉得很喜欢，可能就会记住，以后在创作的时候，就会用你的故事作为素材。

我们一旦成为别人的内容素材，就等于这个世界上到处都有我们的"自来水"。不只是自己写内容宣传自己，别人写文章、拍视频、做直播的时候也会提到我们。这就相当于自己不费吹灰之力就得到了宣传，增加了曝光度。

假设我们写文章表达观点的时候，引用了罗振宇和董宇辉的案例，其实就相当于我们在帮他们宣传。我们之所以会用到他们的素材，就是因为他们分享了自己的经历并为人所知。反过来也一样，我们平时所讲的个人经历如果能够给人启发，也可能被用于论证他人的观点和认知。到了这个阶段，就不只是自己宣传自己的个人 IP 了，而是在我们不知道的时间和地点，有各种我们不知道的创作者在帮我们宣传个人 IP。

同理，为了未来能够多写一些独特的、励志的、给人启发的个人经历，现在就要多制造、多经历那些值得写的事情。所以，我们会逼着自己做更多值得的事情，这本身也可以让自己创造更多的价值，让自己获得更多的成长体验。

为了有更多独特的素材而有意经历一些值得写的事情，也能反回来督促自己更快地成长。

三、为个人 IP 的打造积累内容素材

我们要用个人经历打造 IP，必不可少的就是积累素材，所以此处给大家分享两个积累素材的方法。

（一）平时多记录

当我们做出了一个值得分享的成绩、经历了别人没有经历过的精彩的故事时，要及时地记录自己当时的行动和感悟。因为刚经历完这件事情的时候，我们的感受是非常深刻强烈的，如果不及时记录下来，很多细节我们就会遗忘。

所以，当我们经历了一件值得记录的事情、做出了一个值得分享的成绩、做到了很多人做不到的事情时，一定要及时记录下来。至少先写几个关键词，或是大致厘清思路和要点形成思维导图，这

样就不会遗漏最重要的那些东西。

举个例子，之前我有一个习惯，在年终的时候，我会和同事进行一对一谈话，我就把谈话的内容事无巨细地记在我的备忘录里。未来有一天，我要写文章、写课程、做分享的时候，把记录的东西重新回顾一下，就能从中找到需要的素材和观点。

（二）平时多思考

我们写作遵循的方法通常是先有认知观点，再找对应素材；但是在个人经历的写作上，我们要遵循的方法是先有经历，再总结观点认知。

我们要养成一个习惯，就是每次经历了一件值得写的事情后，要进行复盘和总结：我做了这件事后得到了什么启发？我的观点是什么？这就是我经常用的写作方法。

举个例子，我爱人怀孕后，我家两辆摩托车由于长期闲置出了一些问题，为此我花了 1000 多元去修理。如果你是一个创作者，经历了这样一件事，就应该去思考：这个经历将来可以用来佐证什么观点？这个经历有没有机会写成什么方法经验？如果不去思考总结，我们可能就错失了使用这个事件的机会。

在我看来，我讲风险思维的时候就可以用到这段经历，我可以说："最近真倒霉，花五六十万买了辆摩托车在家门口放了半年，想骑的时候车上落满了鸟屎和灰尘。这还不要紧，擦干净就好了，但当我把车擦干净准备骑的时候，却发现打不着火。联系 4S 店的工作人员来维修，发现是因为电瓶坏了，于是又换了电瓶，前前后后花了快 2000 元。但我一点都不后悔，因为我爱人当时怀孕了，虽然觉得骑摩托车时只要注意安全大概率没有问题，但有些风险一旦遇上就没有弥补的机会。所以自从她怀孕之后，我们俩就有一个原则——不骑摩托车出行。我宁愿把几十万元的车闲置，宁愿花钱修车，也不愿意去冒万分之一的风险，这就是风险思维。"

这样我就主动地思考了这个故事与哪些观点有关，将来我有了相关内容的输出，就可以很容易地把这件事调取出来用上。

再举个例子，我买房的时候和中介进行价格博弈，最终拿到了最低价，省下了几十万元。这件事发生后我也会琢磨一下，这个经历可以用来佐证什么观点和认知？谈判原则、决策分析、赛点思维等都可以用。假设写赛点思维，就是抓大放小、盯住关键节点。例如我平时买东西都会选择性价比高的东西，但基本不会讲价。但是在买房子这件事上，我投入了大部分人 10 倍、20 倍的精力和时间去琢磨怎么砍价。买一套价格几百万元甚至上千万元的房子，多花点时间和精力挑选，多花点时间和精力去谈价格，省下来的可能是几十万元，这就是赛点思维。

每经历一件事，我都会立刻思考"将来我写什么观点和认知时可以用到这段经历"，这样将来有一天写到这个观点和认知时，我马上就能找到素材。

四、将个人经历应用到创作中的四个方法

（一）将某段经历作为文章的一个案例

我们在写文章、写课程、做分享的时候，可以把自己的某个经历当成其中一个案例，去论证文章中的某个观点。假设我要写一篇关于"复利思维"主题的文章，这篇文章有三个分论点，那么我在论证其中一个分论点时，就可以用到自己的一些经历去论证，比如我写作八年是怎么实现复利价值的。

（二）将自己的经历写成文章

这个方法与第一个方法的区别在于：第一个方法是把个人经历变成一篇文章中的一个案例，第二个方法则是用一整篇文章、从头到尾讲述一个经历并最终提炼主题。

举个例子，我用一篇文章讲述我当年怎么从一个服装店员成功应聘转行成为新媒体编辑，或者用一节课讲我是怎么从一个写作小白一步步进化成写作高手的。在这些个人经历中融入自己的一些干货、方法论，但是文章的整个主题依旧是我们独特的、成功的或者励志的经历。

（三）将个人经历变成品牌宣传的内容

这个方法与第二个方法的区别在于：第二个方法更多的是将我们的个人经历写成一篇文章，而第三个方法是从更宏观的维度去宣传自己，展现自己的价值，表达自己的观点。

举个例子，我可以写一篇文章或发布一个视频讲与创业相关的

知识，讲我创业的目的是什么？我想给用户提供什么价值？为此我做了什么事情？这样可以让读者更宏观、更深入地了解我们，相当于一篇个人品牌宣传的文章，相当于一份针对自己某方面能力或者经验的个人说明书。

（四）撰写个人传记

撰写个人传记是打造个人 IP 的终极方式。

我一直很喜欢看名人自传，比如《穷查理宝典》和曹德旺的《心若菩提》，这些自传书抵过千百个短视频。

从另一个角度讲，有了这一本书，就会有无数的短视频、文章被创作出来。传记会被各种自媒体人解读，成为广大内容创作者的原料，大家都在自发地帮他宣传。如果大家看过一些名人传记就会恍然大悟：原来很多自媒体人写的内容都来源于这些传记。要想真正地学习、研究一个成功的人，必须读他的传记，因为传记是这个人一生或一部分时光的精华。

很多人也会邀请别人来写，最典型的就是乔布斯，他邀请了一个写传记很厉害的作家沃尔特·艾萨克森写了《乔布斯传》；还有吴晓波所著的《腾讯传》也是这样。通过这些可以看出，传记是通过个人经历塑造 IP 的终极内容形式。

五、三个要点写好个人经历

（一）真实

真实是指你不仅要写自己的优点，也要写自己的缺点；不仅写自己的成功，也要写自己的失败；既要写那些励志的，也要写那些脆弱的。如果一个人展现的全都是闪光点，全都是成功的、美好的经历就不真实了，只有真实的经历才更动人。

举个例子，富兰克林的自传就很真实。作为一个历史伟人，他在自传里写了很多自己人性上的弱点和缺点，哪怕是不光彩的，他也没有隐瞒，这就是真实。最闪光、最美好的东西未必能打动人，但真实的内容一定可以。

（二）细节

细节是指写个人经历时要描绘具体的细节，千万不要一笔带过。一笔带过一方面会因太概括会显得不真实，另一方面它无法满足读者的好奇心。有细节，经历才更真实，情节才会更丰满。

（三）评论

真实是为了动人，细节是为了满足好奇，评论是为了升华。除了介绍经历，你还要写自己从中得到了什么启示，有什么意义和价值，能给别人带来什么思考。

写好个人经历的三个要点：真实、细节和评论，在我们写人物稿的时候也要注意。

第六章

自媒体账号打造与涨粉

第一节

涨粉：内容逻辑＋人设逻辑

我们先要想明白一个基础问题：为什么要追求快速涨粉？

其实还是那个简单的数学算术题。2022 年 9 月初的时候，我的视频号发布了一条"爆款"视频《一个普通男孩的十年》，一天多的时间获得了点赞 9.2 万，涨粉 2.5 万，后面一直在增长，最终数据是 1600 万次播放、30 万赞、涨粉 8 万多。在这条"爆款"视频出来之前，我的视频号平均每天涨粉大概 200 个，要涨 2.5 万粉丝，就需要 125 天，要涨 8 万粉丝需要一年。换句话说，这一条"爆款"视频带来的成果就等于我过去一年的日常努力。

很多人可能觉得一天涨粉 200 个挺好的，但是，任何一个大 IP 都不是靠每天几十个、几百个粉丝这么涨起来的。这种涨粉速度是成不了大号的，所以我们必须追求快速涨粉。

那么快速涨粉的核心是什么？答案是好内容＋好人设。

一、做能快速涨粉的好内容

在内容涨粉这个部分，有一个逻辑公式：涨粉量 = 涨粉率 × 阅读量。从这个公式可以看出，要想实现快速涨粉，我们需要做"涨粉率"高的内容，同时保证内容的"阅读量"。但涨粉率高的内容，阅读量不一定高；阅读量高的内容，涨粉率也不一定高，这是两个相互独立又相辅相成的变量。

这部分我们重点讲第一个变量——涨粉率。什么样的内容涨粉率更高？答案是关注价值大于围观价值的内容。

（一）什么是围观价值

通俗地讲，围观价值就是看个热闹。比如我们吃饭时刷到某个直播间，进去看了一小时，但是最终没有关注他；或者我们刷到了一条短视频，虽然它很长，但你看完了，可是最后也没有关注他。为什么你把内容看完了，但是没有关注他呢？很可能是这个直播间或这条短视频提供的价值只是围观价值。

我们有一位学员做健身领域的视频号，她的直播间场观特别高，但关注率却不高。因为她的直播内容主要是聊天或者展示健身的过程，对于这种内容，大家基本上就是看个热闹。比如，我刚结束一天的工作觉得很累，进到这个直播间轻松地聊聊天，我觉得很治愈；或者我早上刚起来没什么精神，刷到这个直播间看博主在健身，获得一种激励。这些其实都是围观价值，并没有产生很强的关注价值。

不只是直播，视频和图文也一样。一条内容给用户提供了一种消遣，或者带来一定的情绪刺激，大家就会给他点赞或评论，这条内容的互动数据可能就会非常高。用户被感动了，会点赞；用户被激励了，也会点赞；这条内容发起了一个比较好的话题，可能也会引发大家的广泛讨论。

这些都属于围观价值，这种情况下用户不一定会关注你。

（二）什么是关注价值

什么情况下用户会关注一个IP？这里就需要讲一个核心的内容——关注动机。关注动机主要由三个因素驱动。

1.内容有用

内容有用是一切的基础。所谓有用的内容，就是能够解决用户问题的内容。比较典型的能够解决问题的内容大概分为两类。

第一类，偏认知、观点类的内容。比如，现在很多年轻人对个人发展的城市选择有困惑，不知道自己该选大城市还是小城市。那么我写一篇文章，主题是《为什么年轻人要来北上广深奋斗》，就可以帮大家解决这个问题。这个就是偏认知、观点类的内容。

第二类，偏方法、干货类的内容。比如，很多人已经在北上广深工作了，但是不知道如何提高自己的收入。那我写一篇文章，主题是《如何在北上广深月入三万》，然后针对这个问题给出一套解决方案。这就是偏干货、方法类的内容。

对比以上两种内容，哪一种更容易涨粉，涨粉率更高呢？肯定是方法、干货类内容，因为在这个社会中，方法才是真正有价值的。

2. 内容稀缺

所谓稀缺，就是这样的内容基本上只能从我这里看到，其他地方看不到或者很难看到。举个例子，一个从事纯体力劳动的人，他肯定是可以创造价值的，或者用我们这节课的概念来说，他是有用的。但是他为什么不能拿高薪？因为不稀缺，他不具有不可替代性。中国有上千万人可以从事纯体力劳动，甚至有些工作还可以采用机械化，并不是非这个人不可。

做内容也是一样。一个人提供的内容不稀缺，随处可见，用户关注的动机就会弱很多。所以一个人提供的内容既要有用，还要稀缺，人们才会愿意关注。

3. 想继续看到你

有用加稀缺，就得出了一个结论：我还想继续看到你，这是最重要的一个关注动机。因为我必须关注你，才能防止自己错过好内容，这是最重要的。这个逻辑就决定了我们必须要做有关注价值的内容。

如果做的内容真正有用，吸引的就是精准粉丝。他们觉得我讲的内容很有用，就愿意为我付费，而不只是产生一个围观价值。反过来讲，尽管很多直播间场观很高，热度很高，可营销额却没有很多。所以相比较而言，作为一个普通个体，做知识博主可能更有商业价值。

做知识博主有一个特别大的优势就是产品边际成本是极低的，

换句话说，随着销量的增长，利润率会越来越高，到后期甚至可以变成 100%。举个例子，我的音频课卖 1 万份和 100 万份，对于我而言成本是一样的，每多卖一份，它的利润是递增的，成本不会随着数量的增加而增加。

从这个角度讲，知识博主是容易盈利的。仅凭这一点，就有绝对的优势。当然，任何一个行业做好了都会具有极高的商业价值。

二、做好内容的价值包装

前文我们讲的是如何提高涨粉率，这部分讲一下另外一个重要变量——阅读量。阅读量是就图文形式而言，换成短视频就是播放量。

举个例子，如果我有两个账号，涨粉率都是 1%。一个账号的内容阅读量是 100 万，另一个账号的阅读量是 10 万，这样算下来，第一个账号的内容可以涨 1 万粉丝，第二个号只能涨 1000 粉丝，这就是阅读量或播放量的重要性。

那么，应该如何提高阅读量或播放量呢？方法就是根据平台的侧重点，分别进行有针对性地包装。下面简单讲几个典型的包装方法。

（一）选题角度包装

以我们公众号的编辑为例，我在质检把关的过程中经常会发现，这篇文章的核心内容、核心思想、核心方法都很好，但是选题角度表达得不好，这就会导致阅读量下降。在这种情况下，文章内容都不需要大改，只要把选题角度重新包装一下，阅读量马上就会大幅上升。再比如，你的文章内容很好，但是标题不够吸引人，也是一个典型的选题角度包装没做好的问题。

（二）借势热点包装

借势热点来提高阅读量，也是我们比较常用的一种包装内容的方法。比如以人物为主题的文章或短视频，当主人公有大事件发生的时候，把文章或短视频发出来，一定比平时没什么事情发生的时候阅读量高，这也是包装。

用一个热点事件包装了要发布的核心内容，核心内容借助这个热点事件被传播到更广泛的人群。

（三）封面图包装

现在各个平台都是通过信息流的形式呈现内容。我们在信息流里浏览内容，先看到的一定是图像，其次才是标题，因为人的视觉，对图像的敏感度远远高于文字。所以封面图选得好，对内容也是一种很重要的包装。

小红书在这方面就是一个典型。在小红书平台上做宣传一定要重视封面图，它的封面图比视频号和抖音平台的封面图重要很多。因为视频号和抖音都是单个视频上下滑动，一屏只有一个视频，当你看到一个视频时，封面还来不及展示就开始播放了，所以视频号和抖音的封面图，相对来说没有那么重要。但是因为小红书在手机端的呈现方式不一样，在一屏上会展示五六条内容。即便是视频笔记，也不是直接播放的，而是展示一个静态的封面图。在浏览的过程中，主要靠封面图来吸引用户的注意力和好奇心。

（四）其他包装

比如短视频的文案排版，用多大的字号，字体是什么颜色，用什么样的底色展示字幕，剪视频的时候用什么样的配图，用什么背景音乐去烘托氛围等。再比如直播间包装，有的博主会用一些音效器对直播间的内容做一个包装等。以上这些都叫包装。

包装为什么那么重要？因为如果包装不好，你的内容再好，别人根本没有机会发现。比如你写了一篇很好的文章，可是标题没有吸引力或体现不出主题，受众根本没有兴趣打开，那么内容再好，读者也没有机会了解。所以要想尽一切办法，让好内容曝光到更多人面前。

讲完影响涨粉量的两个变量，我们再补充一点。有时我们无法同时保证涨粉率和阅读量这两个因素都做到最高。这时就要进行整体衡量，如果其中一个变量的数据足够高，另一个又不是特别低的情况下，这种内容也要做。

我们前面提到的认知观点和干货方法两类内容，方法干货类的内容涨粉率更高。但比较而言，认知观点的内容阅读量会更大。

一篇干货文章讲了很多方法，用户看起来会觉得很累。但是讲认知的时候，只要讲明白一个观点就好，用户看的时候心理压力会比较小，自然会比较愿意点开看。所以，有时越有用的内容，可能阅读量越低。

基于这个逻辑，在二者都有价值的前提下，虽然认知观点类的内容涨粉率可能偏低一点，但它的阅读量很高，一样可以带来很多粉丝，所以这样的内容也要搭配来做。

三、做好账号人设的经营

总结一下前面两部分，就是要做有关注价值的内容，然后想办法包装好内容，增加阅读量。除了这些，另一个影响快速涨粉的重要因素就是好的人设。

举个例子，前几天有个朋友问我他的账号发的内容很有价值，但为什么就是不涨粉呢？他是拥有 10 年工作经验的资深人力资源，经验丰富，产出的内容也很实用，但账号的数据一直不好。

在了解了他的账号情况之后，我发现一个问题：他的账号只有内容，没有人设。换句话说，这个账号的背后缺少一个让大家喜欢的人物形象，所以涨粉率很低。

换言之，人设越好的账号，涨粉越快。我们关注一个账号，有一个很重要的原因是喜欢这个账号背后的人，认为这个博主扮演了一个理想人的角色或者可以提供价值。

如果用户看了你的很多作品，但是依然对你一点都不了解，不知道你的身份形象，那么他大概率不会关注你。

所以内容由谁来讲很重要。一个好的创作者，除了要提供好内容，还要有一个好人设。要让用户觉得关注了你，可以学到很多东西，在这个层面上也可以取得和你一样的成绩。人设是可以给内容做加持的。那么具体怎么做呢？

（一）多讲自己的故事和经历

无论做哪种形式的内容，我们都要多讲亲身经历。最好有单独的文章去写自己的个人经历或故事。因为喜欢往往来源于了解，如果不了解，就不会有喜欢。

我认为，每个人都不要关闭自己的朋友圈，反而是要多发。因为朋友圈就是别人了解你的一扇窗，你把朋友圈关闭了，就关闭了别人了解你的通道。

我很怕遇到这样一种员工，可能在公司工作了一年多，但是我对这个人并不了解。这种员工平时非常不愿意分享自己的故事和经历，除了每天工作上的接触，我对他一无所知。这就导致我无法信任他，因为信任的前提是了解。

一定要记住，喜欢和信任源于了解。账号涨粉，让粉丝喜欢，是一样的道理。

大家经常来我的直播间，经常看我的短视频，对我就很了解。因为了解得够多，所以就不会有距离感。要想涨粉效果好，就必须让大家多了解你，这样大家才会更喜欢你，更信任你。

（二）讲内容的时候，多拿自己举例子

不要总是说"我有一个朋友""我有一个同学"，要多讲自己的例子。也不要在写文章或做视频的时候，总是引用别人的观点，比如"雷军说过什么""张一鸣说过什么"，要多谈谈自己的想法，多讲讲自己的理解，让大家更了解你、更喜欢你，这个其实就叫夹带"私"货。

当然前提是这些故事和经历都是真实发生的，并非虚构的，凡事做过必留痕，尤其是传播消息如此之快的互联网。如果你造假，那么早晚会人设崩塌。所以一定不能写虚假的故事，一切都要真实，虚假的表达是一种愚蠢的行为。

有一个关键词叫"公开象限"。一个人的信息有一些是相对公开的，另外一些是相对私密的。相对公开的那部分信息就处在公开象限里，大家都能看到，相对私密的那部分信息就处在私密象限里，只有自己或比较亲近的人才知道。如果我们想要做个人品牌，想打造个人 IP，就要试图让自己的公开象限越来越大，私密象限越来越小，不要对公众有太多的秘密和隐藏。

举个例子，罗永浩曾经在一个节目中讲到了与妻子相关的一段故事，这件事的讨论热度很高，因为那段故事对很多人来说是一件应该放在私密象限里的事情，不应该被公开讨论。但我不认同这样的想法。

作为公众人物，要想打造个人 IP，就要非常坦诚地分享个人生活和其他方面的事情，不断扩大自己的公开象限，把越来越多私密

象限里的信息变成公开象限里的信息。因为这样人设就会变得更加丰富立体，有血有肉。

用户喜欢的一定是一个丰富的、立体的、有血有肉的人。比如我做直播，大部分时间是给大家分享干货，但是我也给大家直播过健身，直播过骑摩托车的场景，很多人都很喜欢看。因为这些内容会让大家对我的了解越来越多，我的形象也会越来越丰富、立体，大家就会更喜欢我。

喜欢一个人，一定是源于真正的了解。不管是在网络上喜欢一个 IP，还是在现实生活中喜欢一个人。没有了解，就谈不上喜欢。

之前有人问我一个问题，他说他跟女朋友之间总是会有一些矛盾，比如他总是加班，女朋友就不开心；他吃东西的时候自己吃了没有给女朋友留，女朋友也不开心；等等。类似这种事情经常发生，问我应该怎么办。我问他之前遇到这种情况都是怎么解决的，他说一般就是开个玩笑，或者说几句甜言蜜语哄一下就算了。

其实这种处理方式是不对的，因为任何一个小的行为背后肯定有更深层次的原因。为什么他的女朋友总是对这样看似很小的事情比较敏感，需要挖掘更深层次的原因。所以我建议他，每次碰到这样的事情，不要糊弄过去，而是找个时机认真聊一下。这不是说一定要纠结对方为什么要这样做，而是说作为情侣，我们要更好地去了解对方，了解对方过去的经历，了解对方的真实想法，去分析到底是什么样的经历导致她对这样的问题比较敏感。两个人聊透了，一方面可以更好地解决问题，另一方面也能够让对方更理解你，因为了解越多，理解就越多，这样感情才会越来越好。

为什么我们跟自己的爸妈在一起生活那么久还是会经常吵架？就是因为在某些方面我们不够理解对方，不够理解的原因就是不够了解。人和人之间相处是这样，那我们做一个内容创作者也是一样的，想让读者更喜欢我们，就要做一个更加开放的人。

我不觉得把自己的一些经历或者信息告诉大家会有什么不好的结果，所以我会经常给大家分享很多我的故事。让自己的公开象限越来越大，私密象限越来越小，就会得到更多人的喜欢。

我以前对运营的同事也说过，如果你加了 10 万的私域用户，结果朋友圈里分享的都是写作技巧、营销技巧等，其实就变成了一本教科书。别人为什么要关注一个教科书呢？他们加你好友是为了关注一个活生生的人。所以在朋友圈里，不能只发教科书式的东西，也要多发自己的生活。

有很多人，一天发十条朋友圈，全都是各类营销信息，完全没有自己的生活。那朋友圈其实就是个货架、广告牌，对用户来说没有任何意义，大家就会屏蔽他。

最后，再补充一点。在互联网上，我们要做一个有棱有角、有性格的 IP，在互联网上没有性格的话，就无法让自己有辨识度，要大胆地做你想做的人。你想做一个什么样的人，就做那样的人；要成为一个 IP，你必须大胆做自己。

第二节

涨粉："爆款"逻辑 + 持续逻辑

做"爆款"内容能快速涨粉，但是我们可能发现，有很多人也出了一些大"爆款"，可是粉丝量却没有快速上涨，为什么呢？

此处奉上关于快速涨粉的第二个认知：一条"爆款" + 持续优质 = 快速涨粉。一条内容爆火了之后，必须做到持续输出符合定位的优质内容，否则就无法快速涨粉。

我们平时总说要有用户思维，要了解用户的心理和行为。换位思考一下，回忆一下我们自己平时刷短视频的浏览路径。我们要清楚用户是怎么在平台上浏览的，才能知道要干预哪些环节，让其有更大的可能性来关注我们。

我们在社交平台的发现页或推荐页看到一条"爆款"内容，通常会点进他的主页看一下。我们自己是这样做的，其实大部分用户也会这么做，这就是换位思考和用户思维。

我们虽然点进了主页浏览，但至少有一半的账号不会关注，因为他没有完全符合我们的期待。

　　本来我们看到他的"爆款"内容，是抱着很高的期待点进主页的。因为算法比人更理性，机器算法捕捉到一个特别好的内容时，它会一轮一轮地把它推向更大的流量池。所以当用户刷到"爆款"视频时，这条视频大概率就是特别好的内容，用户看完就会产生比较高的期待。这是从用户的角度说的。

　　从创作者的角度说，这条特别优质的"爆款"视频很可能是在非常偶然的场景下做出来的。一个特别偶然的机会做出了一个大"爆款"，但其他的视频可能并不好看，这种情况在抖音上特别常见，可能有以下三种原因。

一、定位不清晰

　　当我们刷到一个讲学习干货或者成长干货的"爆款"内容觉得很好时，就会点进他的主页去看看，希望能学到更多有价值的相关内容。结果点进主页一看，他发的其他视频都是一些生活碎碎念，随手拍的照片，或者分享了一些家长里短的事情，这就是定位不清晰。

　　之前经常有同学问我："粥老师，我能不能在自己的一个号上，既发育儿内容、又发读书内容、又发教大家写作的内容？"答案是肯定不行。一个产品满足一个需求，这是产品基本的逻辑。内容产品也一样。

用户刷到一个"爆款"内容，从关注这条"爆款"内容到关注IP，这里面有一个前提：IP发布的其他内容跟"爆款"内容的方向是基本一致的。因为用户既然是被这条"爆款"吸引过来的，就说明他对这个领域的内容感兴趣。如果点进主页，发现没有持续输出该领域的优质内容，他就不会关注。

二、其他视频不优质

第二种比较典型的情况是，用户点进主页之后，发现其他视频的质量与"爆款"内容质量差太多。

假设这条"爆款"视频的质量是9分，那用户就会期待其他视频起码是7分、8分的，结果看了以后发现都是5分、6分的内容，他就会觉得这个"爆款"是极其偶然做出来的，会觉得将来这个博主也不太可能再做出一些特别值得看的内容，自然就不会关注这个账号。

我平时刷抖音就经常这样，收藏了很多"爆款"视频，但是做出这些视频的账号很多我都没关注，因为我进入这个博主主页的时候，会发现他只有这一条视频是比较不错的，其他都不好。所以我只要收藏这一条视频就好了，没必要关注他。

因此，内容质量的持续稳定特别重要。我们宁愿每天都是7分的内容，也不要今天是9分的内容，明天是6分的内容，后天是5分的内容。

如果我们系统学一下做产品这件事，就会知道做产品有一个比较重要的原则——给用户提供确定性。我们去餐馆吃饭或者是购买某个品牌的产品都依赖于它的确定性，确定性让我们购买的时候很有安全感。

三、做不到持续更新

刚刚我们提到的其实是内容质量的确定性，除了质量的确定性，我们还要保证数量的确定性，也就是持续更新。很多人做出一条"爆款"之后，后续做不到持续更新，用户增长就会很慢。

做不到持续更新，主要有两种可能。第一种是这个"爆款"给了作者很大的心理压力，他担心自己后面做出来的内容没有这个"爆款"好，所以不敢更新。我有一个做公众号的朋友，他写出了一篇百万级的公众号"爆款"文章。结果后来他的公众号就不更新了，因为他把自己架在了一个很高的位置上，他觉得这篇"爆款"内容太好了，下一篇要是不好，大家可能就要取消关注了。他一直难以克服这种担忧，后来干脆不更新了。

不过这种情况相对比较少，更多人是第二种情况，就是这个博主本身在这个领域的积累不够，没办法持续输出这个领域的优质内容。

不管是哪种情况，如果没办法持续更新，那涨粉速度就不会快。

定位不清晰、其他视频不优质、做不到持续更新，如果一个 IP

有这三个问题，那即便做出了大"爆款"，某种程度上也相当于白费了，他没办法承接住这个"爆款"带来的流量。

举个例子，我当时做《一个普通男孩的十年》那条视频时，找了一些其他人的"爆款"视频来拆解，其中有一个博主她 2020 年 8 月 23 日发了一条《一个普通女孩的十年》，有 157 万的点赞，7.8 万的评论。她这一条内容当时涨粉超过 10 万。

2020 年 8 月 29 日，她发了一条视频，提到这条"爆款"视频给她带来了 10 万的新增粉丝，当时距离那个"爆款"发布就只有一周的时间。但是现在再去看她的账号，会发现她现在的粉丝量还不到 10 万，也就是说很长时间过去了，她的粉丝不但没有增长，反而在丢失。她那条《一个普通女孩的十年》的视频其实做得很好，节奏感、图片、音乐、标题、文案都很优秀。但是即便出了这样一个大"爆款"，她的账号也并不成功。

其实前面我们讲的三个问题，她或多或少都存在，尤其是定位和持续更新。比如持续更新，这么长时间过去了，她的主页目前一共就只有 19 条内容。也就是说她在那条内容火了之后，只发了 17 条内容。当然可能有一些隐藏或删除的，但是应该也不多，因为她主页里仍然保留着几十个赞的视频。不管怎么说，更新的数量都太少了，相当于一个月才更新一条。而且发布的内容不是说每条都是像《一个普通女孩的十年》那样精心打磨的，大部分都是很常规的选题、很常规的拍摄，而且做不到持续更新。

另外还有一点很重要，就是定位不清晰。她自己的个人介绍里也写了"正在探索自己的视频方向中……"，所以，她的内容是没有清晰定位的，再加上内容质量也一般，又做不到持续更新，对于用户来说，其实没有特别大的关注价值。

我们自己在打造 IP 的时候，一定要避免这三个问题。如果能够做到定位清晰，持续更新，内容优质，那涨粉效率就会非常高。

接下来给大家分享以下我自己在三个平台的三个"爆款"涨粉案例。

第一个是视频号的"爆款"《一个普通男孩的十年》。这条视频爆了之后，涨粉 8 万，这个比例其实很高，很重要的原因是前面提到的三点问题我都没有。当大家看到这条视频后，大概率会点进主页去浏览我发的其他内容。

我之前拆解视频的时候讲过，那条视频的结尾我设计了一条引导大家关注的话术："其实这是一个干货号，我的干货都在主页，这条视频因为时间关系没有讲很多新媒体相关的东西，但是我后面会持续更新。"我有这样的引导文案，然后大家根据引导跳转到主页，发现确实有很多干货内容，觉得符合自己的预期，大概率就会关注。

另外，用户在这条"爆款"视频里看到了一个非常励志的人设，这个人很爱学习、注重个人成长。假设那条视频爆了之后，点进来看到的是我以前发的一些搞笑视频或者是什么内容都发、定位不清晰，关注率就会降低很多。

第二个是小红书的"爆款"《关注我的三个理由》。《一个普通男孩的十年》当时我在小红书上也发了，数据也不错，但是相对来说不算爆，我在小红书上第一个"爆款"是《关注我的三个理由》。

不知道大家是否发现两个平台之间的区别。大家在小红书上更爱看的是干货经验，而小红书是一个超级注重收藏的平台，所以大家在做小红书的时候，要多提醒用户点收藏。这一点跟公众号就非常不一样。公众号的收藏其实对于账号来说不是一件能带来增量的事情。有时候特别认真、花了很多时间写了一篇干货文章，但是用户看了之后，并没有转发分享，只是收藏，甚至有时候写得越好，就越是只收藏不转发，因为有些内容用户不想分享。

举个例子，假设公司里有 10 个新媒体编辑，你看到了两篇关于新媒体编辑怎么升职加薪、新媒体编辑怎么写出大"爆款"的文章，都是超级干货、超级有价值的方法论，你是否希望其他的 9 个同事也看到这样的内容呢？很多人是只希望自己学到这么好的方法，然后在 10 个人里脱颖而出。

因为在某种程度上，你和同事是竞争关系，对方变得更强了一定程度上就意味着你变得更弱一点。所以看到特别好的干货文章，尤其是对自己的工作提升有帮助的干货文章，很多人会选择自己学习。

那什么样的内容我们会愿意分享？比如为什么一天不能吃三个鸡蛋，为什么不要用凉水洗脸，看到这样的干货内容的时候，大家会愿意分享出去，因为这个利他不损己。别人知道了怎么吃鸡蛋更好，也不耽误自己更好地吃鸡蛋。

公众号的作者没那么喜欢收藏这个数据，是因为收藏量的增加对于文章的传播可以说没有任何影响，甚至因为大家更愿意收藏导致分享人数减少，反而使文章的阅读量变低了。但是在小红书上就不一样了，在小红书上收藏量高，算法就会识别出这是一个特别好的笔记，就会把这条笔记推荐给更多人看。所以做小红书的时候，博主们一定要提醒大家收藏，光点赞还不行。

说到这里，为什么我在小红书上爆的不是《一个普通男孩的十年》，而是《关注我的三个理由》的原因基本上就呼之欲出了。这条视频点赞量超过 9500，收藏超过 7300，《一个普通男孩的十年》的点赞也超过 9000 了，但是收藏只有 600 多。所以前者就会被平台持续推荐、持续曝光，播放量超过 22 万，涨粉超过 1 万。

我这条《关注我的三个理由》提到了我有从月薪 5000 到年入千万的经验；我有全套的新媒体实战经验；个人 IP 从打造到持续变现，我会毫无保留地分享。最后再附赠一条，我是一个学习成长高手。

这条内容爆了之后，除了这条内容直接带来的关注用户之外，能不能涨很多粉丝很重要的一点就是，用户点进我的主页能不能看到更多跟这条相匹配的优质内容。我说我有全套的新媒体实战经验，会分享个人 IP 的打造和变现方法，用户点进主页之后，发现我确实发了很多这方面的内容，他才可能会关注我。而且看完主页的内容，他也会更加相信我在这条"爆款"视频里讲的东西，两者互相加持，"爆款"内容越来越爆，关注用户越来越多。

第三个是抖音上的"爆款"《最聪明的三种沟通方式》。这条视频截至目前播放量是 140 万，点赞量是 4.3 万，涨粉差不多 2 万。因为对沟通这个话题感兴趣的，大部分都是对自我要求比较高、爱学习、关注自我成长的人。这样的受众刷到这条内容之后，点进我的主页，发现有很多讲个人成长的认知和方法，就会更愿意关注。

最后再强调一下，为什么我们一定要"持续优质"？比如在抖音上，有一个很重要的数据参考，叫主页浏览转粉，就是用户看完你的主页之后，再决定要不要关注你。如果分析数据的时候发现每天都有很多人来浏览你的主页，结果只有很少人会关注，就要注意看看是不是前文提到的三点没做好，有问题的话就要去优化。

一旦我们开始认真做一个账号，就要不断提醒自己，做到"持续优质"。这一点决定了我们出一条"爆款"之后能不能承接住这个流量，能不能把这个流量变成自己的关注用户，流量变留量。

第三节

如何提升做短视频账号的成功率

一、多平台同时做账号，同步发内容

在多平台同步发内容，就是典型的概率思维。我们完成内容创作后，同步到不同的平台上，这样做基本上不会增加额外的时间成本和人力成本，但是边际收益特别高，成功概率会大幅提升。

比如我们准备日更视频，把视频做好之后，要同步发到三个及以上的平台。当然这里有一个前提，就是时间成本和人力成本不能因此增加很多。

为什么做到这一点，能够提高成功概率？因为在我们还没有成为一个成熟的 IP 时，可能不确定自己的内容更适合哪个平台，这就需要多平台测试。我最开始做短视频，是想在抖音转型成一个短视频知识博主，后来考虑到概率问题，就把内容同步发到了视频号和小红书。

举两个例子。第一个例子，我之前做了一个自我介绍的视频，

主题是"关注我的三个理由"。视频中说："我从 2015 年开始做新媒体，后来成为内容副总裁，年薪 50 万；2018 年创业实现年入千万。"这条视频在抖音发布后，被抖音的用户骂得不行，评论区每天新增几十条骂我的评论，还有很多人私信骂我。但我把这条视频发布到小红书平台上却变成了"爆款"。

第二个例子是我在视频号上有一条"爆款"视频《一个普通男孩的十年》，这条视频当时首发在抖音上，因为我在看同类视频的时候发现这类视频在抖音上最容易爆。结果我发出来情况恰恰相反，抖音上没有什么反响，但是发到视频号上成为"爆款"。也是因为这条内容爆了之后，我开始做视频号直播这项业务。如果这条内容当时我没发视频号，那么后来的粉丝增长、传播曝光、直播业务可能就都没有了。

每一条视频成为"爆款"，都是各种各样因素的综合结果，需要天时、地利、人和，大多数时候我们没办法准确归因，只能多尝试。

总结一下，为什么要在多个平台同步更新？

一是因为我们不清楚自己的风格更适合哪个平台，虽然你有自己的判断，但这个判断不一定准确。

二是因为内容的整体风格适合某个平台，不代表每条视频都适合这个平台。比如测试结果表明你的内容更适合在小红书发，但这不代表你的每一条内容都更适合小红书。在这种情况下，一个视频多个平台发布，那些不适合小红书，却适合抖音、视频号的视频，就不会浪费。

二、只做一个平台，同时做多个账号

有些人的情况是只想或者只需要做某一个平台。比如，我的小红书账号上已经有一定粉丝基础了，但抖音还没有开始，那么我只需要把抖音账号做起来。这种情况下怎么提升成功率？同时做多个账号也是一个很好的方法。

我有一个朋友做抖音账号就是同时做 10 个号，每个账号日更 2 条内容，每天 20 条内容不重复，想到什么录什么，不用做太多准备。刚开始摸不清大家喜欢什么内容时，就可以用这种方法测试。在这个阶段，不用做太多准备，尽可能保存时间和精力；先做一个月，然后复盘数据，大概能测试出用户更喜欢什么样的内容，或者自己的内容更适合用什么样的方式呈现。在这个过程中，10 个账号大概率能做起来两三个，接下来就可以主做这两三个号。这也是一个提高成功率的方式。

这个方式可以帮我们解决两个问题。

第一，我们确定了要做这个平台，但是没有确定内容方向。在这种情况下，我们就可以根据用户的行为反馈和数据反馈，确定哪方面的内容更适合这个平台。

比如我确定了要运营抖音账号，有三个内容方向，分别是新媒体、个人成长和文案写作，但我不确定这三个方向哪个更好，就可以开设三个抖音账号，第一个账号教大家做新媒体，第二个账号教大家个人成长，第三个账号教大家写文案。做了两周后，我发现我讲文案的视频特别受欢迎，涨粉快，点赞多；但我讲新媒体的视频没有人愿意听，讲成长的视频也没有人愿意听。根据测试结果，接下来我就应该主要去做写文案的账号。

第二，我们确定了平台，内容大方向也会基本确定，但是不知道在这个方向下用户更喜欢哪些具体的内容选题，或者不清楚这个领域的内容用什么样的形式呈现更受欢迎，也可以用这个方式来测试。

比如，我决定在抖音上教大家写文案，视频可能有三种呈现方式：第一种是口播讲授；第二种是剧情演讲；第三种是拆解案例。那么我就可以用三个账号分别测试，根据数据反馈确定哪一种呈现方式更受欢迎。

为什么不用同一个账号测试不同的形式？因为速度不够快。同一种呈现形式的内容，需要持续发一段时间才能判断测试结果。假设每种呈现形式，需要测试一个月才能判断出来，那么三种形式分别测试一遍就需要三个月。如果我同时开三个号，只需要一个月的测试时间就能得到结果。

三、同时做多个平台、多个内容账号

前面两种方式分别侧重于平台和内容，在这个基础上可以衍生出第三种方法：多个平台做多种内容。这个方法是前面两种方式的累积，成功率自然也翻倍。比如同时在抖音、视频号和小红书三个平台上宣传，每个平台分别开设三个账号，每个账号日更一条内容，内容多平台同步更新，成功概率就会提高很多。

做一段时间之后，既能测出来自己的内容更适合哪个平台，或者某方面的内容更适合哪个平台，也能够测试每个平台用户喜欢的内容选题、呈现方式，在这个过程中还可能有多个账号成功。

我讲到这里，有些人觉得这样做太累，没有那么多的时间和精力，针对这个问题，我想说两点。

第一，可以根据自己的情况调整。前面提到的三种方式，时间成本和人力成本是依次递增的。第一种方式需要额外投入的时间和精力最少，第二种次之，第三种最多。如果当前没有那么多时间和精力，可以和我一样先采用第一种方式，也可以采用后面两种方式，但是减少数量。我们不是必须投入与别人一样的时间和精力，而是可以根据自己的实际情况调整。当然，当投入减半，成功概率也会相应降低。

第二，你是否足够渴望并且相信自己能做成这件事。很多人之所以觉得累，主要原因有两点：一是不相信自己能够做成这件事。自己从根本上不相信这件事能成，所以不会行动。但是我一直坚信，只要有一套正确且有用的方法论，按照这套方法论正确地做事，付出足够多的努力，保证这件事的每一个环节都到位，就一定能做成这件事。二是看不到做成这件事能带来什么样的收益。

我们是因为相信所以看见，还是因为看见所以相信？在我看来，这两件事其实是相辅相成的。因为相信我只要按照正确的方法做事，这件事就一定能做成；因为看到了成功，所以会更相信我的办法。

多平台发布并不难，创作才是最难的。构思一个短视频，把它拍出来，剪辑好，可能要投入几小时的时间。但把视频做出来后，只需要花5分钟、10分钟就可以发到抖音上；再花5分钟、10分钟，就可以发到视频号上。你不愿意再多同步两个平台，省下了5分钟10分钟，却失去了很多机会。这就是典型的认知不足。

四、坚持长期主义，不断尝试并调整

做账号要坚持长期主义，不断尝试并调整。

比如2021年，你做号失败了，不能就从此一蹶不振。这一次失败了，清空内容，改个名字重新做；或者重新定位、改变内容呈现形式，重新梳理内容，继续坚持。

我的公众号就是这样成功的。2016年5月20日，我注册了一个公众号，最开始的定位是教大家新媒体写作。更新了两天后，觉得涨粉特别慢。然后我改变了定位，每天精选一条短视频。我关注了很多短视频账号，每天从这些短视频中精选一个视频，发布到我的账号上。有一次转发了一个博主的视频爆了，涨粉好几千，但后面继续做了很久也没有出更多的"爆款"，就不怎么涨粉了。

后来我又改了一次定位，开始每天追热点。有一次我追热点又做了一个小"爆款"，收获了几万的阅读量和一些粉丝，但后面又不怎么涨粉了。当时，有个账号是每天精挑细选九句话，每句话配一张图，粉丝量很大。所以我就把账号定位又改了，改成每天精选一句励志的话，配一张特别美的图，然后取一句很好的一个标题，结果也没做起来。

一直到 2018 年，我辞职了。我把账号的定位修改为个人成长，铁了心要输出有价值的长文，才开始慢慢地把"粥左罗"这个公众号做起来。那时距离我注册公众号、发第一篇文章已经过去快两年时间了。

所以，我想分享的第四点就是坚持长期主义尝试，哪怕反复失败也要反复尝试。我也是改了好几次定位，用了两年的时间，才把公众号做起来的。

做视频号也是这个道理。我的视频号是 2020 年 2 月开始做的，也经历过各种尝试，中间失败了几次，无意中尝试做了一条视频《一个普通男孩的十年》，这条视频爆火后，我才把视频号做起来的。如果没有这条视频，我现在也不确定我是不是还会继续做现在的方向。

每个人都一样，要一直尝试，一直努力，才会撞上一个机会。这个道理与找工作、规划自己的职业发展是一样的。很少有人毕业之后找的第一份工作就坚持到老，这个过程也需要经历各种改变的。

所以千万不要觉得自己做了一个定位就认为这样一定能行，也不要因为一次失败就认为不行，轻易放弃的话可能会错失很多机会。要知道：你做这件事不行，只代表了你做这件事不行，不代表你做别的事不行，你必须不断尝试并调整，才有可能取得成功。

第四节

为什么公众号依然值得做，怎么做

一、公众号的四个优势

我对自己的定位是"靠内容变现的内容创业者"，体验、使用过所有主流的内容创作平台，包括微信公众号、微信视频号、抖音、小红书、B 站等。在此基础上，我总结出公众号的四个优势，下面展开讲讲。

（一）公众号是创作环境最好的平台

什么是"创作环境最好"？

举个例子，我在抖音上更新内容，不管发什么都会被一些网友骂，即使我讲自己的个人经历，也有很多人质疑我、留言骂我。视频号上也有这种情况，以至于我最近拉黑了很多视频号用户。我做公众号七年，从来没有总结过专门针对黑粉的回复，但我最近专门写了好几条用于回复视频号中黑粉留言的内容。

为了践行做一个"心胸狭窄"的人，统一对几类留言回复如下：我怕被别人的评价改变和左右，怕影响心情，我想做个自由的人，所以，任何想用自以为是的标准评价别人、改变别人的人，以及别人不需要你的建议你还非给别人建议的人，我都会拉黑屏蔽（即使你是好意），以保护我的内心平静和行动自由，感谢理解，送机票拜拜，有缘再见。（如果你是我的课程或者社群成员，因此无法观看直播，请联系我或者助理解决。）

另外针对有人留言说要取消关注，我的回复如下：感谢取关，请放心走开。你不用担心，我不会有什么损失，让我们彼此走得远远的，让我们可以更好地把时间、精力放在喜欢的人和事上，让自己心情更好，一举多得。

感谢你的英明决策，共同收获美好心情。

内心敏感的人最适合做内容，因为他敏感、善于换位思考、捕捉用户情绪、知道用户喜好，所以能做好内容；反过来，内心敏感的人做内容也最痛苦，面对用户的负面评价和留言，会很难接受、很难消化。

我本身也是内心敏感的人，到现在哪怕我做了七年内容，仍然不能完全无视用户的负面评价。我的抖音、小红书都是同事在帮我发内容，我甚至不敢看抖音的留言，如果天天看，我估计自己会崩溃。

如果大家做过抖音账号，尤其是在抖音上发过一些比较犀利的认知、观点；或者发了个人在某些方面做出成绩的内容，就可能遇到过有负面评价的情况，甚至会因此崩溃。

从用户对创作者或者内容的评价来说，在对比了所有内容创作平台之后，我发现公众号是一个最能让创作者安心创作，让创作者把大部分精力、时间、心力都用在内容创作上的平台，这是我最喜欢公众号的一个原因。之所以会这样，取决于公众号的两个机制：第一个机制是"订阅制"，如果没有关注我，你大概率看不到或者不容易看到我发布的内容，50% ~ 70% 的读者都是老用户，基本不会留下负面评论；第二个机制是"留言精选机制"，所有用户的留言需要经过账号运营者的筛选，才会展现出来被其他用户看到。

（二）公众号流量稳定，人心稳定

公众号是"订阅制 + 推送制 + 小圈子化"，平台机制和政策的干预比较少，流量比较稳定，这也是公众号区别于其他平台的一个非常大的优势。订阅制是指用户关注账号，就大概率能够看到这个账号新发的内容；推送制是指用户关注了账号，后台就能把内容送达到用户。小红书和抖音的流量之所以不稳定，是因为它们的推送机制是平台分发，用户关注了也不一定能收到新发布的视频。

在公众号上，即使一篇文章会不停地被转发、分享到朋友圈，也依然存在小圈层化。这就意味着在公众号不太容易出现用户分裂、用户对立的情况，但是在抖音上我们会看到有很多人在评论区里争论，因为抖音的推送是全平台的分发逻辑，所以看到同一条内容的人可能有截然不同的价值观、人生观和世界观。

在公众号里可能会遇到一种情况：用户新关注了一个公众号，发现它其实是一个拥有百万粉丝的大号，运营了好多年，有很大的影响力，但这个用户之前从来没有看过这个公众号发的文章。用户就会产生疑问："这么厉害的号，我为什么以前没有关注过？"这其实也是因为公众号会小圈层化。

我从 2015 年开始运营公众号到今天，对这个平台最大的一个感受是平台机制政策的干预很少。公众号也会推出"在看""看一看"等功能，实际上这种变动并没有真正影响创作者的创作，对流量的分发各方面也没有很大改变。对创作者来说，这个机制的好处是在微信公众号的地盘上运营，无须担心平台影响自己的内容创作，做内容会非常安心。

（三）公众号的私域链接属性强

网络营销，微信消息和朋友圈依然是非常有价值的阵地。我们做个人 IP，特别是做知识 IP 的人，推荐自己的课程，往往在微信朋友圈和私信的转化率非常高，所以现在越来越多的人都会往微信私域导流。做小红书、抖音或者其他平台，想往微信私域引流非常麻烦，但是公众号在这一点上有很大优势。

（四）公众号的品牌价值高

虽然现在主流的内容创作平台有很多，但是公众号的 IP 价值依然是所有创作平台中单个流量价值最高、品牌影响力最大的。如果一个公众号的文字内容特别有质感，用户或受众就会认为这个 IP 的水平很高，IP 的价值在他们心里的定位相比其他平台也会更高。品牌方在投放广告时也是这么衡量的。

二、经营公众号的六个策略

接下来重点讲一下，我们应该以怎样的策略和认知去经营自己的公众号。

（一）非功利化地运营

要把公众号当成一个学习成长的工具，在公众号上搞创作、练功力，这一点非常重要。

这里就不得不说公众号的一个劣势，现阶段的公众号已经没有红利期了，它是一个处于平稳发展期的平台，不像小红书、视频号这些平台现在还有红利期。它的增长模式也决定了公众号做粉丝增长比视频号、小红书和抖音更困难。

公众号依然值得做，但要把它做大很不容易。如果你一定要有一个粉丝量目标，我觉得作为一个个人 IP，想在微信生态里经营自己的公众号，积累自己的影响力，可以先定一个粉丝量 3000 的目标。如果你真的愿意做公众号，这个目标在一年内是完全可以做到的，一年之后以这 3000 粉丝为基数，粉丝量就有机会超过 1 万。

从长远看，我们不要定 10 万粉丝以上的目标，除非本来就在其他平台有比较大的影响力，或者本来就是某个行业的翘楚。对大多数人来说，把公众号当成一个学习成长工具很重要。没有任何一个平台比公众号更能锻炼提升做内容的能力以及系统、全面、准确思考和表达的能力。做 5 条、10 条时长一分钟、两分钟的短视频，对真正系统、全面、准确思考和表达能力的提升极其有限。一分钟的口播类短视频，文稿大概 300 字，而且不是系统完整性的内容。天天只拍短视频的话，一年拍上 100 条可能也提升不了太多功力。如果愿意耐着性子，逼着自己去写 3000 字以上的干货长文，一年写上 10 篇、20 篇，对内容能力的提升会大有裨益。

做直播也能够提升自己的能力，但整体来说不如写长文。做直播更重要的是提升自己面对镜头不怯场的能力、应变能力和即兴表达能力等，但是真正的深度内化还是写作更有帮助。因为做直播本身是在碎片化地输出，并且在直播的过程中，用词用语都不会太严谨，表达逻辑上可能也差一点。

所以，做公众号的核心是帮助我们对内容能力进行深度、系统地锻炼和提升。长文的写作能力是其他内容的母能力。

因为我过去一直写长文，现在做短视频、做直播都会相对比较简单，因为我的母能力、底层的能力比较扎实。一旦学会了写长文，再去做短视频、做直播、做演讲以及写课、写书都会更容易一些。

所以要做公众号，我们要清晰地知道公众号与其他平台的区别是什么，要在公众号上锻炼出做内容的母能力，并普遍运用。

（二）精品纯原创

做公众号，我们一定要记住"精品纯原创"这五个字。这里有两个关键词：纯原创和精品。

第一，纯原创。做公众号必须做纯原创，尤其是粉丝不太多的时候，不要转载，更不要洗稿、抄袭，做这些都没有意义。

第二，精品。做公众号一定要做精品内容。所谓精品，用八个字概括就是"如无必要，不写不发"。如果现在去做一个公众号，跟"粥左罗"这个公众号还是有很大的不同，其一，"粥左罗"公众号已经是一个百万大号了，一天不发文章就会损失一天的商业价值；其二，"粥左罗"公众号不用非得我自己写，转载好文章也有它的商业价值。但如果是一个只有 1000 粉丝的账号，就没有必要天天推送长文。在运营公众号这件事上，我是坚决反对日更的，除非是把锻炼写作能力作为唯一诉求；即便是为了练习写作能力，也不一定必须天天在公众号上更新。

举个例子，你今天突然有一个想法或认知，有写的冲动就把它写出来，但是不一定要发在公众号上。要用公众号打造个人 IP，就要衡量公众号的定位，只有当一个内容会让别人认为你是有高度、有深度的，才应该去发。任何的灵感乍现都应该整合成系统全面的输出才可以。

当然，也可以从多个角度判断自己是否要发已经写好的内容。比如，这篇文章是否有深度？能否切中大多数人的痛点？能否引发共鸣？是否已经打磨到足够有质量？我的标准是只有 8 分以上的文章才会发到公众号上。如果我觉得这篇文章只能打到 6 分，我可以发到朋友圈里，也可以发到微信群里，但是不会发在公众号上。发到公众号的文章，一定是最高标准的精品。

当然，无论高频短文还是低频长文，内容都应该是"精品纯原创"。但我还是建议公众号尽可能发精品纯原创的长文，不低于两三千字，甚至是更长的文章。

为什么要鼓励大家写更长的文章呢？因为长文通常更有厚度、更有深度，更能系统化、完整化地阐释问题。说实话，我们写一个主题，如果没有一定的字数，很难把它写得非常详细和有深度，因为稍微展开举一个例子论证要讲的观点、方法或认知，可能就需要五六百字。

任何一个观点，要想真正说服大家，真正展示"你对这件事理解得比大家好"，至少要从多个角度来论述自己对这件事的理解，这样的文章不可能是短小精悍的。虽然 3000 字听着觉得挺多，但真正去写的时候，会发现 3000 字其实承载不了多少内容。写作本身就是把一个简单的理论复杂化展开的事情。

举个例子，我要写一篇主题是"不要用战术上的勤奋掩盖战略上的懒惰"的文章。有的人会说："说来说去就是为了说这句话，为什么要展开再写 500 字，直接把这句话当题目发就可以了。"因为我讲一个认知、一个道理、一个方法论，目的就是让读者从"表面或者字面上的理解"到"充分、深刻、系统的理解"。要达到这种目的，就要真正在细节上解释，就必须展开论述。比如，大家都听过"不要用战术上的勤奋掩盖战略上的懒惰"这句话，但大家听过的都是碎片化的或者没有实际场景的内容，而我写这个主题的文章，就是为了让大家更深层次、更细节化、更场景化地理解。

（三）做个人 IP 化的内容

比如我读了一本书叫《纳瓦尔宝典》，认为其中有 10 条内容值得分享，我就把这 10 条内容摘出来发在公众号上。

这样做有价值吗？如果你是一个拥有几万、几十万粉丝的公众号，这样做是有价值的，因为在为受众提供一个值得看的内容。如果是一个刚开始起步的公众号，只做这种纯知识、纯信息、纯干货的内容，其实价值不大。有一句话是"IP 会加持内容，内容也会把 IP 价值提高，二者相辅相成。"

作为一个个人 IP 至上的公众号，要想做好就一定要做个人 IP 化的内容，即每一篇文章都要有强烈的个人色彩。我们可以写自己的个人经历故事，可以写个人化的观点、认知、思考，甚至可以写个人的情绪、三观，写个人的复盘等，这些都是带有强烈个人色彩的内容。这样用户读每一篇文章都能够感受到你，而不是只感受知识和干货。

我在前文中说要发精品纯原创的内容，这里又说不要纯认知的干货，要发强烈个人色彩的文章，二者在本质上并不矛盾。写个人经历故事的文章，也可以把它写长、写出深度，融入有用的思考、认知和复盘。反过来，写认知干货也可以加入一些自己的经历故事和个人化的思考。

举个例子，作为一个粉丝比较少的个人 IP 账号，在读了《纳瓦尔宝典》这本书写分享的时候，可以找出其中 10 条值得分享的内容，把这些内容与自己的一些想法相结合，融入自己的思考甚至经历故事。这是小 IP 接下来做公众号的出路，也是让用户持续看这个公众号的动力。

这里有一些个人化的内容，这些内容在其他渠道看不到，因为粉丝关心你、想了解你，就有动机继续看你的文章。反过来说，如果写的内容只是纯分享，这些文章粥左罗、刘润或者其他公众号都有，甚至比你做得更好，那么你就毫无竞争力。跟这些公众号相比，你的竞争力就在于自己独有的东西，展示个人属性。

（四）待粉朋友化，文章作品化，涨粉佛系化

第一，待粉朋友化。能关注我们公众号的用户大部分都是喜欢我们、与我们关系更密切的人，我们应该增强用户黏性。因此，对待公众号上的每一个粉丝都应该像朋友一样，他们的每一个留言都应该认真地回应。总之，在面对粉丝的时候，我们的心态应该是像对待朋友一样。

我经常发现一些让我很感动的留言。有一天我在视频号上发了一条内容，有一个留言说："有一段时间，我自己特别消沉，没有斗志，没有积极性，后来我在公众号文章下给你留言，非常意外地收到了你的回复，而且是非常详细的回复，很认真地给我建议，我特别感动。"每次看到这种留言，我就知道我们回复别人的价值。

后来我在公司开会的时候就鼓励运营公众号的编辑，我们要尽可能地回复每一条留言，认真对待每一条留言。每一个用户真正喜欢的可能只有那么几个博主，他真正希望得到回应、真正愿意互动的也就那几个博主。他找到自己喜欢的博主，信任这个博主，希望在这里得到一些成长的建议或者解答。这时候他面对的只有我们，我们当然应该像对待一个远方的朋友一样，去认真地回复他。

个人 IP 最重要的是得到人心，想要得到人心，就是以真心换真心，做个人 IP 其实是在运营人心。作为一个个人 IP 去运营公众号，就算只有一两千名粉丝，也一定要像对待朋友一样对待每一个粉丝。

第二，文章作品化，涨粉佛系化。

现在去做一个公众号，不太可能出现写一篇文章就暴涨几千粉丝的情况，所以在涨粉这件事上，我们要佛系对待，降低期待。虽然在涨粉上是佛系的，但要有一个目标，半年或者一年至少应该积攒 3 ~ 5 篇代表自己实力、能得到用户的真心、能建立长期影响力的作品。所谓建立长期影响力，就是在用户心中长期占据一个位置。我们写了这样有穿透力、有深度、有厚度的作品，对方因为这一篇文章被打动了、被触动了，那么在他心里留下的影响不是只持续三五天、三五个星期，而是持续三五年。

我写过很多传播很广的深度长文，很多看过这些文章的人都会被感动。我在写这些文章的时候，本身也是带着发自内心的真诚来写的，我想卸下所有的防备，告诉大家我的一切。当然，不是只做到了这一点就能够写出好的文章，这样的文章是需要字斟句酌打磨出来的。

除了个人经历的文章，一些干货认知的文章，我们也得写上几篇比较有深度的代表作。比如教大家打造个人 IP，就必须写几篇这方面的重量级文章，用户看过你的文章，被你深度影响过，如果他产生学习这个领域的需求，就必然会买你的课。在我们专业研究的领域，至少要写出一篇让别人很难超越、能够代表自己实力、能够得到用户信任喜欢、建立长期影响力的文章。

举个例子，假设你是一名整理收纳师，对于做收纳这件事，有没有写过一篇非常有认知深度的文章？我们的价格源于我们的价值，我们做任何事情都可以通过提升自己的品牌价值来提高自己的价格。比如在北京，大部分整理收纳师的价格是 500 元 / 小时，如果你能输出一些这方面真正非常厉害的文章或短视频，就有机会把单价提高两倍，能够服务更多高品质的客户。这就相当于你通过作品提升了个人附加值、提升了品牌价值、提升了溢价。

所以我们接下来做公众号，要积累一些高质量的作品，并且能够让用户很容易地看到。

第五节

什么人可以把公众号做好

一、什么样的人能从零开始把一个公众号做大

我们都知道，公众号的红利期早已结束，这意味着不是那么轻易就能做好。所有的行业都会经历从起步到逐渐成熟，然后进入平稳期的过程。那么，现在什么样的人还有机会从零开始把一个公众号做大呢？

（一）自带流量的人

自带流量的人不需要考虑平台红利期，在这一点上任何平台都不例外。把一个账号做大的本质就是做流量，如果自带流量进场，自然不需要考虑平台是否还有红利期的问题。

举个例子，2021 年新注册公众号的莫言发布的第一篇文章的阅读量就超过了 10 万，后面基本上每篇文章的阅读量也都超过了 10 万。再比如，2021 年初刘德华入驻抖音平台，那时候抖音基本上没有什么红利了，但是他开通之后，短短几天就积累了几千万粉丝。

像莫言这样知名度很高的作家或者刘德华这样的明星，以及俞敏洪、曹德旺、张一鸣这样的企业家，或者罗振宇、脱不花这样的知识明星，他们都是自带流量的人。无论在哪一个平台，他们都会很容易从零开始快速涨粉。所以，自带流量的人现在依然可以做公众号，没有红利也能做，因为他们的影响力早就建立在人们的心中。

虽然我们大部分人不属于自带流量的人，但是要明白这个认知。

（二）能够生产稀缺内容的人

如果普通人现在想要做起一个公众号就只能靠内容，而且必须靠稀缺内容。稀缺内容从大方向上看有两种：一种叫稀缺干货，另一种叫稀缺故事。

稀缺干货是一个泛指，如稀缺的知识、稀缺的方法论、稀缺的认知观点，都可以被称为稀缺干货。能够生产这种稀缺内容的人就可以把一个公众号从 0 到 1 做起来。稀缺故事就是我们本身有一些相对稀缺的、精彩的、独一无二的经历，然后把它做成故事性的内容分享出来。

还是拿我自己举例子，我的那条短视频《一个普通男孩的十年》实现 1700 万播放量，30 万点赞，涨粉 8 万。这个选题很多人都做过，所有做这个选题爆火的人都是那些本身经历就足够稀缺的人。因为稀缺的故事才有了广泛传播的基础。

这个虽然是视频内容，但道理是一样的。所以如果自己本身有很多稀缺的故事经历或者是能生产非常稀缺的干货，那什么时候做公众号都有机会做起来，无须考虑平台是否有红利期。

那么为什么只有生产稀缺内容才能做起来？

首先从内容角度来讲，分析市场最基本的就是分析供给和需求。如果生产出来的内容是市场上到处都有的普通内容，自然没有任何机会，因为供大于求。如果生产的是稀缺内容就不一样了，稀缺内容永远是供不应求的。

每个人都关注了很多公众号。在自己所在的领域里，很多人的关注账号甚至超过 100 个，但不去精读大部分账号的内容，因为他们的内容都是普通内容。但是这几百个账号里一定有几个是用户特别喜欢、生怕错过的账号，因为他们生产的内容是稀缺的好内容。如果能够生产稀缺内容，那么无论是在一个平台的起步期、成熟期还是衰落期都有机会做好一个账号。

其次从涨粉角度看。一个公众号要想实现粉丝增长，一定要注重朋友圈的作用。因为公众号是订阅机制，如果一个人没关注你，那么他就不太可能在信息流里看到你，这意味着想实现增长基本上只有一种情况，就是已关注用户把你的文章分享到朋友圈。当然最近公众号改版增加了推荐权重，会让你的账号有更多的机会曝光在未关注用户面前，但是最核心的涨粉途径还是朋友圈。这里的朋友圈是泛指，包括分享到朋友圈、微信群、微信好友等。

在什么情况下用户会愿意把一篇文章分享到朋友圈？就是他看到了稀缺内容。不管是稀缺干货还是稀缺故事，内容越稀缺，用户的分享动机越强烈。公众号这一点与抖音、小红书、视频号这些平台的算法非常不一样。在算法平台，要想实现增长只要能按照算法逻辑制作相应的内容就可以，它就会自动推荐给更多用户。

综上所述，要想在公众号里实现增长，就必须靠已关注的用户分享。只有生产稀缺内容，用户才更愿意分享，这是一个完整的逻辑链条。对大多数人来说，我们没有自带流量，现在想把一个公众号从零开始做起来，只能寄希望于稀缺内容这一点。

二、有稀缺内容的人，怎么从 0 到 1 做起一个公众号

在开始讲怎么做之前，我们先说一下什么样的做法一定做不起来。找到事情的反面，规避风险，也是一个很好的做事方法。

（一）不要做什么

第一，不要写日记式的碎碎念小短文。很多人写公众号，喜欢把公众号文章当成日记来写。一篇公众号文章写三四百字，写一点感悟、心情、碎碎念，记录一点日常生活的事情。这样的内容没有信息浓度，没有知识含量，完全没有稀缺性可言。如果你只是想记录一下自己的生活，这样写没问题。但如果你的目标是涨粉，这样做绝对没可能。

第二，不要为了日更而日更。这也是很多人特别容易犯的一个错误，好像只要坚持日更，账号就能做起来似的，这是完全不对的。如果你是为了练习写作，锻炼写作能力，那么日更是有价值的。但

如果你的目的是把一个账号做起来，单纯追求日更是没有意义的。为了日更而日更就无法保证文章的质量，已关注用户就不会期待下一篇，更不会吸引新用户关注。

想把账号做起来，就要让为粉丝产生期待。很多人本来就只有 2000 个粉丝，还总是当"标题党"，发一些没价值的内容蹭热点，在这种情况下，用户看完一篇再也不想看下一篇了，发布的文章越多，掉粉就越多，涨粉更是天方夜谭。

我之所以要强调这两点，是因为很多人都在这样做。说完错误做法之后，我再说一下应该做什么。

（二）应该做什么

1. 搞定种子用户

我在前文讲过，公众号的涨粉机制是已关注用户愿意把内容分享到朋友圈。这句话中暗藏着一个基础条件，即需要拥有一定基数的种子用户。

有了种子用户之后，发了好内容，他们愿意转发到朋友圈，这样才能实现增长。比如你有 1000 个种子用户，你发布了一篇好文章，这 1000 人里有 100 人愿意转发分享。每个人能够影响 100 人，那么你的文章就有机会被 1 万人看到。这就是种子用户的价值。

这 1000 个种子用户去哪里找？我主要分享四种途径。

第一种是微信好友。如果你的微信好友有几千人，就有很大的机会迅速搞定前 1000 个种子用户。他们既然是你的微信好友，说明他们本身就认可你或者与你有些关联，相对比较容易转化。你只需要写一段非常真诚的自荐话术，并附上关注二维码，发给微信好友。

第二种是搞定关键好友。很多人没有足够多的微信好友，这种情况怎么办？可以引入外部解决方案。自己做不到，就想办法请能做到的人帮忙。比如，可以找到几个关键好友，让对方帮你推荐一下。如果你能够找到几个这样的人，就可以按照前面提到的方法，准备好一个带二维码的推荐话术发给他们，请他们帮忙推荐给他们的微信好友。假设你找了 5 个这样的关键好友，每个人给你带来 100 个新增关注，就新增了 500 粉丝，自己再搞定 500 人，1000 个种子用户就解决了。

第三种是利用好微信群。微信群有一个好处，就是所有的微信群都是某个特定人群的集合。比如很多宝妈在一个群里讨论育儿问题；很多滑雪者爱好在一个群里讨论滑雪的方法技巧、器材使用等。同一个微信群里的用户，往往都是某个垂直领域相对精准的用户。做公众号肯定也有自己的内容定位和用户定位，我们可以找到一些对应领域的群，进群之后可以多活跃几天，然后和群主沟通一下，请他允许你发一个红包，给大家推荐一篇你写的最好的文章，再准备一个话术和二维码发到群里，推荐大家关注。这也是一个获取种子用户的方法。

第四种是同领域公号推荐。如果你认识一个相同领域的公众号博主，他本身有一定的粉丝量，可以请他在他的公众号上帮忙做一下推广。如果没有这样的免费资源，也可以付费推广。比如，某个公众号的二条位置日常阅读量有五六千，可以花几千元去投放一条推广，打磨一下文案，就有机会直接转化 1000 个新增关注。在前期推广自己获得种子用户时，不要吝啬投入，达到初始用户积累目标就可以了。等到后期产生回报时，就会觉得这些投入是值得的。

以上是给大家分享的搞定种子用户的四种途径，主要是提供一些思路，大家可以再想想有没有一些其他的渠道、资源、方法。这里补充一点，我讲的所有步骤和方法都只是从我的理解和经验，大家具体实践时可以灵活变通。

2. 准备好三篇文章

搞定第一批种子用户之后，接下来第二步就是要准备好三篇文章：一篇介绍自己的文章，一篇立人设的文章，一篇建立用户期待的文章。

介绍自己的文章的目的是让第一批种子用户阅读之后就能够对你有一个基本的了解。我刚开始做公众号的时候，发了一篇文章叫《写给每一个渴望向上生长的你》，详细介绍了我过去的一些经历，我做这个号的初衷，我希望这个号能产生什么价值等。这就是一篇介绍自己的文章，这个文章应该放在菜单栏，放在关注后的自动回复，放在每一篇文章的文末推荐，让尽可能多的人点击阅读，尽量链接每一个用户。

立人设的文章的目的是在种子用户心里留下一个很特别、很深刻的第一印象，让他们看完这篇文章就能记住你，甚至佩服你、想继续追随你。第一印象往往奠定了后面的长期印象，我们做账号，在线上通过文章和读者产生联系的时候也是这样。读者看了我第一篇文章后认为我是一个很努力的人，认为我是一个非常愿意思考的人，认为我是一个三观比较正的人，以后大概率上会延续这个认知；如果读者第一次看我的文章，就认为我是一个狡猾的人，是一个三观不正的人，是一个唯利是图的人，那么基本后面对我的认知也不会改变。所以我们做账号也要立人设，要让用户产生一个综合的认知和印象。这就要求要有这样一些文章，最开始至少先有一篇，让刚关注的用户能够在短时间内对你产生一个好印象。

建立用户期待的文章，顾名思义就是让用户期待你的后续，这样大家才会有持续关注你的动机。比如，我可以写一篇过去五年是怎么做新媒体、怎么做出成绩的文章，这篇文章就会让每一个看到的人形成一种期待，他会觉得既然粥左罗过去几年做新媒体这么厉害，接下来也会在这个公众号上分享很多干货，就会期待看到接下来一篇一篇的分享。

3. 持续更新稀缺内容

前两步做好之后，一个账号基本上就算做成了，接下来最重要的就是持续、有节奏地更新稀缺内容。"持续、有节奏"则是指按照一定频率坚持更新下去。

在这个过程中，重点是保证单篇内容足够稀缺。比如你一个月更新 2 篇，一年 24 篇，如果能够做到每篇都是非常稀缺的好文章，每一篇都能让已关注用户愿意把文章分享到朋友圈，让他们看完这篇期待下一篇，那么即便你一年只发这 24 篇，也有机会把自己的个人 IP 在某个领域里变成一个有干货的内容达人。

4. 做好精细化运营

这一点对刚开始做的小号尤其重要。用户越少的时候，越要努力增强用户黏性。怎么做？核心就是尽可能把每一个连接用户的节点都运营好。这里分享三个方法。

第一个是微信群。如果目前公众号只有两三千粉丝，我特别鼓励你把这些人尽可能都加到个人微信上，再拉几个微信群。比如把你的个人微信放在文末、菜单栏、关注后的自动回复里，就有可能加到五六百甚至 1000 个微信好友，就可以拉满两个平均人数四五百人的微信群。这样做一方面可以筛选出铁杆粉丝，另一方面增加了链接这些粉丝的入口。每次你发完一篇文章，都可以准备好一段推荐话术，在群里发一个红包，然后把文章和话术发进去，这就是一个很好的提升阅读量和分享次数的机会。

第二个是朋友圈。朋友圈也是一个很重要的链接用户的入口。因为你的公众号本身更新频率也不高，可能一个月就两三篇文章，那么你其实可以每发一篇新文章，都分享到朋友圈三五次去提升曝光。比如，发出来之后分享一次，第二天早上、晚上各分享一次，隔两天再分享一次，尽可能保证让那些没看到的人都看到。有的人担心这样做会打扰微信好友，其实不用担心，因为你的好友不是只关注你的朋友圈，所以你分开发5次，她可能就看见一两次，即便看见好几次，也是夹杂在很多的朋友圈内容里。

第三个是留言和消息，我们要认真对待每一条用户的留言和消息。最初粉丝量没有很大的时候，要尽可能回复所有人，这样才会有越来越多的人喜欢，愿意转发分享，愿意成为铁粉。所以每次发完文章之后，都要第一时间去精选留言、回复留言，认真回复每个问题，尽可能多说几句，不是空洞地回个感谢，而是真正做到言之有物的回复。比如"洞见"的评论区就运营得特别好，他们基本上每一条留言都会回复，而且回复的内容都很长，甚至比用户的留言还长。这样的话，每一个用户都会感觉自己被看见、被重视了，他们就会更愿意每天来看你的公众号，也更愿意去转发和分享你的文章。有些人不注重这样的留言，可能用户留言了100字，然后作者回复了不到10个字，这是不对的。我们应该反过来，应该是粉丝留言10个字，我们回复几十甚至上百个字才对，这样大家才会更喜欢你。后台消息也是这样的，尽可能做到后台的每条消息看到之后都去回复一下，用户会觉得他发出的声音被看见了、被回应了，他会很开心。

把微信群、朋友圈、留言和消息这几个节点做好之后，就会慢慢形成一个滚动式的发展。最开始可能只有1000个种子用户，但是经过一篇一篇的好内容和精细化运营，慢慢地就会滚动成2000个、

3000 个、5000 个用户，而且越到后面涨粉越快。因为基数越大，每一篇文章被看到的机会就越大，被转发的机会更大，涨粉的速度就更快。

　　总结一下，刚开始的时候要尽可能地把握住每一个机会，与用户之间建立更深的联系。每一篇文章发之前，提前设计不同的运营话术、留言话术、朋友圈话术、微信群话术，明确每个话术包含的内容和想要达到的目的。这些东西在做公众号初期都是必不可少的运营动作，越是初期越要勤奋，越要抓细节，越要重执行。

　　好多人刚开始做号就偷懒，就是很佛系地发文章，发完就结束了，用户留言，也没人给他精选，更别说回复了，或者是没有留言他自己也不去引导大家留言。这就不是一个正确的启动期的态度。我们在运营初期，一定要把执行上的细节都做好。用户越少的时候，越要珍惜每一个用户，服务好每一个用户。

第七章

如何做"爆款"短视频涨粉

第一节

底层规律：打造"爆款"短视频的核心逻辑

本节内容，我们来讨论一下"爆款"短视频的核心逻辑是什么。其实就两个词："视觉"和"非常规"。

一、打造"爆款"短视频的核心逻辑

（一）视觉

我们首先要知道，图文可能更注重思想性、认知性或故事性。与图文相比，短视频更注重视觉感，即对用户产生的视觉冲击。

那些真正在短视频上爆火的博主，一般来说都不会是纯讲认知、讲知识的。在所有的短视频平台上，知识博主几乎都不可能成为顶级的网红；甚至在大多数情况下，知识博主与其他领域博主对比，同样是自己领域最大的 IP，二者的粉丝差距可能是 10 倍甚至几十倍。基本上我关注到的知识博主粉丝量都比较少，做得比较好的也就是几百万的粉丝量。

比如跳高运动员张国伟，他的粉丝现在超过 3400 万，有很多视频点赞都是几万、十几万，甚至几十万。不管俞敏洪还是张国伟，他们的粉丝量可以做到几千万，但是几乎不太会见到一个知识博主的粉丝量能到千万级别的，因为大部分知识博主的内容都不符合"爆款"短视频的核心逻辑。"爆款"短视频的第一核心是视觉，否则基本不会成功。

举一个例子，"金枪大叔"是一个抖音几百万粉丝的知识博主，他置顶了一条点赞 8 万多的视频，其主题是奢侈品广告创意的秘诀在于点到为止。如果那条视频他只有口播的文案，没有场景加持，点赞量不会有这么高。他还有一个点赞 57 万的视频，讲的是专家与平民百姓在建桥成本上存在巨大差异，这条视频在视觉层面也做得很好。他是知识博主，文案内容本身很好，同时他还在一些视频里给大家引入了视觉内容。如果他所有纯口播的视频都能配上一定的视觉化内容，那么这些视频的点赞很可能再翻两三倍，甚至更多。

我们可以专门去找一些点赞特别高、把视觉引入视频里的知识博主，去研究一下。也可以看一看，有哪些知识博主是纯口播、没有任何视觉经营，又做到了非常大的粉丝量。我相信这种肯定也有，但是从整体来看，有视觉经营的知识博主在粉丝数量上一定碾压纯口播的博主。这是一个毋庸置疑的事实，但是大多数人都忽略了这一点。

我们要知道什么是注定不会发生的，什么是最有可能发生的。

如果你从来不做视觉内容，只是纯口播，那么注定不可能把粉丝量做得很大。换句话说，纯口播内容做到顶级，完全不经营视觉内容，粉丝量大概率也只会是别人的几十分之一。要想提升整体的粉丝量、播放量，必须重视视觉上的经营。

（二）非常规

所有的"爆款"短视频基本上都是非常规的人做非常规的事。大部分人拍的短视频都是一些日常，想记录自己职场中或生活中的一些事，但这样的视频注定成不了"爆款"。

还是以我自己为例。大家可能看过我拍的一些带娃的短视频，这样的视频点赞绝对不会高，只会是正常数据。因为这种视频太普通了，大部分人随时随地都可以拍得到；但凡家里有小孩，这样带娃的小视频家长每天都可以拍，而且每天都可以拍10条以上。我们拍自己的生活、拍带娃、拍读书、拍职场中的一些事情都太正常了，别人看的时候没有任何新鲜感，数据自然不会很好。

什么叫非常规？在此分享几种方向，大家可以根据自己的情况去看在哪方面有机会。

第一种，10倍神经。做短视频，如果你能比正常人神经10倍，比正常人"疯"10倍，就特别容易火。例如，张国伟的抖音粉丝数量超过3000万，他就很"神经"，他是典型的一个非常规的人，做着非常规的事。如果你真的能做到每天像张国伟一样，我不敢保证你能做到千万粉丝，但是一年下来粉丝量大概率能做到现在的10倍甚至几十倍。我们在抖音、快手上经常能看到一些"爆款"视频就是比正常人神经 10 倍的内容。

第二种，10 倍优秀。比正常人优秀 10 倍也是一种非常规，能做到这一点也会很容易火。例如，我发过一个健身的短视频，减肥之前有肚子，后来练出了腹肌，但是前后对比不是特别明显。我发这个视频的时候，就不能期望惊艳很多人或者点赞很多，因为这种大部分人都能做到的事就是正常的。抖音上像"大师兄 MB"这样的肌肉，那才叫非常规，他不是普通人，他的身材不是普通人会有的身材，他做的动作也不是普通的动作。普通人做俯卧撑一口气做30 个，你一口气做了 300 个，拍个短视频当然能火。因为你非常规，而且你的非常规程度是别人的 10 倍。

第三种，10 倍共鸣。如果你能洞察到生活中很多人都经历过的特别有意思的事，把它拍出来也会比较容易火。举个例子，剥鸡蛋这件小事大家经常做，有的人总是会剥坏，等到崩溃了，直接把鸡蛋整个捏碎扔掉了。如果你能洞察到这个点，把它拍下来做成短视频，就比较容易火。因为很多人都有过这样的经历，大家很容易代入。如果你能够洞察到所有人经常会经历的那种很抓狂或者很有意思的事情，但是没有人把它展示出来，你把它拍成短视频发出来就很容易火。

第四种，10 倍夸张。举个例子，大部分人吃荔枝、买荔枝可能是半斤或一斤，但是你家里有荔枝园，然后你拍了一个短视频，内容是整个冰箱都塞满了荔枝以及在果园摘荔枝的场景，把这样的场景拍下来做成一条视频，也是一种非常规。我们平时刷抖音的时候经常会刷到一些"堆叠"型的"爆款"，那种靠数量取胜的，基本都可以归结为比正常夸张 10 倍。当然，夸张不只是数量上的夸张，也可以是难度上的夸张，各种类型的夸张都可以。

第五种，10 倍稀缺。10 倍稀缺就是无法复制。从本质上来讲，所有的非常规都是稀缺，都是平时很难见到的，我们这里说的稀缺更多的是针对一些偶然发生的或者无法复制的现象。我们经常在抖音上能刷到一些被别人不经意间捕捉到的视频，其实就是属于稀缺场景；这些事件不是设计出来的，是偶然遇上的，这种就比正常稀缺 10 倍，就很容易火。举个例子，抖音上有一个玩滑板的老大爷也特别火，他为什么能这么火？在街上我们总能看到一些玩滑板的人，可能也看到过很多玩得不错的，但是几乎没见过一个白发苍苍的老人玩滑板玩得这么厉害。这就是平常见不到的、无法复制的稀缺。

第六种，10 倍难度。抖音上"玲爷"的粉丝超过 1500 万，她就是靠高难度动作火起来的，她能做到大部分人做不到的。其实也不是她本身就那么厉害，能做出那么多高难度的动作，而是她可以接受为了拍一个短视频，反复做几百次上千次这个动作，直到成功为止。我是看着她火起来的，她最开始尝试过各种各样的方向都没火。最后火了就是因为她专门做那种你必须尝试很多次，靠一次巧合才能做到的动作。有些视频大家也能拍出来，只不过要接受从早拍到晚才能成功一次。这种没有技巧壁垒，只要愿意接受无休止地尝试，总有成功的一次。只要成功一次，拍出来就是好看的，就是容易火的。

第七种，10 倍向往。找到普通人 10 倍向往的东西，把它发出来。比较典型的例子就是李子柒，她拍出来的视频就是大部分人都向往的，过上悠闲的田园生活。还有一个博主专门拍一家四口打篮球，一个幸福的家庭有一双儿女，一家人在夕阳下快乐地打着篮球，每天过着开心的日子，大部分人一看到这样的视频就会觉得"这是我想过的生活"。或者有一些很美好的旅游视频，评论区里就会有人说"请不要再给我推送这种视频了，我一看到就想辞职。"拍这种视频的创作者，其实就是展示了一种大家都非常向往的东西，无论是向往的生活方式、向往的爱情、向往的家庭，还是向往的工作等，都是这个道理。

第八种，10 倍的美。还有一种是在画面上比日常美 10 倍，那种平时没有机会见到的震撼的美，我们在短视频平台上刷到这类视频时就会反复看。比如我们有时候会刷到一些小朋友长得特别好看，就会忍不住多看一会，当然这种是无法模仿的，这叫基因壁垒，无法复制。还有一种是博主选到了一个美到极致的视角，拍出来的景色比我们正常看到的要美几十倍，这种也是大部分人不会天天看到的美。

第九种，10 倍放飞。10 倍放飞针对的是一些没有技术壁垒的内容，有一些视频我们也可以拍，但很难放下面子来拍。举个例子，大部分人都更想展示自己身材好的一面，稍微胖一点或者有点肚子，可能连正常拍照都不想拍，更别说拍一条视频去记录自己特别胖的时候。大部分人都做不到，但是有人能豁出去，那么人家就有机会火。抖音上有一个博主叫"西兰花"，她发的很多视频我们也可以拍，但是大部分人放不下面子来做。她最开始火是因为拍了一个视频，讲一个女孩因为没有减肥不敢穿短裤，鼓励大家摒弃这种身材焦虑，后来持续涨粉，现在抖音粉丝超过 250 万。绝大多数人都不好意思展示自己的身材，但是她可以做到，她完全不在意别人的评价。包括她拍的一些搞怪视频的放飞程度也是非常规的，是大部分人的 10 倍。

这部分我们分享了九种非常规的类型，像这种非常规的视频有很多，我们不能穷尽，只是给大家一些参考方向。

二、如何运用"爆款"短视频的核心逻辑

1. 正着走，做出非常规；反着走，避开常规

前面举了很多例子，就是为了把"视觉"和"非常规"刻在大家的脑子里。刻在脑子里之后，一方面正着往前走，以后你就知道要重视视觉，要做非常规的内容。想做好视觉和非常规，核心就是多看、多拆解、多思考。

我们在刷短视频时刷到一条点赞量特别高的"爆款"，就要问

问自己他的视觉做得怎么样，其中非常规的点在哪里。整个视频里有很多可以拆解的环节，如信息、人物、画面，画面里还包含场景、道具、声音等很多元素。你把所有元素里非常规的点都找出来，不停地分析，不停地记录，结合自己正在做的方向，去思考这些非常规的点能不能应用到自己身上，也许就可以慢慢找到或者优化创新自己非常规的点。

每个人可能都刷到过很多这样的"爆款"视频，但是没有用这个思路去分析和记录。以后我们可以用这样的思路去分析和记录，慢慢地灵感就多了。

另一方面要反着走，从今天开始，每做出一个短视频就要反问一下自己，这个视频视觉上是不是成功？如果视觉感做得不够好，可以怎么优化，如何加上视觉效果？自己输出的认知、观点，自己的动作、画面、场景、难度、稀缺性，这些是不是都太常规了？如果每个点都是常规的，找不出任何一个非常规的点，那么这条视频大概率没有机会爆。

2. 敢于付出更多的耐心，创造时间壁垒

我们前面分享的案例里，有一些是本身存在无法超越的壁垒，如基因壁垒或者某些技术壁垒。但有一种是每个人都有机会的，那就是创造时间壁垒，只是看自己有没有那样的耐心、愿不愿意投入那么多时间。然而，大部分人都没有这样的耐心，不愿意花那么多时间打造一种极致的非常规。

假设你是一个穿搭博主，为了拍好一条视频，要专门去网上搜相应的服装下单，可能等上个三五天到货，然后拍摄，把这条视频制作出来。你就要问问自己是否有这样的耐心去准备那么多道具，去拍摄很多条视频，直到拍出一条特别满意的？

假设你是一个健身博主，想拍自己从减肥到练出一身肌肉的过程，你有没有耐心每次去健身房锻炼都在同样的位置做同样的动作，拍一些照片或视频素材？这件事短期内不会有回报，必须等上100天甚至更长时间，剪完这样一条视频，才能看到回报。我们看到网上有一些人减肥，减了30斤甚至50斤，然后发了一条视频，内容是他每天的饮食合集，两分钟的视频展示了他过去100天吃的东西，这样的内容看上去就会很震撼，视频数据一定很好。但很多人没有这种耐心，他可能拍了三五天，或者一周后就不拍了，最后减肥成功了想剪一条这样的视频，发现没有那么多素材。正是因为大部分人没有这样的耐心，如果你能做到这一点，就赢了大部分人，这就是时间壁垒。

场景壁垒甚至是道具壁垒也同样重要，但有些时候这二者也可以包含在时间壁垒里。举个例子，去年有一个特别火的健身视频，是在一个比较暗的地方拿一把光剑完成一个变装。我当时也想拍一个，可是我发现要拍这个必须先买道具，等道具寄过来三五天过去了，我就放弃了。所以，首先是有没有耐心，愿不愿意花时间在布置场景、准备道具上，如果不愿意花时间去做这样的努力，自然做不出来这样的"爆款"。

有很多家长给孩子拍一些视频，买了各种各样的衣服和玩具，然后耐心地去陪小朋友一起玩，每次拍几小时的素材，最终捕捉到几个特别酷或者特别有意思的镜头。有很多拍小朋友的视频，我们觉得特别可爱、特别帅，或者小朋友说了一些特别有趣的话，虽然看上去拍得很随意，但这些镜头并不是随时可以拍到的，而是拍了大量的素材再从中挑选出来的。如果没有这个时间和耐心，就肯定做不过别人。

如果你也想拍一些和孩子有趣的互动场景，那就看自己有没有足够的耐心花这么多时间去想场景或者想一些有意思的对话。当小孩一次讲不清楚的时候，有没有耐心引导他多讲几次？他的眼神或者表情不对的时候，有没有耐心让他多来几次？有些视频看着简单，其实也是有时间壁垒的，要花很多时间去设计场景和道具，设计服装和发型，设计冲突和台词等。

看到这样的短视频，千万不要觉得这个好简单，甚至一个看起来很简单的拍风景的视频，也有时间壁垒。今天下午想去拍一个好风景就能马上拍到吗？不一定，至少不是每天都有这么好的天气。如果在北京想拍一个晚霞视频，可能得跑到郊区才能找一个合适的地方，而且不可能随时随地都有好看的晚霞，可能去了一个月才能成功拍到，这都是时间壁垒。你要有足够的耐心，愿意付出足够多的时间去建立时间壁垒。

总而言之，这一节的内容只要记住这三个词就行：视觉、非常规和时间壁垒。"视觉"和"非常规"这五个字，是做出"爆款"短视频的核心逻辑。在此基础上，真正厉害的东西都是有时间壁垒的。

第二节

拆解"爆款"：如何拆解千万级"爆款"短视频，提高复制成功率

这一节，我们以《一个普通女孩的十年》这个广为流传的经典"爆款"模式为例，讲讲如何拆解"爆款"、复制"爆款"，其方法可以灵活地应用在其他的"爆款"拆解和模仿上。

一、为什么要拆解"爆款"视频

（一）做号初期的第一个目标：出"爆款"

我们来看一个很简单的算术题：我之前做公众号写过一篇阅读量超过 1500 万的文章，假设日常每天发一篇头条阅读量是 3 万，那么这一篇文章抵得过日常发 500 篇文章。很多做内容的人之所以不重视"爆款"，是因为没有认识到这其中的差距，没有清醒地认识到如果能够做出一个"爆款"，可以抵得上几个月甚至一年的努力。

2021 年 8 月中旬，我开始做短视频，一直特别努力想出"爆款"，尤其是运营账号初期，出"爆款"更重要。我们需要尽快把用

户规模做到 5000 粉丝、1 万粉丝、2 万粉丝、10 万粉丝、20 万粉丝。现在我们的公众号不那么追求"爆款"了，因为我们已经有 100 万用户了，文章基本都会有两三万的阅读量。但是在做号初期，粉丝基数比较小，即使内容做得再好，也鲜为人知，所以初期的原始积累特别重要。

有了这个基础认知，我们就需要开始思考：知识博主最大的"爆款"机会在哪里？为了找到这个"爆款"机会，我研究了很多知识领域、个人成长领域的博主，研究他们的"爆款"案例，如陈诗远、英语雪梨老师、奶黄包、斜杠欧拉等。

通常情况下，一个博主做出的最大"爆款"都会被放在主页置顶。然后我找到了其中的共同点：他们都有一条大"爆款"，叫《一个普通女孩的十年》或《一个普通男孩的十年》，每个人的具体故事都不同，但内容模式都一样。这是我为什么要拆解这条视频的第一个原因：做号初期原始积累很重要，要完成这个原始积累，做出"爆款"很关键。

（二）要想做出"爆款"，最好的办法就是拆解"爆款"

瑞·达利欧说过一句话："你想要得到一样东西，最好的方法就是去找到那些已经得到了这样东西的人，看看他们是怎么得到的。"所以要想做出这样的"爆款"，最好的办法就是找到同类的"爆款"拆解它。

业内广为流传的一句话："火过的选题还会再火。"连张柏芝都做了一条《一个 80 后奋斗的二十年》。这样的内容，可能三四年前就火了，到今天依然火，可能过两年还依然会火。这背后一定存在一些普遍规律。所以，我们拆解这样的"爆款"视频，就是为了找到那些普遍规律，然后把这条视频做好。

（三）这样的"爆款"，每个人都有机会做一个

一个"爆款"，如果太特殊，大部分人都做不了，就没必要去拆解它。《一个普通女孩的十年》这样的内容之所以值得拆解，是因为每个人都可以做一条这样的视频。因为这个其实只是一个形式，并不是说一定要讲一个成长的故事才可以，我们有很多角度可以去做这样一条视频。

举个例子，可以讲父母的故事，也可以讲自己奋斗的故事，可以讲自己有一个特别要好的朋友，认识的几年或几十年时间里很多打动人的关键事件，因为特别美好的友情非常令人羡慕。你做这样一个视频发出来，大家也会觉得很感动。

或者你养宠物的经历，减肥成功的经历，变美的经历，战胜病痛的经历，考研的经历，创业的经历，怀孕的经历……所有能够打动人的故事和经历，都可以做一条这样的视频。

每个人都可以做一条这样的视频，只要你想到的维度足够多，总有一个方向适合你。

二、如何拆解"爆款"

拆解"爆款",要有属于自己的拆解模型。如果没有拆解模型,会像一个无头苍蝇,想到哪一点就去拆哪一点,这样拆出来的结果不一定完整,也不一定有结构,更不一定能拆分完所有重点,可能会有遗漏,所以一定要有模型。

这里分享一下我个人的拆解模型。我拆解任何一个视频都会从以下三个方面去拆:内容、包装和运营。

(一)拆解内容

拆解内容可以分成三点:拆解文案、拆解画面和拆解音乐。

1. 拆解文案

拆解文案的第一个重点是拆解核心主题。主题是一条视频的核心,我们做视频也要先定主题,如果形式一致,配乐相同,节奏相同,但是主题不明确,那么这条视频也不会成功,因为这个模仿要神形合一。我在做自己的《一个普通男孩的十年》视频之前拆解了同类"爆款"视频,发现他们的核心是通过学习改变命运,那么我就可以做一个通过做新媒体改变命运的一条视频。

拆解文案的第二个重点是拆解文案的整体结构,就是要拆解出这个文案采用的叙事结构和行文线索。比如,我那条视频的整个叙事结构就是通过买房这件事去讲一个爱情故事,其中关键线索就是买房。将文案进行拆解后就会发现,线索就是最开始住地下室,然后朋友合租,后来自己整租,然后又搬家租了一个更好的房子,到最后买房。整个文案都是以住所为核心线索去讲两个人的爱情故事。

我们做视频的时候也要去找关键线索。想表达一个爱情故事，以什么为线索去展开故事？要讲养宠物的一个故事，核心主题是什么，用什么线索来展开？讲与父母之间的故事，核心主题是什么，用什么样的线索把这个故事串起来？

拆解文案的第三个重点是拆解关键情绪点。情绪关键点是指能够让受众直接产生情绪的关键节点。因为我们看一个视频的时候，肯定不是从头到尾都深受触动，是有一些关键点觉得特别感动。某一个画面、某一句文案出现的时候，受众才真的被触动了，这一点我们在拆解的时候要格外重视。比如我的那条视频，有的人看到当时地下室被拆掉、我站在一片废墟上的时候被触动了，有的人看到我说觉得内疚怕女孩离开的时候被触动了等。

拆解文案的第四个重点是统计文案的字数。很多人都会忽略这一点。为什么我们拆解这样的视频，要去统计文案的字数？答案是为了保证节奏感。视频的节奏是指在多长时间里，以什么样的间隔呈现多少文字，放多少张图片。很多人不了解其中的技巧，结果做出来这条视频也失败了：要么文字太少了，每一张图片停留时间过长，导致视频看起来极其拖沓；要么字数太多了，但是照片停留时间又不够长，一闪而过，受众还没有来得及看完就过去了。所以统计文案字数很重要，要保证整个视频的节奏感。

除了文案的整体字数，我们还要做一件事，就是用字数 / 时长，得出平均每秒几个字。这其实就是文字播放速度，是保证整个视频节奏感的一个非常重要的点。我们还要去拆解文字停留时间，基本上大家在一张图上放几行字，每一行大概多少字。比如，一个画面的停留时间是两秒，大家在两秒的时间里看 10 个字是比较舒服的，这个也很重要。

除了这些，还要去拆解具体文案的表达技巧。比如每一段文案都可以激发大家的疑问，让大家想知道答案，吸引大家继续看下去，这就是一个非常典型的文案技巧。

2. 拆解画面

拆解画面的第一个重点是拆数量。我们要统计一下那些"爆款"视频里有多少张图片。还是那句话，节奏感很重要：有多少张图片、在多长时间里把这些图呈现完、每一张图片平均停留多长时间……这些都是保证节奏感的要素。我们拆解的时候，用总时长除以照片数量，得出每张照片的停留时长，算完之后就发现，一张照片停 2 ~ 3 秒比较合适。

拆画面的第二个重点是选照片。图片的选择有一个原则，就是一定要真实，不要去美化。当我们要做这样一个视频的时候，一定要加上真实的图片，这些才是最真实的经历，这样才能打动人心。如果准备做这样一条视频，首先就是放下心理包袱，要敢选用那些真正展现过去点点滴滴的照片，所以真实、真诚最重要。

我们在拆画面的时候，也要去拆核心照片。拆完之后可能会总结出一个规律，那些打动人的照片，往往不是这个人美好风光的时候，而是过去那些艰难的时候，遇到困难的时候，甚至很窘迫的时候，那种代入感可能更强。所以这个也会给我们一个启发，就是做这样的一条视频，如果不敢放自己那些很丑或很狼狈的照片，这条视频很可能就不成功。

3. 拆解音乐

拆解内容的第三个重点是拆解音乐。在背景音乐这一点上，我的建议就是不要有任何创新。去拆解《一个普通男孩的十年》《一个普通女孩的十年》这类视频，会发现基本上就只有两个主流的背景音乐，一个是《我要的飞翔》，另一个是《和你一样》。音乐最能调动人的情绪，只要音乐选得合适，即使受众什么都不看，情绪也能被调动起来。所以大家在选歌时，不要有任何创新，最火的视频用什么，我们就用什么。

很多人包括我自己可能会有一个担心，会觉得这样的视频已经很多了，如果我们用一样的音乐会不会太同质化了，是不是应该有所改变？答案是不要，因为音乐有一个特殊性，它是所有内容形式里最经得起重复的。我们看一篇文章，每个月都看一遍可能会看吐；但是一首歌好听的话，别说每个月听一遍，即使单曲循环一个月，也可能百听不厌。一首好听的歌，我们可以听 10 年、20 年都没问题，这就是歌曲的魅力。

还有一个非常重要的点，被重复用过很多遍的歌曲已经成了一

个超级符号,只要用它就会加分,因为人们一听到这个音乐就已经
条件反射式地知道有一个传奇故事要来了、一个动人的故事要来了。
所以不要换音乐,就用大家都验证过了的最好的那首。

这里再补充一点:除了背景音乐,不要再去加一些其他音效,
容易画蛇添足。

(二)拆解包装

什么叫包装?核心产品不变,如何呈现给受众就是包装。在这
样一条视频里,封面、标题、字幕、排版等都可以算作包装。拆解
包装非常重要。

举个例子,同样是一块方便面,你用塑料袋去装和用一个精致
的碗去装,感觉是完全不一样的。同样是 500 克方便面,你把它做
成一个普通圆形的饼,和你把它做成一个动物的形状,也有很大区
别,这个就是包装。所以一定要认真拆解每一条视频的包装。此处
还是以我的这条视频为例来说明一下。

1. 封面图

我当时想在小红书上发布这条视频,于是我想测试一下在小红
书的信息流里我的封面有没有吸引力。我单独做了一个信息流的效
果,用手机截了几个比较热门的视频封面,然后把自己做好的几个
封面放进去对比,试一下在那么多视频里我的这个封面是否具有吸
引力。

其次我还要看这个封面放在我的个人主页里是什么效果,因为

一个用户喜欢我的视频，那么他很可能会点进我的主页；在主页里，我这条视频的封面能不能一下抓住他的眼球，这个也很重要。

包括这个封面上展示的主体是哪个图片，我也是认真思考过的。我当时是做了两版封面，一版的图片主体是房产证，另一版是我和我爱人拿着房产证拍的照片，最终我选了两个人拿着房产证的那个版本。因为人的眼睛很敏感，看到这张图上有一双眼睛，立马就会注意到它。

除了主体图片，还要拆解封面上的文案排版。比如封面图上放了很多字，怎么区分重点？颜色是怎么安排的？字号是怎么安排的？出现的顺序是怎么安排的？每一行字的停留时长是怎么安排的？最重要的文案是不是停留时间要更长一些？这些细节都要去拆解。

2. 字体字号

拆解包装时，字体字号也要拆解，要去看什么样的字体字号是最合适的。我当时拆解了很多案例之后，得出来的结论是用最方正的字体，用尽量大的字号。不要用花里胡哨的字体，也不要用偏门的代表独特审美的字体，因为这样一条视频是要给大众看的，要给几十万甚至上百万人看的，这时要符合大众的审美，最稳妥的就是最方正、最经典、最大众的字体。

字号一定要大，不用考虑是否精致，尽可能大一点。然后注意不要与背景比较复杂的地方重合，否则会影响视觉效果，或者在字下面加个背景。

3. 标题

拆解时，要看别人怎样起标题，有没有可以借鉴的地方。比如，我在标题上动了一些小心思，开头和一些有关键信息的地方我会加一些小符号，这样大家在刷到类似视频的时候就会更容易注意到我的这条。

（三）拆解运营

内容、包装都做好了，整个视频已经剪辑完成，就该进入发布环节。从发布开始，就要开始做运营了，通过运营让更多的人看到这条视频。拆解运营就是分析运营各个环节。

1. 发布时机

发布视频也要选择发布时机。找一个时机就是找到一个理由，让大家顺其自然地点赞、评论和转发。比如情人节或结婚纪念日的时候，发布一条与爱情相关的视频，传播效果肯定比平时发要好一些。我的视频是在办婚礼之前发的，然后我在视频的结尾处说"我们马上要办婚礼了，希望得到大家的祝福"，这就是一个很好的时机。假设你入职了一家新公司，找到了一个自己很喜欢的工作，这也是个时机。不同的主题、不同的内容有不同的发布时机。

2. 发布平台

我们在拆解"爆款"案例时一定要去看作者的其他平台是不是也都发了这条视频，以及不同平台的数据表现如何，然后分析什么样的内容在三个平台都会火，什么样的内容可能只有一个平台火了，可以对比分析，找出其中的不同之处。

3. 发布节奏

这样的视频是应该在创号第一条就发，还是过一段时间再发？我得出来的结论是最好是有一定的铁粉基础后再发。粉丝先是认识了你，然后你发出一个这样的经历故事，大家会更喜欢你，更愿意给你点赞。最初的这一波点赞、评论和转发非常重要，因为平台的算法需要先看前面一个小流量池的数据表现，而这部分数据很有可能就是由积累的这部分种子用户来完成的。

所以我的建议是，最好是运营一段时间后再发布这样的视频，比如已经有了一两千粉丝，再去做这样一条视频。这样前期积累的铁杆粉丝就会成为这条视频的引爆源头。

可能最初粉丝积累的速度不会那么快，如果其他准备都做好了，但是种子用户还不够多怎么办？那么发了这条视频之后，就要努力地去发朋友圈，发微信群，让大家给你点赞。因为如果用户基数很小，这条视频就没有引爆的基础，所以要引爆前一两百个赞，一定要用好私域流量，努力用自己的力量推它一把。等它进入公域流量池，平台就会开始推流。如果你发布后就不管不问放在那里，本身用户基数又少，可能就没有办法在源头上火起来。

4. 运营评论

评论区也是运营的一个重点。我在发了这条视频之后的第一时间，自己就去留言了，我的第一条留言是："今天 0 点以后我就 31 岁了，过段时间举办婚礼，组建家庭，新的征程继续努力。"我其实还卡了一个自己生日的时间点，这也是给大家一个顺其自然地祝福我的理由。接下来，我发布了第二条留言："希望所有跟我一样出身普通的人都不服输、不认命，始终坚信起点不决定终点，持续迭代最重要，我们出身普通，所以没有资格不努力；祝所有善良的男孩女孩都能够遇到合适的另一半，一起奋斗，相互理解，经营好生活。"这一条也非常重要，这一条不是让大家祝福我，而是我在祝福大家。其实这一条后面我还说了一句话："平时分享的知识干货在主页。"补充这句话的目的是提高关注转化率，因为这样的视频很多人看完之后只是感动，但是不会关注，所以要想办法引导大家关注，这也是一个运营方法。

三、如何借鉴更容易成功

（一）把该做的都做到，先正确再创新

我们在做这类视频时一定要运用普遍规律。比如，前文讲的核心主题、关键线索、文案、图片、配乐、标题、排版等，一定要做好基础工作，不要一上来就考虑创新的事。在这里，我想强调的是可以有创新，但是一定不能多，要先做到百分之八九十都和大家一样。

（二）要有自己的核心故事

在拆解内容、拆解包装和拆解运营三个部分里，我们讲拆解内容的部分是最长的，因为内容是核心，内容做不好，怎么包装都不行，怎么运营都没用。内容是核心，主题和故事又是核心中的核心。如果核心故事写不好，这个视频成功的概率就会很小，所以一定要找到一个核心主题或核心故事。

（三）要有足够的耐心

这样的视频是为了短时间内成为"爆款"，所以一定要有耐心，要反复打磨：这张图片最恰当的位置是哪里？有没有更好的图片？这句文案每一个词用得准确吗？是最恰当的词语吗？有没有修改的余地？所有这些都要耐着性子反复打磨。

（四）保持一颗真诚的心最重要

我想再强调一点，我虽然讲了非常多的规律和方法，但是在规律和方法之外，最重要的是真诚。如果大脑里想的都是这些方式方法，就大错特错了。这样的视频想要做好首先要做到的就是极致真诚，极致坦诚。如果没有那颗真诚、坦诚的心，这些方法不会让内容呈现得更好，只会让做出来的内容显得更假。所以虽然我用了很多技巧，但是所有技巧都是围绕想要呈现一份感动给大家，想要呈现一份力量和温暖给大家的初心。我可以有很多技巧方法，但是这些与我是一个真诚的人并不冲突。

第三节

打造"爆款"：深度还原我单条点赞 30 万、涨粉 8 万的短视频

一、为什么这样的内容，很多人都做出了"爆款"

这个选题很多人都做过，即便没有成为大"爆款"，一般也比平时的数据要更好，为什么这样的内容特别容易出"爆款"？分析之后，我发现有两个核心。

（一）符合算法推荐机制

这种大"爆款"肯定不能只依赖于自己的私域粉丝，私域粉丝只能是一个启动力量。所有的短视频平台都是算法驱动的，算法是非常理性的，当它捕捉到这样一个符合推荐机制的视频时，这条视频爆的机率会很大。

1. 完播率和停留时长

这类选题的视频完播率一般会很高，用户的停留时长也会比较长。因为它是在讲一个好故事，人们天然喜欢听故事。一条非常精彩的讲干货的视频和一条非常精彩的讲故事的视频，都是 10 分钟，

二者对比一下，肯定是讲故事的视频完播率更高。用户看到一个好故事，这个故事里有大量的图片，整体的节奏感和情绪又非常舒服，会不由自主地看完。

大多数人看到这样的视频，看完前一分钟，甚至看完前 20 秒，就基本决定了是否要把它看完。因为人们有好奇心，在好奇心没有被满足的时候是不会离开的。这也是我在前文讲到的，在写文案时要制造好奇，接着满足好奇，这是一个循环往复的过程，如果不能制造好奇，就无法留住用户。所以这类视频的完播率和停留时长数据很好，这一点很符合算法推荐机制。

2. 互动

对于这样的视频，大家会更愿意点赞和评论。以前很多做内容的人会问我："怎么才能让大家更多地分享我的文章？"很多人的想法都是"用户能不能转发分享我的内容"，但我们要追求的不应该是"能不能"，而是"忍不住"。当我们看到这样一条视频时，有的人可能平时不爱发朋友圈，但是会转发给其他人看，会忍不住去分享。所以我们要做的是精彩的内容，让用户看完忍不住分享。

3. 社交推荐

每个人都有朋友圈。当用户在视频号里点赞一条视频，算法就会把这条视频推荐给更多的朋友，进而扩大传播。除了算法，当用户看到这样的好故事，本身也会忍不住分享，这也是一种人为的社交推荐，用户自发地做了传播。

（二）每个人对好内容都有基础的判断

一条内容到底能不能火，我们都是可以判断的，只不过很多人平时心存侥幸或者不愿意承认。

每个人除了是内容创作者，也是内容消费者；我们平时都会刷抖音、视频号、小红书，把自己的视频和别人火了的视频做一下对比，一定能发现有很大差距。我们知道什么样的内容是好内容，作为一个创作者我们知道，作为一个用户我们也知道，我们内心对内容的质量都有相应的判断。

二、视频制作的流程

这部分我们讲一下视频制作的基本流程，一共有四个大的部分，分别是完成一个粗剪版本、剪出最终版本、研究失败案例、制订发布清单，细分下来有 16 个步骤。

（一）完成一个粗剪版本

做这样一个视频，首先要完成一个粗剪版本，这部分一共有 6 个步骤。

1. 认知准备

当我们决心要做这样一条视频的时候，对于自己的行动计划要清晰。我们要知道接下来要做的这个视频是要打造成"爆款"的，不是一个常规的视频。同类型博主的同类型视频都做成功过，说明它有普遍的规律，如果能把握这些普遍规律，这条视频成为"爆款"

的概率就很大。

2. 定核心故事

最开始我也想讲《一个普通男孩的十年》，发现这是一个更大的工程，我要从大学时期开始讲。前文也提到过，核心故事有很多方向，可以是创业的过程、升职加薪的过程、变美的过程、克服自卑的过程、减肥的过程等，要选最适合自己的。这样的视频，虽然选题是一样的，剪辑手法是一样的，但是每个人的核心故事是不一样的。

我找到了一个故事的核心线索——房子，从租房到买房的过程就是一个励志故事，而且又是大家非常熟悉且重视的事情。找到一个核心故事之后，还要再找到一个动力，那个动力才是真正的动人之处——从租房到买房的过程中动力源就是我的爱人。

3. 写基本文案

确定好核心故事和动力源之后，下一步就是根据这个核心故事，写基本文案。基本文案就是先写出一个框架，知道整个视频大概有哪几个关键节点。如果最终整个视频的文案大概要写 1000 字，写基本文案时，两三百字就可以了。

我当时主要就是写了几个关键点：2014 年我们一起住地下室；2015 年因为找到工作了，搬到地上和朋友合租；2017 年相对富足开始整租；2018 年、2019 年我们租的房子条件越来越好；2020 年底，我们买了自己的房子。这就是我找到核心故事和动力源之后写的基本文案。这里一定注意，不需要一上来就把整个文案全部写好。这个也符合做事的"推进原则"：不要在某个点上纠结太久，要一步一步快速推进下去。所以在这一步上，不要想着把文案打磨到极致。

4. 找基础图片

基本文案有了之后，接下来就是找基础图片。为什么我说不要把整个文案写得特别完美再进行下一步？因为很多文案，在没看到图片的时候是想不到的，触景生情才能回忆起更多的细节，写出更动人的文案。所以先写一个基本文案，接着就开始找图片，用找到的图片勾起情绪，然后继续完善文案。同样的道理，这一步也不用精益求精非得一次性把所有图片都找好，可以先找到 20 张图片，就可以快速推进了。因为文案、图片、音乐等，这些东西是互相促进的，不用在开始时就追求完美。

5. 完善基础文案

找到一部分基础图片后，再根据图片继续完善文案；因为触景生情，看到图片之后，就会产生一些之前没有的情绪，想起一些之前忽略的经历。

6. 粗剪视频

把找到的图片都上传到短视频剪辑的 App 上，添加上背景音乐，把写好的文案逐字逐句匹配到图片上，完成一个粗剪版本。之所以要先快速推进完成一个粗剪版本，是为了先看到一个结果。虽然还没有把它做到完美，但至少手里有个作品了，就会觉得好像已经成功了一半，这样就更有信心去往下推进。我平时做事的思路都是这样，最害怕的就是一直拖延，一直没有开始。

等粗剪版本做出来了，这件事就不太可能不了了之了，它会给你一个信心，给你一个成就感。当点开这个粗剪版本的视频，音乐一响，画面一出来，自己也会被触动，就会想着一定要把这个视频继续做好。

（二）剪出最终版本

完成粗剪版本之后，接下来我们要做的就是剪出最终版本，这部分也是 6 个步骤。

1. 找多个同类"爆款"案例

一定要找最"爆款"的去拆解。这样的"爆款"一定是平台算法分配流量，算法比人更理性，如果这条视频不值得爆，算法就不会让它爆；反过来说如果值得爆，那么它一定不会被埋没。所以在找案例的时候，我们要找那些最"爆款"的案例，这样的案例多找几个去逐一拆解，才能找到它背后的普遍规律。

2. 反复用心看找到的视频

当找到多个同类"爆款"案例之后，接下来就是反复用心看这些视频。在寻找"爆款"视频时，要暂时抛开功利性的拆解心思，否则就无法感受一条视频真正的动人之处。所以这个时候要先回归感性，把那些理性去掉，找一个安静的地方，认真走进那个故事，用心去感受被触动的那种状态，甚至眼泪都要流出来了，这时候才能真正抓到这条视频的核心。同时,这一步其实也是在提醒自己,自己要做的是这样一个给人力量、感动别人、触动别人的作品,而不只是为了数据。所有伟大的艺术作品,一定不是用纯理性做出来的。我们的视频虽然谈不上是艺术作品,但它也是一个作品,不要有那么重的功利心。

3. 拆解同类"爆款"视频

用心感受完之后,接下来才是回归理性,开始拆解背后的规律。具体拆解的方法可以参考上一节,这里就不再赘述了。

4. 记录优化方向

在拆解的过程中,要同时记录自己的优化方向,并有针对性地去修改粗剪版本。所以拆解同类"爆款"视频和记录优化方向从某种程度上讲是重合的,要同步进行。比如,你看到视频的这句文案特别好,那张图片特别受触动,这时你就要记录下来,自己也可以这样做。

5. 优化文案和图片

到这一步,我们要找到更多的图片素材,然后优化完善之前准备的基本文案。这时就要尽量精益求精,把文案和图片都尽量趋近完美。

6. 剪出最终版本

在确定图片和优化完文案后,我们就要开始剪最终版的视频了。当然这个版本后续还会优化一些细节,但是在这一步我们要奔着一个目标去了——剪出一个八九十分的版本。这一步尤其要有耐心，因为这确实是一个很考验耐力、考验细心的工作，要一点一点在每一张图片上匹配最合适的文字，要把每一句话都调整到最合适的位置上，要一点一点去卡音乐节奏等。每次快要崩溃的时候就劝自己，耐下心来，一点一点来，再精细一点，可能这里再精细一点，就能多1万播放量，做到最后自己看这条视频的时候觉得已经无懈可击为止。

（三）研究失败案例

这一步，可能是很多人没有想到的。找到失败案例之后去仔细研究它为什么失败，因为有时候别人犯过的错误自己可能也会犯，如果只是对标那些成功案例，很难发现自己犯了哪些错误。

1. 用心感受

有时候一些失败案例是因为图片太假了，或者整体感觉太过于炫耀了。当我们看别人的视频产生了这样的负面感受，就应该知道这些都是要避免的。

2. 看评论区

除了用心感受，我们还要看评论区，尤其是抖音平台。一些失败案例做得不好的地方会在评论区被吐槽。只要这样的评论符合大多数人的感受，他的评论就会被点赞到很高，这样通过评论区就能找到这条视频的问题出在哪里了。然后对应这些问题开始反思：自己是不是也犯了这个错误。前面我们是用正向的努力把这个视频做好，这一步我们是用反向的努力规避一些问题，通过对标失败案例去改正自己的错误。

3. 定结尾

接下来是定结尾，这一步尤其重要。我那条视频的结尾其实也有一个"防喷机制"。我在结尾写了一段话："做这个视频不为炫耀，不为秀恩爱，就是有一天加班到很晚，看着窗外回忆起了那些往事，十分感慨，分享给大家。祝愿每个人都能和爱的人一起努力经营好家庭生活，人间值得……"最后还有前文提到的引导关注的话术。

（四）制订发布清单

我们先拆解运营手法，看同类博主都发了哪些平台，什么时候发的，发布节奏如何，发了之后有没有自己去留言，有没有回复留言等，这些运营手法都要去拆解。接下来，我们就可以根据拆解好的这些运营节奏和技巧，制订发布清单。

发布清单就是把需要提前准备的一些关键点罗列在清单上。比如发布的标题，怎么突出标题，不同平台的标题要不要区分开；要不要加链接；封面图选哪张；写好两条评论置顶；怎么去回复大家的留言等。又如，你要准备一条发朋友圈的文案，视频发布之后要分享到朋友圈；还要准备发到群里的转发文案；如果有自己的公众号，怎么在公众号上推广一下等。这些就是你要提前准备好的发布清单，还有一些具体的细节也可以参考前文内容。

这里要提醒一点，这样的视频千万不要过度运营。因为这条视频的初心是给大家带来一个感动的、温暖的、正能量的故事。如果在字幕上不停地提醒大家点赞，那么这个视频就变味了。我只有在结尾的时候，提到了一句我马上要办婚礼了，希望得到大家的祝福。这虽然是一个细节，但是这个感觉的变化可能就决定了这条视频最终的命运。这样的视频，千万不要在运营上用力过猛。